普通高等学校规划教材

工程项目评估

李红镝 主编

人民交通出版社

内容提要

本书是以工程项目为背景，以项目评估实践内容为主线，重点介绍项目建设前期评估和项目运营后期评估的方法、内容。全书注重理论与实践的结合，并配有相应的复习思考题。

全书共分7章。第1章是概论，第2章是工程项目调查、分析及预测，第3章是工程项目建设规模评估，第4章是工程项目建设条件及技术评估，第5章是投资估算与资金筹措，第6章是工程项目经济评价，第7章是工程项目后评估。

本书主要作为大学本科专业课教材，也可作为研究生的参考用书。书中内容对从事工程项目评估的相关人员也具有参考价值。

图书在版编目(CIP)数据

工程项目评估/李红镝主编．--北京：人民交通出版社，2013.8
ISBN 978-7-114-10744-3

Ⅰ．①工⋯ Ⅱ．①李⋯ Ⅲ．①工程项目管理—项目评价 Ⅳ．①F224.5

中国版本图书馆 CIP 数据核字(2013)第 145713 号

书　　名：	工程项目评估
著 作 者：	李红镝
责任编辑：	刘永芬
出版发行：	人民交通出版社股份有限公司
地　　址：	(100011) 北京市朝阳区安定门外外馆斜街 3 号
网　　址：	http://www.ccpress.com.cn
销售电话：	(010) 59757973
总 经 销：	人民交通出版社股份有限公司发行部
经　　销：	各地新华书店
印　　刷：	北京市密东印刷有限公司
开　　本：	787×1092　1/16
印　　张：	11.75
字　　数：	267 千
版　　次：	2013 年 8 月　第 1 版
印　　次：	2018 年 1 月　第 2 次印刷
书　　号：	ISBN 978-7-114-10744-3
定　　价：	29.00 元

(有印刷、装订质量问题的图书由本社负责调换)

前 言

随着社会经济的发展和工程技术的进步,项目评估作为一个专门的学科,在工程管理领域的作用越来越重要,已成为现代工程管理人员必须掌握的一门知识。本书着重介绍了工程项目评估的一系列知识,是编者在多年的教学和科研实践基础上编写而成的,期望能满足读者的需要。

本书在撰写过程中力求突出以下几个特点:

(1)强调基本概念和基本方法的理解和阐述。本书是项目评估的入门教材,编者着眼于引发读者兴趣,使读者领悟其思想,感受其魅力和作用,采用管理学科学生和工程管理人员易于接受的叙述方式,着重揭示基本概念的内涵和项目评估的实际应用背景,较为全面地介绍了工程项目评估的一系列评估方法、步骤和内容,读者可根据自己的需要适当进行取舍。此外,本书每章都配有相应的例题和思考题帮助读者理解和掌握基本概念和基本方法。

(2)强调教学环节在教材使用过程中的完整性。本书作为大学本科的教材用书,保障了各个教学环节的有效性。章节中包括学习目标、学习准备、章节内容、本章小结、思考题以及相关章节的案例等内容,保证读者在学习前后知识的延续与拓展。

(3)强调知识的灵活应用。本书不仅介绍了项目评估的基本概念和基本方法,还强调了项目评估的具体应用实例,真正能使读者学以致用,展示出项目评估强大的生命力和广阔的发展前景。

(4)强调知识共性的同时,兼顾交通行业特色。交通建设项目的项目评估内容和方法与其他行业的不同包括交通量预测、经济评价、投资估算等,本教材重点对相应内容进行了介绍。

本书可作为管理学科相关专业高年级本科生教材或教学参考书,也可作为项目管理或项目评估人员自学教材。作为项目评估的基础知识,全书取材较为全面,共分7章。第1章是项目评估概论,主要内容是项目评估的国内和国外发展历程,项目评估概念、原则和内容。第2章是工程项目调查、分析和预测,主要讲述了社会经济调查和社会经济分析的方法和内容,交通调查分析的方法和内容,预测的基本方法。第3章是工程项目建设规模评估,主要讲述了工程项目建设规模评估的概念、内容。第4章是工程项目建设条件及技术评估。介绍了工程项目建设条件与生产条件内容,并给出项目方案比选的基本方法。第 5 章是投资估算和资金筹措。主要内容是项目总投资的概念、投资估算的要求、依据及作用、建设投资估算、流动资金估算以及公路工程投资估算。第 6 章是工程项目经济评价。主要讲述了工程项目财务评价中的盈利能力分析和偿债能力分析,介绍了公路工程项目国民经济评价、非盈利性项目财务评价以及敏感性分析的概念和步骤。第 7 章是工程项目后评估。主要是工程项目后评估的概念、内容和方法。

本书由沈其明教授主审,李红镝、吴雅琴、秦厉、孙立东、李迎辉编写,李红镝统稿。全书由李红镝、李迎辉编写第 1 章、第 2 章、第 3 章,孙立东编写第 4 章、第 5 章的第 1 节、第 2 节,吴雅琴编写第 5 章第 4 节、第 6 章的第 2 节、第 3 节、第 4 节及第 7 章,秦厉、李迎辉编写第 5 章第 3 节、第 6 章第 1 节。

本书在书稿整理过程中,得到了硕士研究生张静的大力帮助,在此表示感谢。

本书在编写过程中,参考了国内外大量的文献,尤其是参考了一些具有权威性的专业文献,在此谨向相关文献的作者致谢。

由于编者水平有限,书中不免有缺点和疏漏,恳请读者指正。

编 者
2013 年 6 月

目 录

第1章 概论 ... 1
1.1 项目评估的发展历程 ... 1
1.1.1 国外项目评估的发展历程 ... 1
1.1.2 我国项目评估的发展历程 ... 2
1.2 项目评估的概念 ... 3
1.3 项目生命周期与项目评估 ... 4
1.3.1 项目生命周期 ... 4
1.3.2 项目生命周期的主要内容与特征 ... 4
1.3.3 项目生命周期和项目评估 ... 6
1.4 项目评估的原则和内容 ... 7
1.4.1 项目评估的原则 ... 7
1.4.2 项目评估的基本要求 ... 13
1.4.3 项目评估的内容 ... 14
1.4.4 项目评估与可行性研究的区别与联系 ... 17
1.5 公路工程项目评估的特点 ... 19
1.5.1 公路工程项目的特点 ... 19
1.5.2 公路工程项目可行性研究的特点 ... 20
1.5.3 公路工程项目评估的原则、依据及特点 ... 20

第2章 工程项目调查、分析及预测 ... 24
2.1 社会经济调查 ... 24
2.1.1 调查方法 ... 24
2.1.2 调查范围 ... 27
2.1.3 调查内容 ... 27
2.2 社会经济分析 ... 31
2.2.1 社会经济分析方法 ... 31
2.2.2 社会经济分析内容 ... 34
2.3 交通调查与分析 ... 36
2.3.1 交通调查的范围 ... 36
2.3.2 交通调查的内容 ... 36
2.3.3 OD调查 ... 37
2.3.4 交通分析 ... 40

2.4 预测方法·····43
2.4.1 预测方法的分类·····43
2.4.2 主要预测方法·····45

第3章 工程项目建设规模评估·····59
3.1 项目生产规模的概念及其决定因素·····59
3.1.1 项目生产规模的概念·····59
3.1.2 项目生产规模的决定因素·····59
3.2 项目生产规模的确定方法·····61
3.3 项目拟建规模的评估·····63
3.3.1 项目拟建规模评估的内容·····63
3.3.2 项目拟建规模评估的程序·····63
3.4 公路工程项目建设规模评估的特点·····63

第4章 工程项目建设条件及技术评估·····65
4.1 工程项目建设条件评估·····65
4.1.1 厂址选择评估·····65
4.1.2 工程地质和水文地质条件的评估·····69
4.1.3 交通运输及通信、原材料、燃料、动力的供应条件·····70
4.1.4 环保方案评估·····72
4.1.5 项目建设实施条件评估·····74
4.2 技术评估·····74
4.2.1 技术评估的原则与程序·····74
4.2.2 技术评估的方法·····76
4.2.3 设备选择评估的主要内容·····78

第5章 投资估算与资金筹措·····83
5.1 项目总投资及其构成·····83
5.1.1 项目总投资的概念及其构成·····83
5.1.2 项目投资估算的要求·····84
5.1.3 投资估算的依据与作用·····84
5.2 项目投资估算方法·····85
5.2.1 建设投资估算方法·····85
5.2.2 流动资金估算方法·····90
5.3 资金筹措方案评价·····92
5.3.1 工程项目资金来源分析与评估·····92
5.3.2 资金筹措方案的综合分析评估·····93
5.3.3 资金使用规划评估·····96

第6章 工程项目经济评价·····100
6.1 财务评价·····100
6.1.1 项目盈利能力分析·····100

  6.1.2 偿债能力分析 ·· 105
  6.1.3 公路工程项目财务评价 ·· 110
 6.2 非盈利性项目财务评价 ·· 111
  6.2.1 非盈利性项目的概念 ·· 111
  6.2.2 非盈利性项目财务评价的目的 ··· 111
  6.2.3 非盈利性项目财务评价的要求 ··· 111
 6.3 工程项目国民经济评价 ·· 113
  6.3.1 国民经济评价原理 ··· 113
  6.3.2 影子价格及其计算 ··· 117
  6.3.3 国民经济盈利能力分析 ·· 122
  6.3.4 公路工程项目国民经济评价 ·· 126
 6.4 敏感性分析 ··· 133

第7章 工程项目后评估 ··· 137
 7.1 工程项目后评估概述 ··· 137
  7.1.1 项目后评估概念 ·· 137
  7.1.2 项目后评价与前评估的区别 ·· 137
  7.1.3 项目后评估的原则、作用 ··· 138
  7.1.4 项目后评估的程序 ··· 140
 7.2 工程项目后评估的方法 ·· 145
  7.2.1 逻辑框架法 ·· 145
  7.2.2 对比分析法 ·· 149
  7.2.3 其他项目后评估方法 ·· 150
 7.3 工程项目后评估的内容 ·· 151
  7.3.1 工程项目过程后评价 ·· 151
  7.3.2 工程项目效益后评估 ·· 160
  7.3.3 投资项目影响后评价 ·· 162
  7.3.4 项目可持续性后评估 ·· 171
  7.3.5 公路建设项目交通流量后评价分析 ·· 176

第1章 概 论

学习目标
1. 掌握项目评估的概念、原则、依据、内容和程序
2. 掌握项目生命周期和项目评估的关系
3. 了解项目评估的产生和发展
4. 了解项目评估与可行性研究之间的关系

学习准备
为了更好地学习本章内容，学生应该了解项目评估的基本知识，包括项目建设基本程序、投资项目基本特征以及与项目评估相关的政策法规。

1.1 项目评估的发展历程

1.1.1 国外项目评估的发展历程

项目评估作为一个专门的学科或者专门的领域，最早起源于西方发达国家，然后它在世界范围内得到了广泛的应用和推广，并收到很好的效果。国内外的项目评估经历了不同的发展历程，国际上现代项目评估的发展历程大致经历了下面的三个阶段。

1. 初创阶段

20世纪30年代，世界范围内的经济大萧条使西方发达国家的经济和政策发生了重大变化，随着自由放任经济体系的崩溃，一些西方发达国家的政府开始实行各类新的经济政策。其中在加大公共项目投资和兴办基础设施中出现了最初的公共项目评估方法，从而产生了现代项目评估最初的原理和方法。例如，1936年美国为了有效控制洪水而大兴水利工程并颁布了《全国洪水控制法》，该法正式规定了运用成本效益分析方法评估洪水控制和水域资源开发项目。在该法中还提出了这样的一些原则：只有当一个项目产生的效益（不论受益人是谁）大于其投入成本时该项目才能被认为是可行的。此后美国还公布了一系列的相应法规，这些法规对项目评估的原则和程序做出了最初的一些规定。另外，当时的英国、加拿大等国家政府也相继就项目评估做出了自己的一些规定。

2. 形成阶段

现代项目评估的系统方法形成于20世纪60年代末期，在这个时期一些西方发展经济学家致力于研究发展中国家的投资项目评估理论和方法。像英国牛津大学的里特尔教授和米尔里斯教授于1968年合作出版了《发展中国家工业项目分析手册》一书。该书首次系统地阐述了项目评估的基本原理和方法。随后在1975年世界银行的经济专家恩夸尔等共同编著出版

了《项目经济分析》一书,该书对于项目评估的程序和方法作了系统的论述。接下来在1980年联合国工业发展组织与阿拉伯工业发展中心联合编著了《工业项目评估手册》。这些著作的出版标志着项目评估的原理与方法在不断的成熟和发展并被广泛应用。

3. 推广阶段

20世纪80年代人类社会进入了知识经济和信息时代,整个社会创造财富和福利的手段越来越倚重于各种以项目形式出现的开发与创新活动,这使得项目评估工作越来越受到各国政府和企业,尤其是发展中国家政府和企业的重视,从而项目评估在全世界获得了极大的应用和推广。现在不管是项目业主和项目承包商在项目决策中都要进行项目评估,而且项目的贷款银行和政府经济与环境保护等部门在做出各种项目决策时也都要做项目评估,只是各自评估的内容和方法不同而已。

1.1.2 我国项目评估的发展历程

我国项目评估从20世纪50年代末开始,大致也经历了上述三个阶段。

1. 初期引进阶段

最初是20世纪50年代末开始的引进阶段,当时主要是学习前苏联计划经济体制下的项目论证方法。到了20世纪60年代初,我国将项目评估工作的发展正式列入全国科学发展规划,然而在随后的"文革"时期这一工作遭到冲击而停滞。

2. 再次引进和推广阶段

20世纪70年代末期我国改革开放政策开始实施,项目评估工作又重新受到国家和企业的极大重视。我国先是全面介绍和引进西方国家和世界银行等国际金融组织以及联合国工业发展组织的项目评估原理和方法;其后,随着我国经济体制改革的深入和对外开放的扩大,外商投资项目的日益增多,特别是1980年恢复我国在世界银行的地位以后,我国安排大批专业人员在世界银行的经济发展学院接受了相关的培训,这为我国与国际投资项目评估的做法和惯例的全面接轨提供了很好的机会。在这一时期中,很多高等院校和科研单位建立了相应的专业和研究机构,有关的译文、译著、论文和论著大量出现,这些不但为我国的项目评估发展奠定了理论基础,同时也推动了我国项目评估的应用和推广。

3. 改进和提高阶段

进入20世纪80年代以后,国家管理部门对投资项目评估的研究和推广给予了高度重视。其中,原国家计委和建设部于1982年在北京召开了"建设和改造项目经济评估讨论会",有关项目设计、规划、咨询和研究的部门以及金融和政府管理机构,高等院校理论研究和教学等各方面专业人员均参加了这次会议。这次会议以我国项目的国民经济评估原理与方法为中心,全面探讨了国内外项目评估的理论和方法,从而大大推进了我国项目经济评估的研究和实践的发展。随后于1986年由国务院发展研究中心和中国人民建设银行在昆明联合召开了"可行性研究与经济评估讨论会",在这次会议上国务院有关部委、全国部分省市的科研部门、高等院校和项目设计咨询机构及银行和国家管理部门等方面的专家和学者,针对我国当时在项目可行性研究和项目评估中存在的问题,展开了深入的讨论并提出了关于项目决策科学化的政策和方法建议。这次会议同样大大推动了有中国特色的项目可行性研究和项目评估工作在我国的发展。另外,1986年前国家计委和建设部门专门成立建设项目经济评估方法编制组,该编制组在当年年底提交了《建设项目经济评估方法》讨论稿,随后由原国家计委和建设部于1987年经中国计划出版社出版发行了《建设项目经济评估方法与参数》一书,这为国内的建设项目评估工作提供了必要的方法和依据。

4. 自我研究与开发阶段

随着改革开放的深入,我国吸引外资及对外投资增多,在项目评估的实践中出现一系列问题,我国原有的相关理论和方法的不足之处越发明显,这推动我国项目评估进入了自我研究与开发阶段。其中,1993年我们在《建设项目经济评估方法与参数》(1987年第一版)的基础上进行了若干修订后由中国计划出版社出版了第二版本。现在国家建设部等部门正在进一步修订和明确我国投资项目评估的理论依据、方式、方法、程序和主要的内容等,并准备近期出版其最新的第三版。同时,前国家计委委托中国国际投资咨询总公司于2001年推出了他们自己的项目评估的原理和方法并出版了《投资项目可行性研究指南》。另外,最近几年中高校和科研机构中也有很多人出版了相应的研究专著和教材,这些都为我国投资项目评估在中国的实际操作和应用提供了理论和方法。

1.2 项目评估的概念

项目评估的概念有狭义与广义之分。狭义的项目评估是指对于一个项目经济特性的评估和审定,即按照给定的项目目标去权衡项目的经济得失并给出相应结论的一种工作。广义的项目评估是指在项目决策与实施活动过程中所开展的一系列分析与评估活动。这包括在项目决策阶段对其必要性、技术可行性、经济合理性、环境可行性和运行条件的可行性等方面进行的全面系统的分析和论证工作,这种项目评估目的是为项目决策提供依据;也包括在项目实施过程中对项目实施情况和未来发展进程的跟踪评估,其目的是对项目实际进展进行监督和跟踪检查等;同时还包括在项目完成以后一段时间里对项目进行的后评估,其目的是检验项目前期决策、修订调整将来项目决策标准和政策以及为项目日后在运营维护期中的可持续发展提供信息。本书的项目评估是指广义的项目评估,这种广义的项目评估具有的基本特征如下:

1. 决策支持的特性

所有的项目评估都是为项目决策提供支持和服务的,不论是项目前评估、项目后评估还是项目跟踪评估,只是它们支持的项目决策阶段和内容不同而已。人们需要借助项目评估给出的分析与研究结果,然后再加上自己的判断和选择去最终做出项目的决策。

2. 比较分析的特性

任何项目评估都应该具有比较分析的特性,因为这些项目评估都需要对项目各种备选方案(甚至包括不开展项目的方案)在各种可能情况下的技术经济投入和结果作出分析,并比较和找出其中相对最优的项目方案,从而对项目决策提供支持。

3. 假设前提的特性

在项目评估中所使用的各种项目数据一般有两种,一是项目既定实际情况的描述数据;二是根据项目各种假设前提条件确定的预测数据。不管是项目前评估和后评估还是项目的跟踪评估,在开展评估时人们都必须对各种不确定的情况做出必要的假设,然后根据这些假设去分析确定出相应的预测数据并根据它们做出项目的评估,所以项目评估具有假设前提的基本特性。

除上述特性外,项目评估还有许多其他的特性,如项目评估的时效性(必须及时开展评估和提供与使用项目评估的结果,过期就会失去价值了),项目评估的主管与客观的继承性(主观的假设与判断和客观的情况与数据的结合),项目评估的目的性(它为项目决策和项目实施提供支持)等。这些项目评估的特性在很大程度上影响着项目评估的实施与成败。

1.3 项目生命周期与项目评估

任何一个项目都有自己的起点和终点,任何项目都要经过许多阶段,而这些阶段构成了一个完整的过程。这种将项目划分成一系列阶段进行管理的方法叫做项目生命周期的方法。不同项目的生命周期包括不同的阶段和内容,但是所有的项目生命周期都涉及项目定义与决策阶段、项目计划与设计阶段、项目组织与实施阶段和项目完工与交付阶段等主要的阶段。同时,任何对于项目生命周期的描述都会涉及项目阶段划分、项目阶段的产出物说明、项目阶段的主要里程碑和主要阶段的工作内容等方面的描述。在项目生命周期中项目的管理者或相关利益主体会对项目不断地进行相应的评估,其中在项目定义与决策阶段的评估属于项目前评估的范畴,在项目组织与实施阶段的项目评估属于项目跟踪评估的范畴,而在项目完工与交付阶段之后开展的项目评估则属于项目后评估的范畴。

1.3.1 项目生命周期

项目作为一种创造独特产品与服务的一次性活动是有始有终的,项目从始到终的整个过程构成了它的生命周期。项目生命周期包括一个项目从提出项目当天开始,经过立项和项目决策,然后到项目计划与设计,进一步到项目开发与实施,最终到项目完工和交付使用,这样一个被划分成一系列阶段构成的完整周期过程。虽然由于每个项目各自内容和所属专业领域的不同以及所处社会经济,技术和政治环境等不同会使得不同项目的生命周期的内容有很大的不同,但从抽象的角度出发项目都必须经历一个由诞生到结束的发展过程,即每个项目都有自己的生命周期。下面给出了一个工程建设项目的生命周期示意图,如图1-1所示,它包括这类项目的四阶段模型和各个阶段的任务及其里程碑和项目阶段产出物的描述。

1.3.2 项目生命周期的主要内容与特征

不同项目有不同的项目生命周期,这包括不同的项目阶段划分,不同的项目阶段产出物和项目里程碑等,但是任何项目的生命周期中都应该包括以下几个方面的基本内容和特征。

1. 项目生命周期的描述

这是指使用不同的方法对于不同的项目生命周期给出相应的描述。一般的项目生命周期描述方法可以采用文字描述的方法,也可以使用图表的描述方法和使用核检表等描述方法。

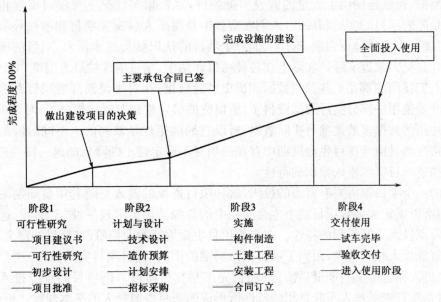

图 1-1　工程建设项目生命周期示意图

项目生命周期描述以下几个方面的基本内容。

1）项目的时限

这是由一个项目的起点和终点以及一个项目各个阶段的起点和终点所构成的对于项目的时间限制。任何一个项目的生命周期都必须严格给出项目的时间限制。

2）项目的阶段

这是指一个项目的主要阶段划分和项目各主要阶段之间存在的相应接续关系。一般的项目生命周期理论认为,任何项目都必须划分阶段,每个阶段都有自己的产出物和里程碑,各个阶段之间一般必须排定先后,不能跨阶段开展项目活动。

3）项目的任务

这是指项目各个阶段的主要任务以及项目各阶段主要任务中的主要活动。因为它们是项目阶段的具体内容,所以在项目生命周期中必须给予具体的说明和描述。

4）项目的成果

这是指项目各阶段的成果以及描述项目各阶段成果的项目阶段里程碑和项目阶段产出物等方面的内容。一个项目的生命周期及其阶段划分必须要用这类项目成果予以标示。

2. 项目生命周期的特征

项目生命周期也有自己的一些基本特征,这些特征对于项目评估是有直接影响的,这些特征主要有以下几个方面。

1）使项目不确定性不断降低的特性

这是指随着项目生命周期各阶段的展开,项目的信息会逐步增多,人们对于项目的认识会不断深入,因此项目的不确定性会不断下降而项目的确定性不断上升,这一特性对于人们认识项目和计划安排项目都是十分重要的。由于人们在项目初期阶段对于项目的许多特性和项目所面临的实际环境以及项目的可行性等方面的认识都是靠收集的历史资料和凭借现有的经验判断做出的,而且还使用了大量的假设前提条件,这在很多情况下与项目实际相差是比较远的。但是随着项目的实施和展开,人们在实践中获得了大量有关项目和项目环境的实际数据资料,再加上人们的分析判断,这样人们对于项目的认识就会逐步深入,项目的确定性就会不断提高并且更为贴近实际。实际上在各种项目评估中,项目前评估最为困难和最为不确定,因为此时人们使用的都是一些预测数据和历史经验数据;相对来说到开展项目跟踪评估时人们就已经开始使用一部分实际数据资料了,所以它的确定性相对就比较高了;对于项目后评估而言人们使用的数据多数是项目实际数据,所以它的确定性是最高的。不同阶段的项目评估中的这些情况都是由于项目生命周期中存在的项目不确定性不断降低的这一特性造成的。

2) 描述项目资源投入累积的特性

任何一个项目都需要有资源的投入,这种项目资源的投入是随着项目周期的展开而不断积累的,所以决定大多数项目整个生命周期中的资源消耗会呈现一种"S"曲线,这种曲线表明了项目资源投入不断累积的特性。在多数项目生命周期的前期阶段(项目的定义与决策阶段)项目的资源投入相对较少,而到了项目生命周期的中间阶段(项目实施阶段)项目的资源投入较多,当进入项目生命周期最后阶段(项目完工与交付阶段),则项目的资源投入又会相对较少,这就是项目资源投入不断累积的特性所形成的项目资源投入的基本规律。更进一步说,在项目的初期阶段人们为了防止盲目投入而先要进行项目评估,而在未完成评估之前不能开展项目实施工作,这就形成了"S"曲线下半部分的平缓;而在完工交付之前人们需要对项目实施结果作相应的评估以便交付,这就形成了"S"曲线上半部分的平缓。

3) 规定了项目全周期的阶段性特征

项目生命周期将项目划分成不同的阶段,这些项目生命周期的不同阶段构成了一个项目的全过程。根据项目生命周期理论,项目阶段是前后接续的,一般项目的前一个阶段尚未完成以前不能够开展项目后续阶段的工作。项目的后续阶段必须要以前续阶段的产出物和工作作为基础与前提条件。任何跨阶段开展项目工作都会将上一个阶段中的问题导入后续阶段,由此前一阶段的各种问题和错误就会转入下一个阶段而造成项目错误或问题的扩散,造成项目管理的混乱和项目损失的无谓扩大。

1.3.3 项目生命周期和项目评估

不同专业领域的项目会有不同的项目生命周期(图1-1是工程建设项目的典型生命周期),通常典型的项目生命周期是划分成四个阶段的,如图1-2所示。在这一典型项目生命周期中项目需求识别阶段和项目方案制定阶段都会较多地涉及到项目评估的工作。因此项目评估与项目生命周期是紧密相关的,最主要的关系表现为项目评估就是项目生命周期中的一个重要组成部分。

为了更进一步说明项目评估与项目生命周期的关系以及项目评估在项目生命周期各个阶段中的作用,项目全过程中的项目评估工作如图1-3所示。

从图中可以看出,典型项目生命周期的各个阶段都有广义的项目评估工作,只是各个阶段的项目评估工作的实质内容和详细程度不同而已。图中(1)和(2)两个阶段中的项目评估工作属于项目前评估的范畴,图中(3)和(4)两个阶段中的项目评估工作属于项目跟踪评估的范畴,而图中(5)和(6)两个阶段中的项目评估工作属于项目后评估的范畴。其中,项目投入运营一段时间所做的全面后评估和专项后评估属于严格意义上的项目后评估工作。

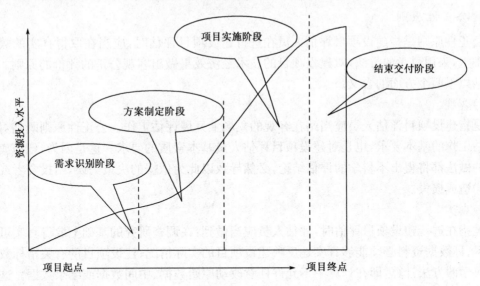

图 1-2 典型的项目生命周期示意图

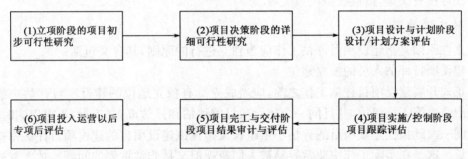

图 1-3 项目生命周期和项目评估的关系示意图

在项目生命周期中的这三项项目评估工作在内容和对象上也是有所不同的。其中,项目前评估是在项目实施和决策之前对项目所涉及的各种因素与条件所做的可行性分析和评估,它所评估的对象是整个项目以及项目的各种备选方案;项目跟踪评估是在项目设计与计划阶段和项目实施阶段对项目的实施方案和具体实施情况所作的评估,它的评估对象是项目实施方案和项目实施实际进度;项目后评估是在项目完工交付阶段和项目投入运营一段时间以后对已经完成的项目(或规划)实际情况所做的评估,它的评估对象包括项目前期决策和项目实际实施结果。不管哪一种项目评估,它们的基本作用都是为未来的决策提供支持,就是项目后评估也是为项目改进和改善未来项目决策质量服务的。

1.4 项目评估的原则和内容

1.4.1 项目评估的原则

工程项目评估原则是工程项目评估人员及其相关人员在开展项目评估时应当遵循的基本

行为准则。

1. 公正性原则

公正性原则是指建设项目评估人员在进行建设项目评估时,应当在取得真实的数据资料的基础上,采用科学的方法,对建设项目的技术经济效果做出客观公正的评价的原则。这一原则包括以下两个方面的含义。

1)客观

是指建设项目评估人员应当站在客观的立场上开展评估工作。公正性原则既是对建设项目评估工作的基本要求,也是对建设项目评估人员基本素质的要求。这是因为,任何离开这一原则的做法都将得出不科学的评估结论,必然导致以此为依据的决策失误,给投资者或贷款金融机构造成损失。

2)真实

是指在进行建设项目评估时,评估人员应当做到:在调查研究的基础上取得真实可靠的数据资料,即数据资料必须能够真实地反映建设项目的实际情况;建设项目的有关指标数据必须经过科学的方法计算,即在计算中不允许任意改动原始数据、中间数据或结果数据。这是决定评估结论是否正确的关键,任意编造或篡改评估数据或评估结论的做法都是不允许的,其结果必然是误导投资决策,造成投资决策失败。

2. 独立性原则

独立性原则是指建设项目评估工作应当独立进行的原则,其含义包括:

1)建设项目评估人员的独立地位

在正式开展建设项目评估工作之前,应当成立具有独立地位的建设项目评估小组。其成员应当由非决策人员组成,并且同一个建设项目的评估和评估审查(审批)不得以同时担任,更不能由同一人既担任建设项目的评估小组组长又担任该建设项目的建设项目评估审查(审批)小组组长。这是在实际工作中非常容易被人们忽视但又是非常重要的问题。被人忽视的主要原因在于没有一种强有力的评审分离的制度安排。

2)建设项目评估人员独立地开展评估工作

建设项目评估人员不能接受任何行政领导的任何干预,项目评估人员的行政领导不得以任何方式诱导或施加压力促使评估人员做出不实评估。同时,建设项目评估人员有权拒绝使其做出不实评估指标的任何要求。

建设项目的独立性原则,既是保证建设项目评估工作质量的基本行为准则,同时又是保证建设项目评估工作正常、顺利开展的基本前提。因此,建设项目评估的独立性原则,不但在理论上应当引起理论工作者的充分关注,而且应当引起实际部门的高度重视;否则,建设项目评估流于形式甚至成为某些人滥用职权的局面将会长期得不到改变,建设项目投资效率低下的情况也将成为无法解决的问题。

3. 现时性原则

现时性原则是指建设项目评估所用的数据、资料和依据等都应当是现时的或现行的,评估工作(包括评估报告)应当在规定的时间内完成的原则。这一原则的内容包括:

1)评估数据、资料的现时性

是指在建设项目评估中采用的数据资料都必须是反映评估时的现时或能够反映现时的数据资料，主要数据资料是当前从实际调查中得到的。只有在不太重要的情况下或得不到现时数据的情况下，才可以利用非现时的数据资料（如在进行产品销售量预测时用到历史数据资料），但也必须是反映现时的或近期发展趋势的。

2) 评估依据的现时性

在建设项目评估中用到的评估依据，如各种规范、标准、制度（财税制度等）必须是现行有效的；若采用已经不再使用的或非本项目可以适用的"依据"，必然会导致评估失真乃至评估无效。

3) 评估工作的现时性

项目评估具有广泛的内涵，它包括项目管理的每一个阶段，其中还包括事后评估。应该指出的是：不同阶段的评估都应该是当时情况下的真实反映。

4. 规范性原则

规范性原则是指建设项目评估及其报告的内容、方法和格式应当在同一的标准下完成的原则。这一原则的含义包括以下三个方面。

1) 评估内容的规范性

建设项目评估是一项复杂而细致的工作，不仅技术性强，而且理论性和实践性也很强。从建设项目评估的技术处理上看，其评估可以利用的技术是广泛而复杂的；从建设项目评估的理论看，评估人员对建设项目评估理论把握的深度及其对建设项目评估理论的理解，对建设项目评估工作的影响是十分重要的；从建设项目评估实践看，每一个建设项目都有着各自不同的特点或特殊情况。因此，如果没有一个至少在全国范围内统一的建设项目评估的内容要求，建设项目评估就无法比较同一区域中各个不同的建设项目之间，以及同一个建设项目在不同的区域中建设方案之间的优劣。这就必然导致建设项目评估不能解决建设项目投资决策的科学性问题，甚至会给建设项目的投资决策增加工作难度。

2) 评估方法的规范性

建设性项目评估已经形成了比较系统的方法体系，按照统一的方法开展建设项目评估工作，以规范的评估算法、评估报表和评估指标完成建设项目报告，有利于建设项目之间，以及同样的建设项目不同技术方案之间、不同建设区域方案或不同建设实践方案之间进行比较研究，这样才能够提高决策效率，优化建设项目投资结构。

3) 建设项目评估报告的内容和格式的规范性

建设项目评估报告，是建设项目评估小组向建设项目投资决策部门（或决策者）或建设项目投资贷款决策部门（或决策者）提交的文字报告，是建设项目评估工作的总结性成果。建设项目评估报告的质量总体上反映了建设项目评估工作的质量。

建设项目评估报告内容和格式的标准化有利于提高建设项目评估质量。同时，建设项目投资决策以建设项目评估为依据，实际上也是以建设项目评估报告为依据的。因此，建设项目评估报告的内容和格式的规范化，本质上是建设项目评估自身对建设项目评估报告的要求。另一方面，从建设项目投资决策和建设项目投资贷款政策上看，采用规范的内容和格式完成建设项目评估报告，可以在不同的建设项目之间及同一个建设项目在不同技术方案之间、不同时间方案之间或在不同的建设区域方案之间进行优劣比较。这是建设项目投资决策的要求，实际上也正是建设项目评估的意义所在。反之,如果对建设项目评估报告的内容和格式不加以规范,所完成的建设项目评估报告之间就不能进行比较分析,建设项目投资方案之间也就无法进行比较,因此建设项目投资决策者或建设项目投资贷款决策者,也就不可能知道哪一个方案是在总的投资方案中的最佳方案。建设项目评估也就失去了在建设项目投资决策或建设项目投资贷款决策中的工具性作用。

5.适度深度原则

适度深度原则是指建设项目评估工作深度(包括建设项目评估报告的深度)应当能够满足建设项目投资决策或建设项目投资贷款决策要求的原则。

建设项目评估工作深度是建设项目评估工作的深入程度。这种深度要求主要是指建设项目经济评估深度。一般而言,建设项目经济评估深度可以分为:一级评估深度、二级评估深度、三级评估深度、四级评估深度、五级评估深度。评估深度的内容包括:

1)财务预测;

2)财务评价;

3)国民经济评价;

4)环境评价;

5)社会评价;

6)不确定性分析与评价:

(1)盈亏平衡分析;

(2)敏感性分析;

(3)概率分析;

(4)风险决策分析。

二级评估深度的工作内容包括一级评估深度工作内容1)～4)项和第6)项内容中的第(1)和第(2)两项。三级评估深度的工作内容包括一级评估深度工作内容中的1)～3)项和第6)项中的第(1)和第(2)两项。四级评估深度的工作内容包括一级评估深度工作内容的1)、2)两项和第6)项中的第(1)项。五级评估深度工作内容是一级评估深度工作内容中的1)、2)两项。

仅仅清楚建设项目评估深度层次显然是不够的,评估人员还必须知道如何确定每一个具体的建设项目应当在何种深度上进行评估。否则,建设项目评估工作也无法比较好地加以开展。一般而言,确定建设项目评估深度的标准主要有两个方面。

1)总投资

总投资是决定某一个具体的建设项目投资规模的核心指标(当然,亦可以以设计生产能力等指标表示建设项目投资规模)。这样,以建设项目投资规模确定的建设项目与评估深度之间的对应关系为:

(1)大型建设项目和特大型建设项目为一级评估深度;

(2)中型建设项目为二级评估深度;

(3)小型建设项目为三级评估深度;

(4)超小型建设项目为四级评估深度;

(5)微型建设项目为五级评估深度。

必须强调的是,总投资并非是确定建设项目投资规模的唯一标准,也不是决定建设项目评估深度的唯一标准。

2) 决策难度

这是确定建设项目评估深度的第二个标准。构成决策难度的主要原因是评估项目(指拟确定要进行评估的具体的建设项目)的复杂性。评估项目越复杂,决策难度也就越大。而决策难度越大,对建设项目评估提出的要求也就越高。因此,决策难度与评估深度是正相关的关系。随着决策难度的提高,评估难度相应升级。这样,对于一个具体的建设项目的评估深度的确定,应当先根据该建设项目的投资规模确定后,再根据其决策难度进行适当调整,以满足建设项目投资决策或投资贷款决策的要求。此外,不同的投资主体,对评估深度也会有不同的要求。如对中小投资者而言,虽然绝对投资规模较小,但其投资风险也很大,也应进行深度评估。

6. 最优化原则

最优化原则是在进行建设项目评估时应当进行多方案比较,并选择最优方案的原则。最优化选择的内容是:

(1) 技术方案的最优化,即通过设计若干可供选择的技术方案进行分析和论证,选择最佳方案。

(2) 投资效果最优化,即在选定的技术方案下进行投资效果的计算、分析、论证和评价,选择投资效果最佳的方案供投资决策参考。在技术方案最优化和投资效果最优化之间产生矛盾或二者不能同时形成理想结论时,应当进行方案的调整或修改,以最终实现整个建设项目技术、经济、环境和社会效果的协调。

值得注意的是,在进行建设项目评估时,其侧重点在于经济方面的评价(有的建设项目尤其是公共投资项目可能是侧重于环境评价或社会评价)。然而,建设项目的经济评价、环境评价和社会评价都是建立在建设项目的技术评价之上,并且依赖于技术评价的结论。这是因为,在采用不同的技术方案的情况下,建设项目的总投资、产量和产品质量等各种在经济评价、环境评价和社会评价中用到的数据都会发生变化,这将直接影响到经济评价、环境评价和社会评价的结论,甚至会完全改变经济评价、环境评价或社会评价的结论。在进行建设项目经济评估、环境评价、社会评价之前,必须先做好建设项目的技术评估,并以技术评估的最优方案为基础进行经济评价、环境评价、社会评价和不确定性分析,最终进行全面平衡。

7. 技术进步原则

技术进步原则是指建设项目评估应当能够从总体水平上反应人类在该建设项目技术方面的先进性原则。

技术进步是人类社会发展,尤其是经济发展的"推动力"或内动力。建设项目技术含量越高,意味着建设项目的生产力水平越高。建设项目反映的技术水平应当能够代表人类发展的当前水平。人类对高、新技术成果的应用实际上就是建设项目对高、新技术的吸纳过程。在建设项目中对高、新技术的应用既是建设项目自身的需要,同时亦是建设项目反过来推动技术进步的需要,即技术进步自身的需要。

技术进步原则的内容包括:

(1) 技术的理论成果或实验室成果在建设项目中的应用。

(2)建设项目应当能够反映已经在其国家或地区的同类型建设项目中应用的先进技术水平。

8. 市场性原则

市场性原则是指在进行建设项目评估时,应当全过程地将建设项目置于市场中进行考察、计算、分析和评价的原则。

市场是建设项目赖以生存的条件,是建设项目投资决策和建设项目投资放款决策的客观环境。对于一个生产性建设项目而言,其建成投产后所生产的产品能否在市场上适销对路,是决定该建设项目能否盈利的关键所在,也是决定建设项目是否应当投资的决定性因素。同时,建设项目建成投产后的盈利性及其盈利大小取决于以下一些因素。

1) 建设项目的投资成本。其决定于:
(1) 建设项目土建投资(成本取决于建筑市场);
(2) 建设项目设备投资(成本取决于设备市场);
(3) 建设项目安装投资(成本取决于安装市场);
(4) 建设项目无形资产投资(成本取决于无形资产市场);
(5) 建设项目递延资产投资(成本取决于递延费用的形成市场)。

2) 建设项目建成投产后的生产成本。其决定于:
(1) 原材料市场供应及其价格;
(2) 燃料、动力的市场供应机器价格;
(3) 由投资成本决定的折旧;
(4) 劳动力市场价格;
(5) 由金融市场决定的贷款利息;
(6) 面向市场的管理。

3) 建设项目的收益。其来自于市场因素决定的产品销售量和市场价格是决定建设项目收益水平的两个因素。服务性建设项目的经营成本及经营收益同样取决于市场。从建设项目投资决策或建设项目投资放款决策方面看,获利性建设项目的决策行为必须在市场环境中完成。因此,对于获利性建设项目而言,建设项目评估将不能满足建设项目投资决策的要求,也不能满足建设项目投资放款决策的要求。建设项目评估也就失去了其决策工具的作用。

对于非盈利性建设项目而言,建设项目评估工作也应当自始至终地将其置于市场中考虑。这是因为,任何一个非盈利性建设项目本身就是离不开市场的;建设项目的建设总是需要土建、设备购置与安装等与市场密切相关的经济活动。

9. 谨慎性原则

谨慎性原则是指在进行建设项目评估时,应当充分考虑可能发生的来自各方面风险的原则。

建设项目的评估工作重点在于对评估项目的未来财务状况及其成果、国民经济效果、环境影响和社会影响方面做出预测、计算、分析和评价。然而,评估项目的未来财务及经济状况却是不确定的,即评估项目面临着许多难以预见或不可预见的风险。建设项目评估应当能够充分估计这些风险的存在,并能够充分考虑这些风险可能造成的损失。如果在进行建设项目评估时对于可能出现的风险不予考虑,则会人为地夸大评估项目的净收益水平,从而使建立在这种评估结论基础上的投资决策或放款决策失去其科学性。一旦评估时未顾及的风险现实化,必然形成实际的损失。在非常情况下,如果风险现实化损失大于评估净效益,则建设项目实际财务收益或国民经济效益必与评估财务收益或国民经济效果形成两个相反的极端,即评估可行的结论实际是不可行的。投资决策失误成为现实,投资损失也必然成为现实。在此种情况下,实际上是评估误导了投资决策或放款决策。因此,在进行建设项目评估时应当遵循谨慎性原则,充分估计可能发生的来自各方面的风险对评估项目可能造成的损失。

10. 充分性原则

充分性原则是指在进行建设项目评估时,对于应当进行的每一项建设项目评估工作都应当全面细致地完成,不能出现丢漏现象的原则,其含义包括以下两个方面。

(1)全面细致地完成评估项目的调查工作。建设项目评估的预测、分析、评价及其结论都是建立在建设项目调查工作基础之上的。因此,全面细致地完成对评估项目的调查工作关系到评估结论的正确性。任何一个调查环节的失误都可能造成评估结论的错误,从而导致投资决策失误或放款决策失误,造成投资损失或贷款损失。所以,充分做好建设项目的前期调查工作,对于保证建设项目评估质量具有十分重要的意义。

(2)全面细致地完成《建设项目评估报告》。《建设项目评估报告》是建设项目评估的成果,也是建设项目评估工作的重要过程。全面细致地完成建设项目评估报告的每一项工作是保证建设项目评估质量的基础。任何一项建设项目评估报告中的工作失误甚至其工作不够扎实与细致都有可能造成评估结论错误,从而误导投资决策或放款决策,造成不良后果。因此,遵循建设项目评估的充分性原则,全面细致地完成《建设项目评估报告》,对于充分发挥建设项目评估的投资决策工具作用和放款决策工具作用,都具有极其重要的意义。

11. 系统性原则

系统性原则是指在进行建设项目评估时,应当从多方面考虑,通过计算各种指标,分析各种数据、资料,权衡各种数据、资料和情况反映的结果,进行综合平衡后做出合理评价的原则。

建设项目评估涉及的工作面广泛,各项工作所面临的问题也较为复杂,并且通过计算形成的各评估指标之间发生矛盾的现象也是十分普遍的。例如,在进行建设项目财务评价和国民经济评价时,就会出现财务效益可行但国民经济效益不可行,或财务效益不可行而国民经济效益可行的矛盾现象。这时我们就必须权衡国民经济效益和财务效益之利得和损失,寻找平衡二者的条件。例如,实现项目配套建设,以避免单纯考虑财务效益之弊;财务优惠措施扶持财务效益较差而国民经济效益较佳的建设项目发展等。这样才能真正实现建设项目评估的目标,而不致于因某些小问题而丢掉有利于国民经济或社会发展的建设项目,也能够避免因盲目追求某些指标的高水平而给企业经济或国民经济的健康发展造成困难。

1.4.2 项目评估的基本要求

编制项目评估报告要求做到以下几点。

1. 基础资料详实

因为基础资料的全面可靠与否直接关系到整个项目评估的质量,所以对收集到的资料要加以分析、整理和去伪存真,如资料的来源、日期和数据的统计口径、在不同条件下的换算方法等。

2. 评估内容全面

一个项目能否成立取决于众多因素,缺一不可,不仅要从微观经济的角度对项目进行评估,而且要求从宏观经济的角度对项目进行评价和研究。因此,项目评估要全面研究国家政策、国民经济长期发展规划和地方经济社会发展规划。在前期工作中尽可能把主要问题加以详尽地研究,使项目选择建立在可靠的基础上,建成后能发挥最好的效益,避免或减少因盲目建设、仓促上马带来的损失和浪费。

3. 评估深度得当

可行性研究注重对项目的前提性和关键性综合技术经济问题的研究。研究应具有相当的深度,研究结论才能比较明确和肯定,而不致导致设计、施工和生产中的重大变更。我国基本建设程序规定有初步设计阶段,凡属初步设计应解决的问题,不必统统拿到可行性研究中来解决,否则会增加可行性研究的时间,放慢项目实施进度,并且会干扰可行性研究中重大问题的解决。因此对可行性研究进行评估时要注意适当的深度。

(1)项目建议书的评估就是对项目立项的评估,它着重研究项目对国民经济的作用和建设的必要性与可行性,作为国家对投资项目进行初步决策的依据。

(2)对拟建项目可行性研究报告的评估,主要包括:项目是否符合国家有关政策、法令和规定;项目是否符合国家宏观经济发展的需要,是否符合国家经济长远规划、行业规划和国土规划的要求,项目布局是否合理;项目在工程技术上是否先进、适用,在经济和社会效益上是否合理有效。为此,项目评估人员必须从国家全局利益出发,坚持实事求是的原则,认真调查研究,广泛听取各方面的意见,对可行性研究报告中的基础资料,技术和经济参数进行认真审核查实。

4. 评估要具有客观公正性

项目评估作为一种科学的方法,在论证当中必须保持编制单位的客观公正性,不受外界因素的干扰。国外许多咨询机构在进行项目评估时,特别强调客观和公正的原则,以保证咨询服务质量,维护其声誉和地位。总结过去的经验,尤其需要避免"长官意志"。

1.4.3 项目评估的内容

不管是项目前评估、跟踪评估还是项目后评估,只要是项目评估一般就必须包括两个方面的内容,其一是项目的单项评估,其二是项目的综合评估,所以项目评估的主要内容包括以下几个方面。

1. 项目经济评估

项目经济评估是指对于项目各种经济特性的分析和评估,这又可以进一步分为财务评估和国民经济评估两个方面。其中,项目财务评估是以国家现行财税制度为依据,从企业的经济效益出发所作的项目经济特性的评估。这一评估中所使用的主要指标包括项目投资利润率、项目投资回收期、项目财务净现值和项目内部收益率等。项目财务评估的根本目的是分析和确认项目在企业财务和成本效益方面的必要性和可行性。

项目经济评估中的国民经济评估是从国家(行业)和整个社会的角度出发,对项目的国民经济方面的成本效益进行的全面评估。因为这种评估是从国民经济全局出发所作的项目评估,所以它使用的数据都是以影子价格为基础的各种实际和预测数据。这一评估的根本作用在于防止出现对企业有利而有损国家和社会利益的项目,确保全社会投入的项目能够达到对国家和企业的经济效益都好的目标。实际上判断一个项目的可行性和优劣首先要看项目对国民经济和社会发展所做贡献的大小,因此项目的国民经济评估是项目评估中首要的评估。这一评估中所使用的主要指标包括项目投资利税率、项目经济投资回收期、项目经济净现值和项目经济内部收益率(运用影子价格、影子汇率和社会折现率)等。

2. 项目技术评估

项目的技术评估也是项目评估中的一个重要的专项评估。这种评估的主要评估内容包括两个方面,一是对于项目本身生产运营技术的可行性和先进性的评估;二是对于项目实施过程中所用技术的可行性和先进性的评估。其中,前者是对项目建成投入运营以后所适应的生产工艺和技术的全面评估,这种评估会涉及对于各种不同的生产工艺技术方案的科学性、可行性和先进性的评估和确认。在很多时候这一评估是整个项目各项评估的基础,因为选用不同生产运营技术的项目投资和效益都是不同的。另外,项目技术评估还包括对在项目实施过程中多采用的项目开发或实施技术方案的科学性、可行性和先进性的评估,甚至包括对于项目实施所采用的施工组织技术方案的评估等。

项目技术评估除了要确保项目技术的科学性、可行性和先进性以外,在很大程度上还需要考虑项目技术的经济特性,既要对项目技术进行必要的价值分析(或叫价值工程),识别并给出能够在确保项目质量前提下以较低投资或成本去实现项目目标的实施技术和生产工艺技术。在开展对于项目技术的评估过程中,还必须同时考虑项目技术设备选用的评估和项目技术支持体系的评估。因为任何一个项目的技术构成都应该包括工艺技术、技术设备、技术人员和技术支持体系四个基本元素,所以在项目技术评估中应该从系统的角度全面评估一个项目技术系统的这四个基本要素是否科学、可行和先进。

3. 项目运行条件评估

项目运行条件主要是指在项目投入运行以后所面临的各种运行环境和支持条件以及项目在实施过程中的外部支持环境条件等。由于这些项目运行环境条件对于项目的经济效益和技术运行等都有很重要的影响,所以这方面的项目评估同样是十分重要的。项目运行条件评估的主要内容包括:①项目运行的各种资源供应条件的评估(包括人力资源、物力资源和财力资源的供应条件等),这是对项目运行的各种输入条件的评估;②项目运行产出所面对的市场条件评估(包括项目市场需求情况、市场竞争情况和市场运行情况等),这是对项目运行的各种输出条件的评估;③项目运行宏观条件的评估(包括项目运行的国民经济环境条件、国家和地方的政治法律环境条件、社会文化环境条件及自然环境条件等),这是对于项目运行所涉及的各种支持条件的评估。项目运行条件的评估主要是对于项目投入运营以后所面临的各种环境条件的全面评估,这也是一种从项目运营支持条件出发进行的项目可行性分析与研究。

4. 项目环境影响评估

项目环境影响评估是指对于在项目实施和运营中给自然环境和社会环境所造成的各种影

响的全面评估。其中项目对于自然环境的影响包括项目对生态、大气、水、海洋、土地、森林和草原等方面的影响,而项目对社会环境的影响包括项目对于社会文化、文化遗迹、少数民族文化习俗和风景名胜区等方面的影响。项目对于自然环境的影响评估主要是分析和评估由于项目实施和运营而向自然环境排放的各种有害废弃物对环境所造成的破坏和污染,如废水、废气、固体废弃物和噪声等。项目对于社会环境的影响评估主要是分析和评估由于项目的实施和运营造成的社会文化风气的恶化、文化遗产的损失、少数民族文化的破坏以及造成的失业、流离失所与道德沦丧等。

通常在项目环境影响评估中有关项目对自然环境的影响比较容易评估,而项目对社会环境的影响评估比较困难。另外,需要注意的是任何项目的环境影响评估都需要对项目实施和运行两个方面对于项目给各种自然和社会环境所造成的危害进行评估。同时,这种评估都必须包括两个方面的内容:一是项目对环境造成的负面影响的评估(包括对于危害的估算和对于消除这些危害所需代价的估算等);二是对有关消除这些危害对于环境影响的各种措施所进行的评估。例如,项目需要建立污水处理厂来消除由于项目运营而排除的废水对环境的影响这类措施,同样也需要进行全面的评估。

5. 项目风险评估

项目风险评估是对于项目的不确定性可能带来的损失或机遇的一种全面评估,这也是项目评估的一个重要组成部分。由于任何项目的实施和运营过程中都存在各种各样的不确定性情况和事件,这些不确定性事件最终可能带来收益也可能带来损失,为了达到趋利避害的目的就必须对项目的所有风险进行全面的评估。特别是由于在项目前评估和跟踪评估中都是用带有各种假设前提条件的预测数据(例如对市场需求未来发展趋势的估算和预测,对项目所用资源未来价格的估算和预测,对国民经济未来发展趋势的估计和预测等),而随着项目的实施和运行开展,项目的实际发生数据会与这些预测和估算的数据发生偏离或差异,这样就会给项目造成风险,从而就需要开展这方面的项目评估。

任何一个项目都有一定的不确定性和风险,项目风险评估就是要识别这些风险,度量这些风险并给出应对这些风险的措施。项目风险评估从项目存在的各种不确定因素的分析入手,找出项目风险事件一旦发生时项目各种评估指标的变化,从而分析和预测人们是否能够承担这些项目风险,并最终给出一个项目风险评估的结果,即项目的不确定性和风险性。项目风险评估通常包括盈亏平衡分析、敏感性分析、概率分析和仿真模拟等多种方法。项目风险评估在很大程度上可以缩小人们的主观分析和预测与项目实际情况的偏差,提高项目的抗风险能力和预备好各种项目风险的应变措施,从而消除项目的风险或者使项目风险事件发生时的损失降低到最小程度。

6. 项目综合评估

项目综合评估还会有一些其他专门针对具体项目的单项评估内容,但一般项目最主要的单项评估就是上述5个方面的评估。然而,上述5个方面的评估都是从某个侧面对项目的科学性、可行性和必要性所做的评估,在此基础上人们还必须设法综合上述5个方面的项目专项评估结果从而给出对于一个项目的综合评估结果,这就是任何项目都必须有的项目综合评估。

项目综合评估是对项目各个方面专项评估内容所作的汇总性和综合性的全面评估,这种评估可以采用相应的方法对项目专项评估的结果进行综合与集成。在项目综合评估中使用最多的有连加性的权重法、连乘性的权重法和层次分析法等。其中，连加性和连乘性的权重法都是一种将各个项目备选方案的专项评估指标打分，乘上权重系数后连加或连乘而得到项目综合评估结果的方法。需要注意的是，连乘性权重法的各个项目评估指标具有对于项目综合评估结果"一票否决权"（因为只要乘上一个零，总体结果就是零），而连加性权重法没有这种"一票否决权"。层次分析法是将项目综合评估的定性和定量指标集中在同一模型中进行项目综合评估的方法，它使用两两对照的比较矩阵去获得项目指标的量化及其权重的量化，最终获得项目综合评估结果。不管采用哪种方法综合项目专项评估的内容结果去得出项目综合评估的结论，项目综合评估的结果是决策者所需的项目决策信息的关键性内容。

1.4.4 项目评估与可行性研究的区别与联系

1. 项目评估与可行性研究的共同点

(1) 两者同处于项目投资的前期，都是在投资决策前为项目实施所进行的技术经济分析论证工作。两者都是前期工作中不可缺少的工作阶段，是关系到项目的生命力及其在未来市场竞争能力的重要步骤，是决定项目的先天素质和投资成败命运的重要环节。

(2) 者的目的都是要提高投资项目决策前的技术经济分析水平，共同为实现项目投资决策的科学化、民主化和规范化服务，减少投资风险和避免投资决策失误，促使项目投资效益的提高。

(3) 这两项工作的基本原理、内容和方法是共通的，都是运用国家已规范化的评价方法和统一颁布的经济参数、技术标准和定额资料，采用同一衡量尺度和判别基准。通过产品的市场调查预测、建设条件和技术方案的技术经济分析论证，以及项目未来经济与社会效益的科学预测，判断项目投资的可行性和合理性，形成决策性建议。

2. 项目评估与可行性研究的区别

1) 概念与作用不同

可行性研究是在投资决策前对工程建设项目从技术、经济和社会各方面进行全面的技术经济分析论证的科学方法，其研究结果的可行性研究报告是项目投资决策的基础，为项目投资决策提供可靠的科学依据。

项目评估是对项目可行性研究报告进行全面的审核和再评价工作，审查与判断项目可行性研究的可靠性、真实性和客观性，对拟建项目投资是否可行和确定最佳投资方案提出评估意见，编写评估报告，作为项目投资最终审批决策的主要依据。它为决策部门和人员提供结论性意见，具有一定的权威性和法律性作用。

2) 执行单位不同

可行性研究在我国是由投资主体（项目业主）及其主管部门来主持，并委托给有资格的工程咨询公司或设计单位等中介机构去执行，而委托的单位或机构的工作主要体现投资者的意见和建设目的，是为决策部门和投资主体服务的，并对项目业主负责。

项目评估是由政府决策机构（如国家主管投资综合计划部门）和贷款决策机构（如银行）组织实施或授权给专门咨询机构（如中国国际工程咨询公司）或有关专家，代表国家和地方政府对上报的可行性研究报告进行评估。委托机构和人员在执行过程中应体现国家和地区发展规划目标与政策,明确宏观调控意见,向投资和贷款的决策机构负责。

3）研究的角度和侧重点不同

可行性研究主要是从企业角度,侧重于产品市场预测,对建设必要性、建设条件、技术可行性和财务效益合理性进行研究分析,估量项目的盈利能力来决定其取舍,因此着重项目投资的微观效益。项目评估如果由国家投资决策部门和国家开发银行（管理政策性投资项目）主持,由于它们担负着国家宏观调控的职能,因此,必然站在国家立场,依据国家、部门、地区和行业等各方面的规划和政策对项目可行性研究报告中结论评价质量（如数据正确性、计算理论依据和结论的客观公正性）进行评估,综合考察项目的社会经济整体效益,侧重于项目投资的宏观效益。与此同时,由商业性的专业投资银行所作的项目评估,由于受贷款风险机制约束,考虑到项目投资贷款的安全性以提高贷款资金的利用效率,因此,对项目投资评估要求,在符合国家宏观经济发展的前提下,必然要求属于项目投资效益中的银行收益,重视借款企业的财务效益和偿还借款的能力。

4）报告撰写内容和成果形式不同

可行性研究报告主要包括总论、产品市场预测、建设规模分析、建设条件和技术方案论证、项目经济效益分析评价和结论与建议等11个方面的内容。报告中还应附有研究工作依据、市场调查报告、厂址选择报告、资源勘探报告、环境影响报告和贷款意向书等技术性和政策性文件。

项目评估报告主要从项目建设必要性、建设与生产条件、技术方案、经济效益和项目总评估等5个方面的评估,对可行性研究报告的全部情况的真实性进行全面审核,此外还要分析各种参数、基础数据、定额费率和效果指标的测算和选择是否正确,而且在报告中必须附有关于企业资信、产品销售、物资供应、建设条件、技术方案专利与生产协作和资金来源等一系列的证明和协议文件,以判断和证实项目可行性研究的可靠性、真实性和客观性,有利于决策机构对项目投资做出审批决策。

5）在项目管理工作中所处阶段和地位不同

可行性研究工作处于投资前期的项目准备工作阶段,它是根据国民经济长期规划、地区与行业规划的要求,对拟建项目进行投资方案规划、工程技术论证、社会与经济效益预测和组织机构分析,经过多方案的计算、分析、论证和评价,为项目决策提供可靠的科学依据和建议。这项工作属于项目规划和预测工作,是项目决策中不可忽略的重要步骤,是投资决策的首要环节,它给项目决策提供了必要的基础。

项目评估处在前期工作的项目审批决策阶段,是对项目可行性研究报告提出评审意见,最终确定项目投资是否可行,并抉择最佳投资可行方案。项目评估是投资决策的必备条件,为决策者提供直接、最终的决策依据,具有可行性研究工作所不能取代的更高的权威性。

3. 项目评估与可行性研究的联系

可行性研究与项目评估是投资决策过程中两大基本步骤,它们之间相辅相成,一先一后,彼此映照,缺一不可。具体联系体现在：

(1)可行性研究是项目评估的对象和基础,项目评估应在可行性研究的基础上进行。

(2)项目评估是使可行性研究的结果得以实现的前提。就是说可行性研究的内容和成果必须要通过项目评估的抉择性建议来实现。因此项目评估的客观评审结论是实现可行性研究所作的投资规划的前提。

(3)项目评估是可行性研究的延伸和再评价。由于项目评估是对可行性研究报告的各方面情况作进一步的论证和审核，因此它是可行性研究工作的自然延伸和再研究。

1.5 公路工程项目评估的特点

1.5.1 公路工程项目的特点

公路工程建设项目属于交通运输项目的一部分，交通运输建设项目包括运输线路（铁路、公路、航道和管道）、站场和枢纽（站、港口、机场、船闸和升船机）的建设项目。交通运输业是国民经济的一个重要基础产业，它的发展规模、速度和水平，取决于国民经济其他各行业的发展，但反过来又会影响其他行业的发展。交通运输与工业的不同之处在于：其产品不像工业生产那样是具体的实物产品，而是货物或旅客空间位置的移动，是生产过程在流通领域内的继续，其投资效果具有公用性特征，总是与其他工程项目效果相互作用而产生，主要表现为外部效果。交通运输项目的经济效益大部分可以在经济评价中定量地计算出，但是有些效益是不容易用经济指标来反映的，更不容易精确地测定其数量变化。尽管如此，对这些因素还必须予以考虑。

在正常情况下，交通运输建设项目可能会给社会经济的发展和人民生活水平的提高带来好处，即正效益；但也可能带来坏处，即负效益，如环境污染。这是不同于投资的代价或费用，而且往往是不可避免的，重要的是要使正效益超过负效益，使好处多于坏处。有时交通运输建设项目带来的与最初投资追求的目标并无关系，我们把这种效益看成是在运输系统之外的副产物，即外部效益，如内河航运项目除了满足运输需求外，还可能提供能源生产或水源供应。

另外，有些交通运输项目产生的效果不能用货币来衡量，如噪声和空气污染的影响，保护自然景观对社会的价值等。对这类效果，有的正在寻求货币衡量方法，有的尚难以找出定量分析方法，因此只能对其进行定性分析。

公路建设项目与其他交通运输项目有所不同，其特点如下。

1. 使用的开放性

公路建设项目由交通部门负责规划，并负责筹措资金、勘测、设计、施工和管理，公路项目建设以后却并不是独家所有，而是要向全社会开放，满足全社会各行业生产和生活方面的交通需求。据资料表明，交通部门公路运输专业部门的车辆仅占全部车辆的10%左右，而非交通部门的社会车辆却占全部车辆的90%以上。

2. 管理的分权性

公路建设管理与公路运输管理虽然同属交通部，却又是分开管理的。工业建设项目以及交通运输项目中的港口、站场、机场一旦建成就可以形成独立的企业，其形成的固定资产可以与企业其他生产要素结合在一起，由企业统一调配和管理，而公路建设项目则不然。公路设施由公路管理部门负责维护管理，客、货运输管理则由运管部门负责，而运输车辆及运输安全是由公安交警负责管理，不能形成统一的管理体，权力分散。当然，这一特点随着我国公路建设投资政策及管理体制的改革，正在不断地统一起来。

3. 效益的外部性

由于公路建设项目作用的公开性，以及管理权限的分散性，公路建设项目的效益并不体现为给公路建设部门带来多少以货币计算的利益，而主要是用项目实施后给国民经济和社会带来的费用节约来衡量，用它对整个社会或地区的发展所作的贡献来衡量。因此，公路管理、建设部门并不是公路建设项目的受益者，受益者是全社会的各企业、单位和居民个人。

1.5.2 公路工程项目可行性研究的特点

公路工程项目的自身特点决定了其可行性研究的特点。

(1)公路项目可行性研究要立足于全社会的公路交通状况，包括公路运输量、公路交通量和车、货流起讫点情况。为此，必须分析研究引发运输量、交通量的地域社会经济的发展现状、资源特征和产业结构，预测其未来的发展速度、发展水平，还要调查分析研究其他运输方式(铁路、水运、管道和航空)的运输能力及其对运输量的分流状况，在此基础上还须特别摸清与研究对象平行的整个运输走廊的公路运输量和交通量，以及公路网络情况。

(2)由于公路项目一般不形成独立企业，项目本身没有直接赢利问题，因而对公路建设项目的国民经济评价重于财务评价。目前，只对贷款修建并以收费偿还贷款的公路建设项目进行财务分析和评价，这时需要研究收费方式和收费标准，然后计算过路(桥)费收入，动态计算贷款偿还年限。如果收费公路管理机构为经营性的经济实体，财务分析则不仅需计算贷款偿还年限，还要计算偿还年限后的收费所得。无论哪一种情况都要考虑收费对交通量分配的影响。

(3)在考虑公路建设项目投资效益时，必须把着眼点放在满足社会经济发展的需要上。公路建设项目投资产生的效益大部分不是在运输业内部，而是在它的外部，主要反映在用户以及对社会经济的影响上。其效益的计算不是像工业项目一样，可以通过项目实施后的产品销售收入计算，而主要是用项目实施后给国民经济和社会带来的费用节约来计算。

(4)在费用的计算上，由于公路工程项目不直接生产物质产品，使用时不需要材料，故不发生原材料费。但是公路工程项目投入营运时需投入价值昂贵的汽车(并不在项目建设费用支出中)，在营运过程中需消耗大量的燃料(也不计入项目建设成本)；而且在基础设施方面需要投入大量稀缺资源，如土地、钢材、水泥等。因此，在进行公路工程项目可行性研究和经济评价时，必须特别注意方案比选，在满足相同目标的各种替代方案中，找出投入最少，或代价最小的方案，尽可能减少建设期和营运期的资源消耗。

1.5.3 公路工程项目评估的原则、依据及特点

1. 公路工程项目评估的原则

1)突出产业政策原则

公路工程项目是国家扶持项目，在贷款、税收等方面有很多的优惠政策。评估过程中应在体现产业政策、优化资源配置的指导下，体现公路行业的特殊性，根据国家产业政策的要求确定贷款投向和注重社会经济效益与企业(项目)经济效益相协调。

2)国民经济评估和社会经济评估为主，财务评估为辅的原则

建设项目在客观上都存在许多方案,为了以最少的投入获得较高的产出,在评估中必须坚持讲求经济效益的原则。但是由于公路工程本身的特点,在追求财务效益的同时更应注重国民经济效益、社会效益的评估。

3)指标统一原则

公路工程项目评估中使用的国家参数和效益指标必须统一。在评估工作中,必须以有关权威机关制定的统一评价参数为标准。

4)价格合理原则

价格合理原则是项目评估中价格的依据问题,完全理想的价格在实际生活中是不存在的,所以基本符合价值并能反映供求关系的价格就是合理的。

5)客观公正原则

公路工程项目评估研究的是基本建设投资中的有关经济现象,与上下左右发生着密切的联系。在这种情况下,项目评估人员的工作态度和思想素质直接影响评估报告的科学性。为了使评估报告成为决策的可靠依据,它要求评估人员尊重客观事实,不受外部干扰,也不屈服于外部压力,能站在公正的立场上对项目进行认真科学的研究论证。

2. 公路工程项目评估的依据

1)项目建议书评估的依据

(1)项目建议书;

(2)同时报送的有关文件与资料:

①报送单位请求审批项目建议书的报告文件;

②主管部门的初步意见;

③主要原材料、燃料、动力等的供应和有关基础配套设施的意向性协议文件;

④资金来源及其筹措的意向性协议文件;

⑤土地管理部门同意征地、环保部门同意建设的意向性协议文件;

⑥外汇管理部门同意使用外汇的意向性文件。

2)可行性研究评估的依据

(1)项目建议书及其批准文件;

(2)可行性研究报告;

(3)报送单位的申请报告及主管部门的初审意见;

(4)项目(公司)章程、合同及批复文件;

(5)有关资源、原材料、燃料、水、电、交通、通信、资金(含外汇)及征地等项目建设与生产条件落实的有关批件或协议文件;

(6)项目资本金落实文件及各投资者出具的本年度资本金安排承诺函;

(7)项目长期负债和短期借款等落实或审批文件,以及借款人出具的用综合效益表示的项目贷款的函;

(8)必需的其他文件和资料。

对于项目贷款机构来说,还需要补充下列作为评估依据的文件资料:

①借款人近3年的损益表、资产负债表和财务状况变动表;

②项目各投资者近3年的损益表、资产负债表和财务状况变动表;

③保证人近3年的损益表、资产负债表和财务状况变动表;
④银行评审需要的其他文件。

3. 公路工程项目评估的特点

由于公路工程本身以及公路工程可行性研究的特点,公路工程项目评估也有不同于其他行业之处,主要体现在以下几个方面:

1)评估目标的宏观性并兼顾财务效益

由于公路工程项目的发展规模、发展速度和发展水平都受到国民经济和社会发展的制约,因此公路工程项目评估必须以宏观的国民经济和社会评估为主,以此作为项目取舍的主要依据。收费公路的项目评估应在国民经济评估的基础上进行企业财务评估,计算项目的财务能力和清偿能力。

2)评估方法的多样性

公路工程项目的经济和社会评估主要是采用有无对比法、费用效益分析法、成本效用分析法和多目标综合分析评估法、层次分析及模糊综合评估法。有无对比法中的"有项目"是指拟建的项目在实施后将要发生的情况;"无项目"是指不实施该拟建项目而按现有情况在计算期内将要发生的情况。

3)评估主体的突出性

由于公路工程项目投资非常巨大,除了自筹资金以外,大量资金通过贷款获得。而对申请银行贷款的项目,通常在建设项目可行性研究、初步设计的基础上,在贷款文件正式批发之前,贷款银行对项目单位的资信情况、项目建设的必要性、技术的合理性、财务效益和国民经济效益进行分析评价。但是,其他设计、咨询机构对贷款项目的评估不能代替贷款银行的评估,这是由银行自主经营的性质所决定的。

4)预测分析与统计分析结合,以预测分析为主

在项目评估过程中,许多结果是可以通过对基础数据进行调查、统计分析得出的,但也有许多不可估计因素需要通过预测得出结论。例如公路工程项目评估的远景交通量,如果只通过初步的交通量的调查是得不到将来值的,必须通过科学的预测方法才能掌握未来的交通量变化趋势。因此,进行项目评估,既要以现有状况水平为基础,又要进行有根据的预测。

本 章 要 点

本章介绍的主要内容将贯穿和应用于整个课程中。

本章讨论了项目评估的基本内容和发展历程,项目评估对于项目决策的支持作用,项目评估的原则和项目评估的主要内容以及项目全生命周期中的项目前评估和后评估各自的作用和它们的不同之处。

项目评估和可行性研究之间有联系也有区别。项目评估是投资决策部门或贷款机构(主要是银行、非银行性金融机构)对上报的建设项目可行性研究报告进行再分析、再评价,即是对拟建项目的必要性、可行性、合理性及效益、费用进行的审核和评价。项目评估遵循客观公正原则、系统性原则、综合评价和比较择优的原则、定性分析和定量分析相结合的原则、指标统一性的原则和方法的科学性原则。可行性研究是项目评估的对象和基础,项目评估是使可行性

研究的结果得以实现的前提,是可行性研究的延伸和再评价。但两者研究发起主体不同、研究次序不同、研究的作用不同以及研究的侧重点不同。

本章思考题

1. 项目和项目评估之间的关系是什么?
2. 项目评估的发展历程经过了哪几个阶段?说明了什么?
3. 项目生命周期的基本特征是什么?
4. 项目评估的内容是什么?项目评估要经过哪些程序?项目评估需要遵循哪些原则?
5. 项目评估与可行性研究之间区别与联系是什么?
6. 公路工程项目评估的内容、特点和原则分别是什么?

第2章　工程项目调查、分析及预测

学习目标
1. 掌握项目影响区的概念
2. 掌握社会经济调查、分析的内容及方法
3. 掌握交通量调查和分析方法
4. 掌握预测的基本方法
5. 重点掌握四阶段交通量预测方法

学习准备
本章是工程项目评估的基础工作,要求学生在学习本章内容前了解反映社会经济现状的主要指标以及评价内容。特别要求对于一般预测方法能够熟练应用。

2.1　社会经济调查

2.1.1　调查方法

调查的方法有很多,按照调查资料的来源不同划分,可以分为原始资料调查和二手资料调查。按调查的组织形式划分,可以分为统计报表和专门调查。按调查所包括的调查单位是否完全划分,可分为全面调查和非全面调查,其中非全面调查以调查对象产生的方法不同又可分为重点调查、典型调查和抽样调查。按调查时间的连续性划分,可以分为经常调查和一次性调查。在实际工作中,一般可以根据调查对象、调查内容和调查目的选用适当方法或方法组合进行调查。市场调查常用的方法如下:

1. 观察调查法

观察调查法是指调查人员到调查现场,直接或借助观察仪器观察、记录被调查者的行为和表情,从而获得有关市场信息的一种调查方法。这种方法的特点是不直接向被调查者发问,在其没有觉察的情况下从旁观察。其优点是被调查者的意见不受外在因素的影响,收集的信息来自客观实际,准确性较高;缺点是观察到的只是一些现象,了解不到被调查者内在因素的变化,调查人员根据观察到的现象作出的判断,往往又要受调查人员主观因素影响,而且调查活动处于被动状态,要耗费大量时间和精力,调查效率较低。观察调查法是最原始的调查方法,随着科技发展,其所用的工具和具体方法也在不断更新,所以至今仍不失为一种重要的调查方法。

2. 询问调查法

询问调查法,是调查人员通过走访、电话、邮寄和留置问卷等方式,向调查者发问或征求意

见来搜集所需市场信息的一种调查方法。这种方法的优点是调查人员与被调查者之间可以直接沟通，信息直接来自于被调查者，消除了调查人员主观因素的影响；缺点是当被调查者不愿配合时调查效果较差。询问调查法是最常用、最基本的一种调查方法，它依据传递询问内容的方式以及调查者与被调查者接触的方式不同，可分为走访调查法、邮寄调查法、电话调查法和留置问卷调查法。

走访调查法，也称个人访问法或面谈访问法，是调查者直接面对被调查者了解情况、获得资料的方法，它是一种最常用的询问调查法。询问的具体方式主要有两种，一是采用自由谈话方式；二是采用直接的与结构性询问方式，即调查人员按事先拟好的调查项目逐一向被调查者提问，请被调查者逐一回答。

邮寄调查法，是将设计好的调查表通过邮局寄给被调查者，请其按要求填答后在规定日期寄还的一种调查方法。

电话调查法，是指通过电话向被调查者询问调查内容的一种调查方法。这一方法随着现代通信技术的不断发展而日益普遍。

留置问卷调查法，是调查人员将调查表当面交给被调查者，并对有关问题作适当解释说明，然后留给被调查者事后自行填写回答，与调查人员约定日期回收，也可以由被调查者寄回。这种调查方法介于走访调查法和邮寄调查法之间。

四种询问调查法各具优缺点，现从回收率、灵活性、准确性、速度、费用、调查范围和复杂程度等7个方面进行比较，如表2-1所示。

四种询问调查法的比较 表2-1

方法 项目	走访调查法	邮寄调查法	电话调查法	留置问卷调查法
回收率	高	低	较高	较高
灵活性	强	差	较强	较强
准确性	高	较高	高	高
速度	较慢	较快	快	慢
费用	高	低	较低	高
调查范围	窄	广	较广	窄
复杂程度	复杂	简单	较简单	复杂

3. **实验调查法**

实验调查法是指通过实际的、小规模的营销活动来调查关于某一产品或某项营销措施执行效果等市场信息的一种调查方法。实验内容包括产品的质量、品种、商标、外观、价格、促销方式和销售渠道等。常做的实验是新产品试销或展销，借此检验用户对新产品的态度和意见。这种方法的优点是方法客观，真实感强，准确性高；缺点是组织费时，困难大，费用高。

4. **抽样调查法**

抽样调查按照总体中每一个样本单位被抽取的概率是否相等的区别，可以分为随机抽样调查法和非随机抽样调查法。

1) 随机抽样法

又称机率抽样法，是指对调查对象的任何一部分，不作任何有目的的选择，用随机的方法去抽取个体，进而推算总体特征的一种方法。每一个体都有同等机会被抽中，可以排除人为的影响，因而使样本能较好地代表总体，可以从样本中得出的结论来推断总体特征。随机抽样方法会产生抽样误差，但抽样平均误差可以计算出来，并可在调查前将它控制在一定范围之内。

随机抽样法又有以下几种：

(1) 简单随机抽样

又称纯随机抽样，是对总体中的个体不进行任何组合，仅按照随机原则直接从总体 N 个个体中抽取几个作为样本，以保证总体中个体在抽选时都有相等的机会的方法。简单抽样法通常借助随机数表、抽签等来完成。这种方法存在一些不足，如不能利用总体的一些已知的信息，个体分散时不易操作等。

(2) 类型随机抽样

又称分层抽样，是根据总体单位具有的某种标志将所有个体分成若干类型，再从各类型中随机抽取必要数目样本单位的方法。类型抽样把总体中标志值比较接近的个体归为一组，使各类内的分布比较均匀，而且保证各组都有选中的机会，因此具有较好的抽样效果。对于产品的调查，可按不同的型号、不同的地区分组进行；对竞争对手的调查，可按规模、促销手段、销售方式等标志分类进行。在总体情况复杂、个体之间差异较大以及样本单位数量较多的调查对象中适合采用类型抽样法。

(3) 系统随机抽样

系统随机抽样法是指事先将总体中个体按某一标志排列，然后按照固定顺序和间隔来抽选调查个体的方法。个体的顺序排列可以是无关标志，也可以是有关标志。系统抽样实际上是一种特殊的类型抽样。如果类型抽样中，把总体划分为若干相等部分，每一部分只抽一个样本单位，在这种情况下，类型抽样就变成了系统抽样。

(4) 整群随机抽样

整群随机抽样是将总体中的个体按照一定的属性或条件分成若干群，然后以群为单位从中随机地抽取一些群，并对所选群中的个体进行全面调查，从而推断总体情况的方法。只要缩小群与群之间的差距，扩大群内个体的差异，就能使"群"具有很强的代表性，从而使结果更能接近实际。

2) 非随机抽样法

非随机抽样法是指不按照随机原则，而是按照调查者主观设定的某个标准抽选样本单位的调查方法。此方法对样本单位的抽选是经过调查人思考后有意识进行的。一般来说，非随机抽样可有以下几种方式：

(1) 偶遇抽样法

又称方便抽样，是根据调查者的方便与否，以尽可能使调查对象对总体具有代表性为原则的一种抽样方法，这种方法常用于非正式的探索性调查。通常在总体各单位标志差异不大时，采用此法可获得具有较强代表性的调查结果。

(2) 判断抽样

又称立意抽样，是按照调查者的主观判断选取调查单位组成样本的一种方法。采用此方法的前提为调查者必须对总体的有关特性有相当的了解,判断样本单位代表性大小完全凭调查者的经验、知识等。在精确度要求不很高的情况下,通常可采用此种方法。

(3)配额抽样

又称定额抽样,这是一种与类型抽样相对应的非随机抽样。它是指调查者首先将总体中的所有单位按其一定属性或特征分成若干组,然后再采用偶遇或立意抽样的方式抽选样本单位的一种方法。

非随机抽样方式灵活,能适应多变的市场环境。因此,小规模的经常性的市场调查更多地采用非随机抽样。非随机抽样的缺点是不能判断误差,对所调查结果的把握程度难以精确估计。

2.1.2 调查范围

由于项目的实施,使有关的地区或区域的社会经济能按计划发展或更快地发展,那么,我们把这些区域或地区称为项目影响区。这里所谓的按计划发展指的是项目建设本身是适应和服务这一区域社会经济发展要求的。所谓更快的发展,指的是项目建成后,该区域的交通条件得到改善,地区的空间距离相对缩短,物资和人员往来更加便利和经济,从而对该区域的社会经济加速增长起到促进作用。

为了集中力量研究项目影响区内社会经济的主要问题,要正确确定调查范围的大小,习惯上将调查范围划分为直接影响区和间接影响区。社会经济分析研究的重点是在直接影响区。

直接影响区和间接影响区划分的标准主要是看能否揭示影响区内各地区间的社会经济往来关系,能否有效地反映这一区域的物流和车流特征。直接影响区确定得过大,会增加可行性研究和项目评估的工作量,造成人力、物力、财力和时间的浪费;直接影响区定得太小,又不能达到预期的目的和要求,不能满足统计上的充分有效性。直接和间接影响区的划分目前还没有一个统一的标准,但是,直接影响区一般具有以下几方面的特点:首先,项目的实施会使这些地区或区域的社会经济显著受益;其次,项目实施后,交通量的发生源或集中点大部分在这些地区或区域;再次,项目实施后会使这些地区或区域内其他道路或其他运输方式显著分流,交通条件大为改善;最后,从地理位置看,直接影响区一般距项目很近或该项目就通过这些地区或区域。通常划分公路直接影响区的行政单位定为项目经过的市、县等,必要时划分到区或乡;而把直接影响区范围之外,凡公路工程建设项目上行驶的车辆所波及的范围作为间接影响区。直接影响区调查分析得细,间接影响区调查分析得粗。

为了分析研究项目影响区的社会经济情况,车流及客货流的集中发生情况和起讫点情况,进而分析客货流可能的上路点以及进行流量分配,项目直接和间接影响区还须划分为若干小区。小区是社会经济调查与分析、交通调查与分析等工作的最小地域单元,即进行分析研究的最小行政区域。如果从交通起讫点方面理解,小区也可以叫OD区。

2.1.3 调查内容

社会经济调查的内容涉及面很广,诸如产品调查、市场调查、销售调查和服务调查等很多项,但我们这里指出的仅仅是与公路建设未来状况有关的一些项目,通过对能够影响到公路建设的某些因素的调查来掌握一些有益于我们公路建设决策的方面。与公路建设有关的因素有很多,这里仅将主要的方面介绍,包括自然资源、人口及劳动者和经济。

1. 自然资源

自然资源是在一定时间、一定地点条件下,存在于自然界可为人类利用的自然资源。自然资源是人类生存和发展的基础,是实现社会再生产的必要物质条件,自然资源的开发和利用直接影响着国民经济和社会事业的发展。

资源的储量与分布从根本上影响和决定了社会经济的结构、布局以及规模,进而也影响并决定社会经济的基础设施交通网的布局。资源对国民经济的发展举足轻重,有人就曾研究过能源与国民经济的关系,并具体测算出能源消耗量与国民经济增长之间的比例,说明国民经济的发展对能源消费量的增长有着直接的依赖性。实际上所有资源都是如此。因此,资源就是交通运输的运量或潜运量。在公路建设项目可行性研究、项目评估中,资源调查及分析是不可缺少的。

对自然资源的调查可以根据公路工程项目功能作用的不同而有所侧重,但一般可包括土地资源、气候资源、水资源、生物资源、矿产资源和旅游资源。这些要素有机地结合在一起,影响着社会生产力的布局。资源调查应充分反映地方的特点,重点应放在影响地区专业方向和产业结构特点的自然资源上。与公路工程建设项目可行性研究、项目评估关系密切的资源主要是矿藏性资源和旅游资源。

矿藏性资源主要指煤炭、石油、盐、铁和铜等矿产资源。由于这些资源对地区生产布局、生产结构、生产水平和生产发展前景有很大影响,从而也影响了交通网规划与交通布局等很多方面,例如鞍山、本溪、十堰和攀枝花等城市都是由资源状况决定了的地区及整个城市布局等,从而也影响并决定了围绕着资源状况应协调的外部协作,这其中就包括交通等方面,因此可行性研究必须调查这些资源的基本情况,主要内容有:资源的储量,其中有开发价值的储量;资源的质量,例如品位、纯度等;资源的地域分布及特点,例如矿区面积,资源的埋藏深度等;资源的开发条件,例如技术条件、资金条件以及单位资源量的生产成本等;资源开发的外部协作,例如交通配合、电力配合等;业已开发的规模及开发计划和前景;资源的服务区域等。

旅游资源是另一类与公路建设项目有密切相关的方面。旅游情况往往构成地区的特色,旅游经济甚至是某些地区经济的一个重要组成部分,同时旅游也是交通客流的重要发生集中源点。目前,很多省、市都根据自己地区的旅游特点,已建成或正在规划很多旅游公路,例如安顺到黄果树的旅游公路等,这些公路结合当地的经济状况、地理条件以及旅客的舒适程度,建成的公路等级都是比较高的。对于旅游资源调查的主要内容有:地区旅游风景、名胜文物古迹点处;旅游点等级和性质,例如国家重点文物保护单位、省级文物保护单位、公园和重点旅游区等;旅游点(区)地理位置及与公路项目的地理位置关系;旅游开发情况,例如旅游收入、年接待旅客人数,其中的国外旅客人数;旅游接待能力;旅游资源开发计划;旅游者交通工具选择情况等。

各项目资源调查应具体问题具体分析,调查的重点应根据实际情况,也可放在体现地方特点和优势的其他资源上,另外地区生产条件(如农业生产条件和工业生产条件)以及自然条件也应一并调查。

2. 人口及劳动者

人是生产力的决定因素,又是生产关系的体现者。人作为劳动者能够从事生产,同时,每一个人又需要消费。人口是社会生产和生活的主体,是经济结构的重要因素,人口出行与交通有着直接的关系,因此,人口调查是社会经济调查的重要内容之一。

按照可行性研究的要求,需要进行人口调查、分析和预测,经济分析研究需要人口资料,交通分析研究,特别是客货周转量和交通量的预测需要考虑人口的因素。在项目经济评价中,人口也是一个重要参数。

调查的主要指标如下:

1) 总量指标

(1) 总人口

指在一定时点、一定地区范围内有生命的个人的总和。年度统计的年末人口数是指每年12月31日24时的常住人口数。市镇总人口和乡村总人口是按常住人口划分的。市镇总人口指市、镇辖区内的全部人口,乡村总人口指乡(不包括镇)的全部人口。

(2) 社会劳动者

社会劳动者是指从事一定社会劳动,并取得劳动报酬或经营收入的全部劳动者。它包括全民所有制和城镇集体所有制的职工、城镇个人劳动者以及农村集体和个体劳动者(不包括外出当临时工、合同工已统计在"职工"中的人数),不包括待业人员、待学人员和家务劳动者。

(3) 劳动力资源总数

劳动力资源总数是指在劳动年龄内的人口总数中,有劳动能力的人口数以及不足或超过劳动年龄,但实际经常参加社会劳动并取得劳动报酬或经营收入的人口数,包括社会劳动者、城镇待业人员和其他在劳动年龄内有劳动能力的人口数,但不包括现役军人,在劳动年龄内的在押犯人和因病、残而丧失劳动能力的人口数。

人口的总量指标中还有农业人口与非农业人口、暂住人口与流动人口等,可结合项目的具体情况有选择地进行调查分析。

2) 相对指标

(1) 人口密度

人口密度系指一定时点、一定地区的人口数与该地区的土地面积数之比,即一定时点的单位土地面积上拥有的人口数,是一个强度指标,通常以每平方千米的居民人数来表示。

$$人口密度 = \frac{该地区的人口数}{一定地区的土地面积} \tag{2-1}$$

(2) 人口自然增长率

人口自然增长率指在一定时期内(通常为一年内)人口自然增加数(出生人数减去死亡人数)与平均人数(或期中人数)之比,一般以千分数表示。计算公式为

$$人口自然增长率 = \frac{(本年出生人口数 - 本年死亡人口数)}{年平均人口数} \times 1000‰ \tag{2-2}$$

(3) 人口平均增长速度

人口平均增长速度是指在两年以上的时期内,平均每年人口的增长程度或速度,反映人口数随时间而变化的情况。它通常采用几何平均数法来计算,计算公式为

$$人口平均增长速度 = \sqrt[n]{\frac{报告年度人口数}{基年人口数}} - 1$$

$$= 人口平均发展速度 - 1 \tag{2-3}$$

式中：n——不包括基年在内的计算年份数。

对人口与劳动力资源的分析，还可以包括人口与劳动力的地域分布对生产布局的影响，人口与劳动力的流动性程度对交通运输的影响，劳动力的结构特征与供应潜力，与各产业部门及其发展劳动力的需要量之间的比例关系，以及劳动力资源的利用效率等。

3. 经济

交通运输是为经济发展服务的，经济发展是交通运输需求的根本源泉，运输业在国民经济中的地位犹如农业在社会和国民经济中的地位一样，是国民经济的主要基础之一，是社会生产力的因素之一。国民经济越向更高水平发展，人和物的运送速度则越快，运输规模越大，运送距离则越远。

1）经济水平

经济水平是经济发展的总体规模以及发展程度。目前我国反映经济水平的指标主要有：国民生产总值、社会总产值、工业总产值、农业总产值和国民收入等指标。

国民生产总值是指国家或地区在一定时期内（通常为一年）所生产的最终产品和提供的劳务总量的货币表现。

社会总产值是国家或地区在一定时期内（通常为一年）物质生产总成果的货币表现，物质生产部门包括农业、工业、建筑业、运输业和商业（包括饮食业和物质供销业）5个部门。

农业总产值是以货币表现的农、林、牧、副、渔5业的全部产品及副产品的总量。工业总产值是以货币形式表现的工业企业生产的产品总量。工农业总产值是农业总产值和工业总产值之和。国民收入是从事物质资料生产的劳动者在一定时期内所创造的价值，也总是从社会总产值中扣除生产过程中消耗掉的生产资料价值后的净产值。

2）经济结构

经济结构是指社会经济各组成部分，国民经济各个部门和社会再生产各个方面的构成及其相互关系。它包含了两层意思：一是国民经济结构，主要是生产力结构；二是生产关系结构。本文所指的是第一层意思，即国民经济结构。反映经济结构最直观的办法是调查分析国民经济各部门、各产业的总产品或总劳务的价值量以及各自在总体中所占的比值。

国民经济各部门划分为5大类，即农业、工业、建筑业、运输业和商业。另一种划分是以产业为标志的，把国民经济划分为三大产业。第一产业指农业（包含林业、牧业和渔业等）；第二产业指工业（包含采掘业、制造业、自来水、电力、蒸汽、热水、煤气等）和建筑业；第三产业指第一、第二产业以外的其他各业。我国把第三产业分为四个层次。第一层次为交通运输业、邮电通信业、商业、饮食业、物质供销和仓储业；第二层次为金融业、保险业、地质普查业、房地产、公用事业、居民服务业、旅游业、咨询信息服务业和各类技术服务业；第三层次为教育、文化、广播电视事业、科学研究事业、卫生、体育和社会福利事业；第四层次为国家机关、党政机关、社会团体、军队和警察等。

3）经济布局

这里所说的布局主要是指生产布局，它是生产因素在地域空间上的分布与联系状态。经济布局从根本上决定了交通流的发生集中源点的分布。调查的主要内容是地区重要物质主产部门在空间上的分布以及重点区域的行业专门化程度。重要物质生产部门是指凭借地区优势形成特定的经济部门或产品生产。调查的内容还包括发展特定经济部门或产品生产的优越条件,专门化程度是反映各种物质生产部门专门化水平的一个概念,通常用区位商这个指标来反映,区位商是地区某个部门的职工人数占地区职工人数之比重与全国该部门的职工人数占全国职工人数之比重的比值。经济布局调查还可以结合经济水平和经济结构的总体指标和相对指标来进行,以便全面概括地了解地区经济布局。

4) 建设投资

建设投资是社会扩大再生产,建立新兴国民经济部门,调整经济结构和经济布局,改善人民生产水平,实现国家现代化的保证。调查的主要指标有:全社会固定资产投资、基本建设投资、更新改造措施投资、其他固定资产投资以及国外贷款与投资,同时还应调查投资方向构成和主要投资项目等。

全社会固定资产投资指以货币表现的全社会(全民所有制、集体所有制和个人)建造和购置固定资产活动的工作量。

基本建设投资指以货币表现的对固定资产进行更新改造(不包括大修理和维护工程)完成的工作量。

5) 外贸

某个地区外贸品的种类和外贸品的数量,在某种程度上也决定了该地区对交通的需求情况,从而也可以影响到公路交通量的形成及道路的最后等级与规模。外贸调查的主要内容有:出口总量、出口产品结构、主要贸易伙伴和贸易水平、进口总量、进口产品结构、主要贸易伙伴与贸易水平以及进出口总水平等。

6) 经济发展规划与政策

制订经济发展规划和编制经济发展计划是国家和各级人民政府管理经济的一个重要方法和手段,它规定着一个国家或地区经济发展的目标、方向和进程。因而,掌握一个国家或地区的经济发展规划与计划对从事公路项目可行性研究和项目评估有着重要的意义。调查的基本内容有:产业、经济发展构想与展望、经济发展目标及水平、经济增长速度、建设投资额、投资重点和重点项目等。

政策是经济规划与计划实施的措施保障,它对整个经济活动起着指导、促进、影响、干预或阻止的作用。调查时应区分基本的政策、制度、特殊政策和优惠政策等。

2.2 社会经济分析

2.2.1 社会经济分析方法

1. 对比分析法

对比分析就是用比较的方法,说明某一社会经济现象在同一时间内各地区或各单位发展的不平衡程度,或总体单位内部各组成部分的构成情况。在对比分析中,一般都要先计算各种相对指标。这些相对指标是社会经济现象和发展过程中两个相互联系的指标的比率,以一个抽象化的数字来表明这些现象和过程所固有的数量对比关系。常用的相对指标有以下几种。

(1) 结构相对指标:一般用相对数的形式表示,用公式表示如下:

$$结构相对数 = \frac{某部分或分组的数值}{总体全部数值} \times 100\% \qquad (2-4)$$

(2) 比较相对指标：可以用百分数或倍数表示，其计算公式概括如下：

$$比较相对数 = \frac{甲地区（单位或企业）某一指标数值}{乙地区（单位或企业）同一指标数值}$$

$$= \frac{总体中某一部分的数值}{总体中另一部分的数值} \tag{2-5}$$

(3) 强度相对指标：其计算公式概括为

$$强度相对数 = \frac{某一总量指标数值}{另一有联系而性质不同的总量指标数值} \tag{2-6}$$

(4) 动态相对指标：一般用百分数或倍数表示，也称为发展速度。其计算公式如下：

$$动态相对数 = \frac{某一现象报告期数值}{同一现象基期数值} \tag{2-7}$$

由于采用的对比基期不同，发展速度指标分为定基发展速度与环比发展速度。

设用 $a_0, a_1, a_2, \cdots, a_{n-1}, a_n$ 分别表示不同时期的发展水平，则

环比发展速度有：$a_1/a_0, a_2/a_1, \cdots, a_n/a_{n-1}$

定基发展速度有：$a_1/a_0, a_2/a_0, \cdots, a_n/a_0$

定基和环比发展速度的关系是定基发展速度等于环比发展速度的连乘积。反过来，两个相邻的定基发展速度的对比等于环比发展速度。

增长速度是反映社会经济现象增长速度的相对指标，由增长量与基期水平对比求得。公式如下：

$$增长速度 = \frac{a_1 - a_0}{a_0} = \frac{a_1}{a_0} - 1 \tag{2-8}$$

从上式可以看出，增长速度等于发展速度减1，但说明的内容是不同的。发展速度说明报告期水平比基期水平发展到多少倍或百分之几，而增长速度却说明了增加了多少倍或百分之几。

平均发展速度是各个时期环比发展速度的平均值，说明社会经济现象在一个较长时间内的平均发展程度，一般用几何平均数公式来计算，公式如下：

$$\bar{x} = \sqrt[n]{x_1 \times x_2 \times x_3 \times \cdots \times x_n} = \sqrt[n]{\prod_{i=1}^{n} x_i} = \sqrt[n]{\frac{a_n}{a_0}} \tag{2-9}$$

式中：x_n——各期环比发展速度；

$\bar{x}$——平均发展速度；

n——环比发展速度的项数。

平均增长速度表示逐期递增的平均速度，与平均发展速度的关系为

$$平均增长速度 = 平均发展速度 - 1 = \sqrt[n]{\frac{a_n}{a_0}} - 1 \tag{2-10}$$

2. 平均数分析法

平均指标是对现象总体各单位某一数量标志的平均，用来反映这种数量变化所达到的一

般水平。它是一个综合指标,其特点是将总体各单位的数量差异抽象化,是一个抽象化了的代表值,即以一个具有代表性的数量标志值代表总体各单位标志值的一般水平,而不代表总体某一单位的具体数值,体现着社会经济现象发展变化的集中趋势。

平均指标的基本内容是总体各单位的标志总量除以总体单位数。其基本算式如下:

$$平均指标 = \frac{标志总量}{总体单位数} \tag{2-11}$$

计算平均指标的方法主要有算术平均数、调和平均数、几何平均数、众数和中位数。

3. 变异指标分析法

总体各单位标志值的差异在统计学上称为变异,反映总体各单位标志值的变动范围或变异程度的综合指标,称为标志变异指标或标志变动度。它和平均指标是一对相互联系的对应指标,平均指标表明总体各单位标志值的集中趋势,而变异指标反映总体各单位标志值的集中趋势。

测定标志变异程度的方法有全距法、平均差法和标准差法,而以标准差法最具普遍性。

(1) 全距法:由于全距(R)是一个数列中两个极端数值之差,故称

$$R = 极大值 - 极小值 \tag{2-12}$$

(2) 平均差:是指总体各单位标志值对其算术平均数的离差绝对数的算术平均。它能综合反映总体各单位标志值的变动程度。

$$\begin{aligned}平均差 &= \frac{\sum |x - \bar{x}|}{n} (资料未分组) \\ &= \frac{\sum |x - \bar{x}| f}{\sum f} (资料分组)\end{aligned} \tag{2-13}$$

式中:f——分组组数。

(3) 标准差:也叫均方差,计算公式为

$$标准差 = \sqrt[n]{\frac{\sum(x - \bar{x})^2}{n}} \tag{2-14}$$

(4) 标准差系数:即标准差除以相应的算术平均数,反映标志值离差的相对水平,其计算公式为

$$标准差系数 = \frac{标准差}{\bar{x}} \tag{2-15}$$

4. 数据修匀

收集到的数据有时变动不均匀,不容易看出它的变动趋势,这时就有必要对其进行加工分析,这种加工分析方法叫做修匀。

常用的资料修匀方法一般有3种:时距扩大法、移动平均法和方程修匀法。

时距扩大法是把原来的数据所包括的各个时期加以合并,得出较长时距的资料,用以消除由于时距较短受偶然因素影响所引起的波动,从而揭示现象变动的趋势。用时距扩大法修匀,要求所扩大的各个时期的时距相等以相互比较。

移动平均法采用逐项移动的方法计算扩大时距的序时平均数,移动所采用的平均方法可以不同,例如简单平均、加权平均等。

方程修匀法是采用能反映现象发展趋势的方程所计算的理论值对原资料进行修匀,例如直线修匀、曲线修匀和插值修匀等。

2.2.2 社会经济分析内容

1. 市场分析

市场分析包括两大方面内容,即项目产品是否有市场和用怎样的营销战略实现市场目标。首先,分析和判断项目产品是否有市场就是通过产品的市场需求量和供给量以及项目产品的竞争优势来进行综合分析。决定市场需求量和供给量的因素很多,需要分析人员判断哪些因素影响需求量,哪些因素影响供给量;能够证明项目产品竞争优势的因素也很多,需要从中选择真正反映项目产品竞争优势的因素,以说明项目产品在市场竞争中的地位。其次,研究项目产品是否有市场,只是说明了项目产品有可能在竞争的市场上销售,要真正想实现项目的市场目标,还需要对市场环境、竞争者、拟采取的营销战略和制定的销售计划进行深入的研究。由此可见,市场分析所包括的主要内容有以下各项:

(1)分析、判断影响产品需求量的因素;

(2)分析、判断影响产品供给量的因素;

(3)调查和预测项目产品在未来某一时期的需求量和供给量;

(4)分析研究项目产品的竞争能力;

(5)根据需求量和供给量以及项目产品的竞争优势来判断项目的市场前景。

2. 资源条件分析

资源条件分析可以从以下3个方面入手。

1)资源的总储量及其构成

某种资源能否成为一个地区的优势,很重要的一点就是看其储量情况,有储量才有开发,才能确定可能的开发规模。储量的大小一般有三个量度:一是远景地质储量;二是探明储量;三是经济可采储量。笼统地讲,储量并不能反映可能的开发规模,只有经济可采储量才具有现实的可开发的意义,同时,储量情况不仅包括储量的大小,而且还包括质量的高低与分布地域构成等。

在了解基本的储量情况下,应该对比分析某种资源在其他资源中的潜在优势和显在优势;分析这种资源优势与其他地区范围内的同种资源储量相比的优劣;分析某种资源与该地域的产业结构、技术结构的适应性,是否能转化为产业优势,形成新的经济增长点。

2)资源开发能力分析

区域内某种资源的储量优势不一定就是该区域的经济实力优势。资源开发条件的优劣成为储量转化为经济实力的关键。资源的开发条件可以分为内部条件和外部条件。内部开发条件主要是指开发资源的技术条件,各种效率指标以及开发成本等;外部开发条件主要指国民经济其他部门对开发资源的配合情况,如交通、电力和水利等的适应性条件。

另外,资源开发一般需要较大资金投入,没有足够的资金投入,资源开发只是一句空话。

我国目前建设资金来源比较灵活,形式多样,有基本建设投资拨款、基本建设投资拨改贷资金、银行贷款、各种形式的社会集资以及国外投资和贷款等。因此分析资源开发的资金来源与筹资规模,对分析和预测资源的开发潜力有重要帮助。

3) 资源需求平衡分析

资源是各行各业燃料、原材料的基本来源。由于各种资源在地域上分布的不平衡,使得经济发展中所需的燃料、原材料在供需上存在矛盾。为了合理地解决这些矛盾,需要分析该地区经济发展所需的燃料、原材料的数额、品种及规格,当地所能生产提供的数额、品种及规格,需要调进或调出的数额、品种和规格以及调进或调出的地域分布,运输距离,运输方式,某种资源的短缺给国民经济带来的损失等。

3. 人口分析

人口分析大致可以从三个方面进行分析:

(1) 人口总量及增长情况分析。它主要是以时间为基准,考察人口在不同时点上的增减变化量,以及增减变化速度。在一个封闭的人口群中,人口的增减完全取决于自然因素,即出生与死亡两个因素。但是,就一个开放国家或地区而言,人口的变化不仅取决于自然因素,而且还取决于人口的机械变动,即人口的增加或减少受到人口迁入和迁出的影响。因而,人口变化是出生、死亡、迁入和迁出四大因素的作用结果。它们之间的关系表示如下:

$$人口增长数 = 人口自然增长数 + 人口净迁移数$$
$$= (出生数 - 死亡数) + (迁入数 - 迁出数) \qquad (2-16)$$

(2) 人口构成分析。包括人口总量中的城、乡构成,农业人口与非农业人口构成,流动人口与常住人口的构成以及人口与劳动力构成等。

(3) 人口的区域分布情况分析。包括人口在区域空间上的分布特点、集中程度、居住习惯等。

4. 经济分析

经济分析是社会经济分析的重点所在,是确定拟建公路项目的规模和标准的前提。经济分析的内容十分广泛,但对公路建设项目来说,主要包括以下几个方面:

(1) 国民经济总体水平及增长速度分析。主要分析国内生产总值、社会总产值、工农业总产值、工业总产值、农业总产值的总量及增长变化情况。

(2) 国民经济的构成情况分析。包括国民经济部门构成、产业构成、农业、轻工业、重工业的构成、基础产业与其他产业发展的协调情况等。

(3) 主要工农业产品产量分析。主要工农业产品产量体现着一个国家和地区一定时期内生产的实物成果总量,体现着一个国家和地区的产业优点和工业、农业各自的内部构成。

(4) 居民人均收入的水平及其变化分析。居民收入水平在一定程度上体现着经济效益的好坏和劳动力就业状况,而且反映着人民的生活水平和福利状况。居民收入分析为后面的项目效益计算提供依据。

(5) 区域经济发展战略分析。着重分析经济发展的方向、战略目标、产业结构变革、产业布局及实现目标的途径。

2.3 交通调查与分析

交通调查、分析是进行交通现状评价、综合分析建设项目的必要性和可行性的基础。交通调查、分析及交通量预测水平的高低将直接影响到项目决策的科学性。

2.3.1 交通调查的范围

交通调查的地理范围与第二节项目影响区的划分是相同的。交通调查与社会经济调查必须在小区域数目和各个区域地界划分方面保持一致,以便于今后预测工作的进行。无论在项目直接影响区还是在间接影响区,主要内容都须分小区调查,即有多少个小区就要有多少套相应的数据资料。

2.3.2 交通调查的内容

这里所讨论的交通调查是指交通经济调查,不包括工程技术调查。具体调查内容如下:

1. 交通方针政策及法规

有关交通方针政策及法规是政府意志的体现,是经济宏观调控的杠杆及手段,调查国家、项目所在省市和项目影响区(小区)有关交通的方针政策及法规,目的在于遵守其中的规定,同时为交通量的预测服务。调查内容及主要指标有:交通运输技术政策,已批准的综合运输网规划,国防对公路交通的要求,有关的技术标准规范、基建法规、地方政府对公路交通发展的规划或设想,公路网的战略研究等。

2. 交通概况

调查项目所在省市和项目影响区(小区)的交通概况,目的在于掌握区域交通过去、现在和将来的状况,对项目进行综合评价,同时为预测转移交通量搜集基础资料。调查的内容及主要指标有:综合运输网的现状,包括5种运输方式的线路长度、年运输能力、主要货类和平均运距等;公路运输的地位及作用,包括主要相关公路的等级、里程、路面类型、交通量、行车速度、时间、大中桥、隧道和道路交叉口等状况;相关铁路的里程、等级、类型(单复线)、机车种类、牵引定数、年通过能力、运输密度、运行速度、平均运距、运行速度、运行时间、运输成本和运行对数等;相关水运航道等级、年运输能力、主要货类、平均运距、船驳种类、运行速度和运输成本等;有关港口的泊位、吞吐能力、功能、集疏方式及比重和港口腹地等;相关渡口的能力、渡运时间、费用及等待时间等;相关机场的分布、规模和班次等;管道运输能力、货类等;汽车运输情况,包括分车型历年汽车保有量、汽车运输成本、平均吨(座)位、实载率、吨位利用率与里程利用率等;5种运输方式改造计划和长远规划。

3. 交通运输量

调查交通运输量的目的是分析交通运输的趋势,预测交通运输的需求。调查范围是项目所在省市以及项目影响区(小区)。调查的内容及主要指标有:5种运输方式的客货运量、周转量、主要货类、流向以及旅客构成;综合运输构成、各种运输方式能力利用以及运输量增长率;

历年港口吞吐量;有关渡口渡运量;远景运输量的规划、各种运输方式的比重、货物品种、流量的变化;公路运输发展的新特点、公路运输量新生源等。

4. 公路交通量

公路交通量是交通调查的重点之一,调查目的是为交通量预测服务,调查范围是项目影响区。调查的内容和主要指标有:有关公路的历年平均断面交通量、汽车交通量占混合交通量的比重、车型构成;交通量月不均匀系数、周日不均匀系数、高峰小时交通量;车流平均运行速度;有关公路交叉口交通流出入流量;OD调查,其中包括车型、额定吨(座)位、实载、车流起点、终点和货类等。

调查公路行车成本的目的是确定汽车营运成本,为交通量预测(交通量分配)及经济评价搜集基础数据。调查的范围是项目所在省市和项目影响区。调查的内容及主要指标有:燃油规格、单价及所含的税金;润滑油单价及所含的税金;轮胎价格及所含的税金;轮胎尺寸、规格;不同道路状况下大中小型车辆的百车公里油耗;润滑油耗费情况;轮胎平均磨损状况;各种车辆进口价格(关税、免税);国产车辆税金;免税售价;各种车辆平均使用年限,行驶里程;汽车保险费;各种车辆载重汽车公里维修保养费;驾驶人员每年平均劳动时间和收入;养路费;车船使用税;车辆购置费;管理费,固定资产折旧;交通和非交通部门各种汽车单位运输成本等。

5. 道路养护大修管理

道路养护大修管理的调查是为了计算道路的养护大修管理费用,为经济评价搜集有关参数。调查的范围是项目所在省市,调查内容及主要指标有:各级公路平均每公里养护管理费;各级公路大修间隔;各级公路平均每次每公里大修费;历年养路费收支等。

6. 道路收费

道路收费的调查是为交通量预测和项目经济评价服务。调查范围是全国和项目所在省市。调查内容及主要指标有:收费道路的收费形式、收费体制、收费时间、收费费用及交通事故情况等;收费对交通量的影响。

7. 交通事故及货损货差

交通事故及货损货差的调查是为了获得经济评价的有关参数。调查的范围是项目所在省市。调查内容及主要指标有:公路交通事故平均损失费;各级公路交通事故率;在途货物平均价格;货损货差率等。

2.3.3 OD调查

OD是英文起点(Origin)和终点(Destination)的简写。OD调查即起迄点调查,是为了了解各种交通出行的起点和终点,在一定区域内所进行的调查工作。其目的是为编制道路交通规划和组织交通提供依据。通过OD调查可以掌握调查区域的交通流向、流量全面情况;结合土地利用、人口分布等各种经济资料,可预测未来交通需求,评价现有道路网交通状况和完善交通组织管理措施等。

1. OD调查的内容

公路OD调查主要是指汽车OD调查和货流OD调查,而居民OD调查的较少。

1)汽车出行 OD 调查内容

此类调查是作为全国或地区道路交通情况调查的一个环节。通过调查汽车出行的起迄点和运行情况,可了解汽车使用实况和道路交通现状,为交通预测、交通规划、交通组织管理和道路建设提供基础资料。其内容一般包括:

(1)车型分小客车、大客车、小货车、中货车、大货车、摩托车和拖拉机 7 种;
(2)车辆所有者分为交通运输部门、个体和社会车辆 3 种;
(3)起点和终点要注明省、市以及县;
(4)客车的额定座位和实载人数;
(5)货车的额定吨位和实载吨位、货类和货物价值(元/车);
(6)通过时间和地点,对汽车专用公路要记录由哪个互通式立交桥入口进入;
(7)对收费公路要调查收费金额。

2)货流 OD 调查内容

此类调查是作为全国性或地区性的交通运输情况调查的一个环节。通过调查了解货流的货源点与吸引点分布以及货运需求情况,为交通运输规划和交通网系统规划提供基础资料。其内容一般包括:

(1)货源点与吸引点;
(2)货物分类名称、数量及比重;
(3)货运方式分配;
(4)起点及终点;
(5)行驶里程及经过主要路口。

2. OD 调查工作步骤

1)划区

OD 调查的区域划分为小区,各小区的数目及地理位置范围与第二节定义的项目影响区相一致,各小区各有一套数据资料。小区可称为 OD 调查区。

对于汽车出行 OD 调查,一般是按照主要交通道路对调查区域内各地的影响程度结合行政区域和自然地形障碍条件划分。先按行政区域(县、乡为单位)划分后,再按地形条件(大山大河)划分小区。

2)取样选点

当调查范围和工作量较大时,一般都采用按抽样率作抽样调查。

汽车出行 OD 抽样表为我国公路网规划拟定的在公路上 OD 调查的抽样率。它主要以路段的年平均日交通量考虑抽样率,如表 2-2 所示。

汽车出行公路 OD 调查抽样率 表 2-2

年平均日交通量(辆/d)	<1 000	1 000~5 000	5 000~6 000	6 000~8 000	8 000~9 000	9 000~10 000	≥10 000
抽样率(%)	100	75	60	50	40	33	30

3)制备调查表格

根据调查目的和要求内容分别制备各式表格,我国采用的表格如表 2-3 和表 2-4 所示。

公路机动车OD调查表　　表 2-3

调查地点名称：　　　　　　　　　　调查时间：　年　月　日　时至　时

调查地点编号：　　　　　　　　　　星期：　　　天气

行驶方向：

车型									起点	讫点	货类	额定吨(座)位	实载吨(座)位	车辆所属性质			
小货	中货	大货	拖挂	集装箱	小客	大客	大中拖拉机	小拖拉机	地(市)县(区)	地(市)县(区)				专业部门	工矿企业	机关事业	个体

注:“货类”栏按下列代号登记:0:人;1:煤炭;2:石油;3:金属矿石;4:钢铁;5:建材;6:水泥;7:木材;8:非金属矿石;9:化肥农药;10:盐;11:粮食;12:其他

货运车OD调查表　　表 2-4

车型　　　　　　　　核定载重　　　　　　　　所属局

车号　　　　　　　　通行证号　　　　　　　　单　位

车次	发时—到时	货类	载重	出发地点	到达地点	经过主要路口名称	里程(km)

4)人员训练与试调

调查成果的质量在很大程度上取决于调查人员的素质,一般均需通过适当训练考核,认为调查工作方法已熟悉方可担任。在全面调查工作铺开前,先做小范围试验调查取得经验,以确保达到预期成果。

5)开展实地调查

3. OD调查方法

OD调查方法与其他的调查方法有很多相似之处,但也有很多独特的方法。常用的方法主要是路边访问法,此法主要用于汽车出行调查和货流OD调查,在道路上选定调查点,竖立醒目的“停车检查”标志,夜间设照明。调查人员佩带交通调查袖章,拦车询问有关项目,填入表2-3或表2-4中。

调查点位置的选择,要求考虑以下几点:

(1)调查点所在路段应是尽可能多的区域的车辆共同使用的线路;

(2)调查点应尽可能位于路面较宽、线形平直路段,视距至少250m,两方向调查点距离错开100m。当车辆少、路线等级低时可降低上述要求；

(3)调查点应尽可能避开短途交通,适当远离城镇。调查时间最好安排在周二至周五进行。

2.3.4 交通分析

1.交通分析的内容

1)各种运输方式能力利用分析

每条新路建成后均具有一定的运输能力,这在路线设计时就已考虑。路线实际运营时所完成的运输量是否达到或超过该条线路的运输能力,是公路建设项目可行性研究、项目评估必须分析的内容之一。其目的是了解研究区域内运输线路是否适应交通需求,特别是公路运输能力的状况(能力过剩、饱和还是运输超负荷)。各种运输方式能力利用程度是通过实际数与能力比率。

公路的实际交通量(v)与设计通行能力(c)的比率(v/c),也同样可以用来表示该条公路的能力利用程度。通常我们将这个比率形象地称为拥挤度。

2)综合运输分析

(1)运输量增长分析

为把握各种运输方式、运输量的历史变动情况和运输的发展趋势,必须分析直接影响区内各种运输方式历年或各个历史时期运输量的增长速度。常用的平均增长速度计算方法有两种。第一种是水平法,又称几何平均法,采用以下公式：

$$r = \left(\sqrt[n]{\frac{a_n}{a_0}} - 1\right) \times 100\% \tag{2-17}$$

式中：r——平均增长速度；

a_n——末期水平；

a_0——基期水平；

n——间隔期年数。

此种计算方法的优点是简便易行。缺点是计算中实际上只用了最末水平和最初水平两个数字,如果中间时期出现了特殊的高低变化,或者最初、最末水平受特殊因素影响,就会降低甚至失去这个指标说明问题的意义。

第二种是用最小二乘法求运输量平均增长速度的方法。这种方法的优点是考虑了各年的变化情况,并使之误差最小。计算过程是以交通运输量作为被说明变量,以时间变量作为说明变量。其方程式为：

$$\ln TE = a + bt \tag{2-18}$$

式中：TE——交通运输量；

t——时间变量；

a、b——待估计参数。

计算所得的t系数b,就是平均增长速度。

同样,平均增长量也可由下式求得：

$$TE = \beta_0 + \beta_1 t \tag{2-19}$$

本式中的估计参数 β_1 就是交通经济的平均增长量。

(2) 运输结构分析

运输结构的分析是在资料分组的基础上,通过计算结构相对指标来研究综合运输总体内部的分配比重及其变化情况。从而更加深刻地认识各种运输方式的特殊性质及其在综合运输中所占有的地位,即运输结构相对指标是以运输总体总量作为比较标准,求各种运输方式占运输总体总量的比重,一般用百分数表示。未来运输结构的变化分析是一项复杂的工作。通常是通过研究已经经历过此发展阶段的国家或地区的运输结构及其发展规律,结合我国全国和省的交通运输网规划和项目影响区本身的经济、交通特点,进行综合分析而拟定。

运输结构分析可以分析运输里程、运输量等运输指标。

(3) 运输弹性分析

运输弹性是指运输的生产弹性,研究运输弹性的目标是为了从总体上把握经济发展和交通运输的关系,确定未来交通运输的发展趋势。

运输增长和经济发展互为因果关系,运输制约经济,反过来经济又影响运输。运输的规模和增长速度与国民经济的水平和增长速度密切相关。运输弹性就是用以衡量运输变动对经济变动的反应程度的,也就是用以衡量经济变化(增长或下降)百分之一所引起的运输变化百分之几的指标。我们用以下公式来表示定义:

$$弹性系数 e = \frac{运输变化的百分率}{经济变化的百分率} \quad (2-20)$$

这里的经济变化可以采用不同的经济指标来反映,如国民生产总值(GNP)、国内生产总值(GDP)、工农业总产值、国民收入以及相应的人均相对指标等。

运输变化也可分为运量变化和周转量变化。同时,根据不同目的,可以分析各种运输方式,也可以分析综合运输。

运输弹性有大有小,具有阶段性,通常发展阶段的标志以弹性系数大于1、小于1或等于1来表示。如果经济增长或下降、使运输量以同一百分率增加或减少,则运输弹性 $e=1$。如果运输量变动幅度大于经济变动幅度,即 $e>1$,就叫运输弹性大,或运输是有弹性的;反之,$e<1$,就叫运输弹性小,或运输缺乏弹性或无弹性。

由运输弹性的定义可知,弹性系数的计算是十分容易的。通常是利用几何平均法先计算出经济和运输的年平均增长率,然后经过比较就可得到某一历史时期的平均弹性系数。这种计算方法的优缺点与几何平均法计算平均增长率相同。

下面介绍另一种弹性系数计算方法,其推算方程式为

$$\ln y = a + b\ln x \quad (2-21)$$

式中:y——运量或周转量;

x——经济指标(如 GDP、国民收入等);

a、b——待定的参数,所求得的 b 就是弹性系数。

表2-5是利用日本的统计资料,利用以上推算方程式,求得1955～1980年日本的货运弹性系数。

日本货运弹性系数(1955～1980年)   表 2-5

方程式 发展时间	$\ln y = a + b\ln x$		
	b	R	SE
经济增长时期(1955～1960年)	1.151 4	0.990 5	0.032 1
经济高速增长时期(1961～1970年)	0.929 8	0.988 7	0.046 2
经济低速发展时期(1971～1980年)	0.424 8	0.785 4	0.047 5
经济发展过程(1955～1980年)	0.862 0	0.901 2	0.043 6

2. OD 调查资料整理分析

1) OD 表式样

将调查区的流量或运量,按出发点(O 点)和目的地(D 点)所在的区间分别计数,用 OD 表的形式汇集起来,可看出区内任意两 O、D 点间的流量或运量情况。表 2-6 为矩形 OD 表,适用于出发次数和到达次数不等的情况,它能反应两点间的流量和流向。表 2-7 为三角形 OD 表,适用于出发次数和到达次数相等的情况,它只能反映两点间的流量。

OD 表(矩形)   表 2-6

DO	1	2	⋯	j	⋯	n	出发合计
1	t_{11}	t_{12}	⋯	t_{1j}	⋯	t_{1n}	$\overline{T}_1$
2	t_{21}	t_{22}	⋯	t_{2j}	⋯	t_{2n}	$\overline{T}_2$
⋮	⋮	⋮	⋮	⋮	⋮	⋮	⋮
i	t_{i1}	t_{i2}	⋯	t_{ij}	⋯	t_{in}	$\overline{T}_i$
⋮	⋮	⋮	⋮	⋮	⋮	⋮	⋮
n	t_{n1}	t_{n2}	⋯	t_{nj}	⋯	t_{nn}	$\overline{T}_n$
到达合计	$\overline{T}_1$	$\overline{T}_2$	⋯	$\overline{T}_j$	⋯	$\overline{T}_n$	$\sum T$

注:t_{ij}——由小区 i 到小区 j 的出发数;

$\overline{T}_i$——小区 i 出发的合计数;

$\overline{T}_j$——小区 j 到达的合计数。

2) 数据扩张

OD 实地调查数为样本数,应按抽样率将样本扩展为整体,然后将数据填入 OD 表内。

将汽车出行交通量扩展为 AADT 的计算式为:

$$T_{Vi} = S_{vni} \cdot F_1 \cdot F_2 \cdot F_3 \cdot F_4 \qquad (2-22)$$

式中:T_{Vi}——V 车型、i 方向的年平均日交通量,辆/d;

S_{vni}——OD 调查日第 n 小时、V 车型、i 方向的抽样数;

F_1——小时抽样系数,$F_1 = C_{vni} / S_{vni}$;

C_{vni}——OD 调查日第 n 小时、V 车型、i 方向的车数;

F_2——昼夜系数,$F_2 = \sum_{n=1}^{24} C_{vni} / \sum_{n=1}^{18} (S_{vni} \times F_1)$;

F_3 ——周变系数,$F_3 = \left[\dfrac{\sum\limits_{n=1}^{7} C_d}{7}\right] C_{dOD}$;

C_d ——周日任意天交通量观测值(当年);

C_{dOD} ——与OD调查同一日的交通量观测值;

F_4 ——月变系数,根据距离最近的交通量观测站上个年度的资料计算。

OD表(三角形)　　　　　　　　　　　　表2-7

O\D	1	2	…	j	…	n	出发合计
1	T_{11}	T_{12}	…	T_{1j}	…	T_{1n}	T_1
2		T_{22}	…	T_{2j}	…	T_{2n}	T_2
⋮			…	…		…	…
i				T_{ij}	…	T_{in}	T_i
⋮					…		
n						T_{nn}	T_n
总计出行							ΣT

注:T_{ij} ——小区i、j之间的出行数;

　　T_i ——小区i出行合计数。

3)修正重复影响

OD调查中,某个OD之间可能有一个以上的调查点,应消除重复调查影响。方法如下:

(1)取大值

比较同一条路径上不同调查点的同一OD值与同一车型数据,取大值作为OD值。

(2)取平均值

将同一OD区间所有调查点同一区间、同一车型和同一方向的车辆数相加,再除上此区间的调查点个数,取此平均值作为OD值。

(3)多路径相加在OD之间存在两条或多条路径时,同方向、同车型的数据相加。

(4)调查成果检验

用OD表计算通过分隔查核线的理论出行数,将此理论出行数与现场调查数据比较,然后调整OD表,使两者差值在5%以下就说明精度合格。

2.4　预测方法

2.4.1　预测方法的分类

1.定性预测方法

定性预测方法包括专家会议法和德尔菲法。

(1)专家会议法:组织有关方面的专家,通过会议的形式进行预测,然后综合专家意见得出结论。

(2)德尔菲法:是专家会议的发展,对受访专家小组成员进行匿名调查,将专家提出的估计和设想,经汇总、审查、修改及多轮反馈调整后,对结果进行统一分析和处理。

定性预测法预测结果的准确性与所选择的专家小组成员的权威性呈正相关性。一般而言,受访专家应当是对项目所处行业有一定研究的学术专家、业内资深人士(高管或其他专业人士)或兼具有这两种身份的专家。

根据中国国情,项目所处行业的专管部门的主管官员,由于所处的位置和角度不同,虽与项目实施的环境、政策、风险、竞争等诸多方面有其独特的了解和理解,必要时可考虑邀请部分政府职能部门的官员参与专家小组讨论,可能会有意外的收获。

2. 定量预测方法

1)移动平均法

为消除季节性和不规律性的影响,取时间序列中连续几个数据值的平均值(算术平均或加权平均)。

2)指数平均法

与移动平均法相似,考虑历史数据远近期的作用不同,给予递减的权值,要求数量少,包括有多重指数的滑动模型。

3)趋势外推法

通过对过去时间序列数据的外推,拟合一条最适合的趋势线(直线、二次曲线、幂函数或指数函数等),然后用这条曲线来外推未来时间序列对应的值。曲线的拟合度须达到相应检验标准,低于标准值将被认为是无效拟合曲线。

4)回归模型分析

运用事物发展内部因素的因果关系建立回归分析模型,包括一元回归、多元回归和非线型回归等。

常用市场预测方法之间的比较如表 2-8 所示。

常用预测方法比较一览表　　　　表 2-8

预测方法 因素与条件	定性分析		定量分析			
			延伸性预测法(时间序列分析)			
	专家会议法	德尔菲法	移动平均法	指数平滑法	趋势外推法	回归模型分析
使用的时间范围	长期	长期	即期、短期	即期、短期	中期、长期	短期、中期、长期
需要的数据资料	专家的意见综合、分析与处理	专家的意见综合、分析与处理	数据越多越好,至少3年以上	数据越多越好,至少3年以上	至少5年的数据	定量分析资料,需要几年的数据
精确度	尚好	尚好	尚好	较好	短期很好,中期、长期较好	很好
预测需要时间	短期	≥2个月	短期	短期	短期	取决于分析能力

2.4.2 主要预测方法

1. 弹性系数预测方法

弹性系数预测法是根据产品的价格或收入弹性,来预测产品需求量或供给量的一种预测方法。它依所用弹性系数的不同,可划分为需求价格弹性预测法、供给价格弹性预测法、需求收入弹性预测法和交叉弹性预测法。

1) 需求价格弹性预测法

需求价格弹性是指商品或劳务需求量的变化率与其价格变化率的比率,其计算公式为

$$E_d = \left(\frac{Q_t - Q_0}{Q_0}\right) \bigg/ \left(\frac{P_t - P_0}{P_0}\right) = \frac{\Delta Q}{Q_0} \bigg/ \frac{\Delta P}{P_0} \tag{2-23}$$

式中:E_d——需求的价格弹性系数;
Q_0——价格变动前的需求量;
Q_t——价格变动后的需求量;
P_0——基期价格;
P_t——变动后的价格;
ΔQ——需求变化量;
ΔP——价格变动量。

需求价格弹性预测法的预测模型为

$$Q_t = Q_0 + \frac{E_d \cdot Q_0 \cdot \Delta P}{P_0} \tag{2-24}$$

或

$$Q_t = Q_0(1 + E_d \cdot P_r) \tag{2-25}$$

式中:P_r——价格变化率。

例 2-1 假定某企业的产品售价为 3 000 元/t 时售出 800 万 t,当售价降为 2 800 元/t 时,售出 1 100 万 t,则该产品的需求量价格弹性系数为

$$E_d = \frac{1\ 100 - 800}{2\ 800 - 3\ 000} \times \frac{3\ 000}{800} = -5.625 \times 100\%$$

计算结果表明,该产品价格降低 1%,需求量增长 5.625%,弹性系数较大,计算结果为负数表明两个变量为反方向变化。但在实际运用时,为了方便直观一般都取其绝对值。

2) 供给价格弹性预测法

供给价格弹性是指商品或劳务供给量的变化率与其价格变化率的比率,其计算公式为

$$E_S = \left(\frac{Q_t - Q_0}{Q_0}\right) \bigg/ \left(\frac{P_t - P_0}{P_0}\right) = \frac{\Delta Q}{Q_0} \bigg/ \frac{\Delta P}{P_0} \tag{2-26}$$

式中:E_S——供给的价格弹性系数;
Q_0——价格变动前的供给量;
Q_t——价格变动后的供给量;
P_0——基期价格;
P_t——变动后的价格;
ΔQ——供给变化量;

ΔP——价格变动量。

供给价格弹性预测法的预测模型为

$$Q_t = Q_0 + \frac{E_s \cdot Q_0 \cdot \Delta P}{P_0} \qquad (2\text{-}27)$$

或

$$Q_t = Q_0(1 + E_s \cdot P_r) \qquad (2\text{-}28)$$

式中：P_r——价格变化率。

2. 增长曲线预测方法

运用某种函数曲线拟合预测对象的历史统计数据，从而建立能描述其发展过程的预测模型，然后以模型外推进行预测，这是趋势外推预测法的主要特点。

增长曲线预测方法是以时间为自变量，以预测对象的变化特征和演变规律构造模型并进行外推预测的一类方法。增长曲线一般是非线性函数，它有许多类型，这里只介绍其中的两种。

1) 龚玻兹曲线预测模型

龚玻兹是英国统计学家和数学家，他在大量的观察研究中总结出龚玻兹曲线，其形式为

$$y = k \cdot a^{b^t} \qquad (2\text{-}29)$$

式中：y——函数值；

t——时间；

k——渐近线值（极限值）；

a、b——模型参数。

其图形如图 2-1 所示。

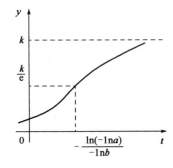

图 2-1 龚玻兹曲线

式(2-31)具有以下性质：

(1) 因为 k、a、b^t 都大于零，故知曲线位于 t 轴上方；

(2) 当 $t=0$ 时，$y=ak$，可知曲线通过点 $(0, ak)$；

(3) 当 $t \to \infty$ 时，$y \to k$，当 $t \to -\infty$ 时，$y \to 0$，可知曲线两端无限延伸时，以 $y=k$ 和 $y=0$ 为渐近线；

(4) 曲线有拐点 $\left[-\dfrac{\ln(-\ln a)}{\ln b}, \dfrac{k}{e}\right]$。

龚玻兹曲线是一条渐进线，当预测对象的发展趋势有极限，且有相近增长趋势时，可考虑用龚玻兹模型预测。

对于曲线中三个待定系数的拟合方式有很多种，这里简单介绍其中一种。

先对模型两边取对数，使其变为以下形式：

$$\lg y = \lg k + b^t \lg a$$

将历史数据分成三等分，设每一等分有 n 个数据，再将模型有关数据的实际值 y_t 取对数 $\lg y_t$。把第一部分中各年的 $\lg y$ 相加计为 $\sum_1 \lg y$，同理得到 $\sum_2 \lg y$、$\sum_3 \lg y$，经过数学处理得到以下参数解。

$$b = \sqrt[n]{\frac{\sum_3 \lg y - \sum_2 \lg y}{\sum_2 \lg y - \sum_1 \lg y}}$$

$$\lg a = (\sum_2 \lg y - \sum_1 \lg y) \frac{b-1}{(b^n-1)^2}$$

$$\lg k = \frac{1}{n}\left(\sum_1 \lg y - \frac{b^n-1}{b-1}\lg a\right)$$

2）逻辑曲线

1938 年比利时数学家维哈尔斯特在研究人口增长规律时，归纳出著名的逻辑曲线，又称为生长曲线。该曲线是一种有理论依据，广泛应用于长期预测的数学模型。

其方程如下：

$$y = \frac{k}{1+be^{-at}} \tag{2-30}$$

式中：y——函数值；
$\quad t$——时间；
$\quad k$——模型参数，极限值；
$\quad a$、b——模型参数，常数；
$\quad e$——自然数。

逻辑曲线的图形如图 2-2 所示。

逻辑曲线具有以下性质：

(1) k、b、e^{-at} 都大于零，可确定曲线位于 t 轴上方；

(2) 当 $t=0$ 时，$y=\frac{k}{1+b}$，可知曲线通过点 $(0, \frac{k}{1+b})$；

(3) 当 $t \to \infty$ 时，$y \to k$，当 $t \to -\infty$ 时，$y \to 0$，可知曲线两端无限延伸时，以 $y=k$ 和 $y=0$ 为渐近线；

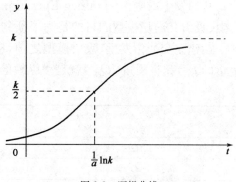

图 2-2 逻辑曲线

(4) 曲线拐点 $(\frac{1}{a}\ln k, \frac{k}{2})$；

(5) 曲线以其拐点对称。

根据实际资料，求出模型参数 a、b、k，即可得到逻辑曲线。估计这三个参数有许多方法，这里简单介绍倒数总和法。

倒数总和法规定时间间隔相等，将实际数据分为三组。每组的数据个数 $r=\frac{n}{3}$，设各组实际值 y_t 的倒数之和分别计为 S_1、S_2、S_3，即

$$S_1 = \sum_{t=1}^{r}\frac{1}{y_t} \quad S_2 = \sum_{t=r+1}^{2r}\frac{1}{y_t} \quad S_3 = \sum_{t=2r+1}^{3r}\frac{1}{y_t}$$

又设 $D_1 = S_1 - S_2$，$D_2 = S_2 - S_3$

模型参数 a、b、k 分别按下式求解

$$a = \frac{1}{r}(\ln D_1 - \ln D_2) \tag{2-31}$$

$$k = \frac{r}{S_1 - \frac{D_1^2}{D_1 - D_2}} \qquad (2-32)$$

$$b = \frac{k}{c} \cdot \frac{D_1}{D_1 - D_2} \qquad (2-33)$$

式中：$c = \dfrac{e^{-a}(1-e^{-m})}{1+e^{-a}}$。

公式的推导过程从略。

逻辑曲线和龚玻兹曲线模型有一个相同的应用条件，即预测对象的增长必须存在极限，且有相近增长趋势时，可考虑用上述两种曲线模型进行预测。

运用增长曲线模型进行预测，基本要点是掌握各种增长曲线的特征，选用的增长曲线应符合研究对象发展过程。增长曲线用于中长期预测时，模型的稳定性假设与预测对象的环境及相关因素的变化有关。

3. 交通量预测

1) 发生、吸引交通量的预测

交通发生或吸引(Trafficg Eneration or Attaction)是与区域的概念密切联系在一起，建立发生、吸引交通量模型的目的是为了预测社会经济发展对交通运输的需求。

在建立交通量发生、吸引模型之前，应该首先根据调查编制现在 OD 表。在 OD 表上，发生量(Q_{pi})和吸引量(Q_{aj})就是横纵栏的合计数，如表 2-9 所示。

现 在 OD 表　　　　　　　　　表 2-9

O\D	1	2	…	j	…	n	合计
1	Q_{11}	Q_{12}	…	Q_{1j}	…	Q_{1n}	Q_{p1}
2	Q_{21}						
⋮	⋮						
i	Q_{i1}			Q_{ij}		Q_{in}	Q_{pi}
⋮	⋮						
n	Q_{n1}			Q_{nj}		Q_{nn}	Q_{pn}
合计	Q_{a1}			Q_{aj}			Q

交通发生量或吸引量与区域的人口、经济、土地利用和汽车保有量等密切相关，预测每个区的将来发生量或吸引量，需要建立现在条件下两者的数学关系式，并且假定这种关系在将来也不作实质性的改变。

(1) 增长率法

增长率法的做法是把现状 OD 表上的发生量 Q_{pi} 和集中量 Q_{aj} 分别乘以它们的发展倍数 F_i 和 F_j 从而得到将来的发生量 Q'_{pi} 和集中量 Q'_{aj} 计算公式为

$$Q'_{pi} = F_i \cdot Q_{pi} \qquad (2-34)$$

$$Q'_{aj} = F_j \cdot Q_{aj} \qquad (2-35)$$

发展倍数与人口和机动车保有量有关，通常用下式计算发生、集中量的发展倍数。

$$F_i = \frac{P'_i}{P_i} \cdot \frac{M'_i}{M_i} \quad (2-36)$$

式中：P'_i / P_i ——人口的发展倍数；

M'_i / M_i ——机动车的发展倍数。

F_j 确定与此相同。

发展倍数的确定，还可以与下面谈到的相关分析法结合起来考虑，即利用回归模型推定现在发生量的估计值 $\hat{Q}_{pi}$ 和将来发生量的估计值 $\hat{Q}'_{pi}$，那么

$$F_i = \hat{Q}'_{pi} / \hat{Q}_{pi} \quad (2-37)$$

$$Q'_{pi} = Q_{pi} \cdot \hat{Q}'_{pi} / \hat{Q}_{pi}$$

$$= \hat{Q}'_{pi} + (Q_{pi} - \hat{Q}'_{pi}) \cdot \frac{\hat{Q}'_{pi}}{\hat{Q}'_{pi}} \quad (2-38)$$

（2）强度指标法

强度指标法也叫原单位系数法，就是采用社会经济指标体系中的预测指标分析基年每单位指标产生的交通量，然后乘以该指标的将来预测值，从而得到将来发生量的一种方法。本方法假定每单位社会经济指标发生的交通量，现在和将来都是不变的。

常用的强度指标如下：

①每人产生的交通量；

②每辆汽车产生的交通量；

③各种用地单位面积产生的交通量；

④其他社会经济指标产生的交通量(如单位工农业产量发生的交通量，商品销售额发生的交通量等)。

公式为

$$Q'_{pi} = Q_{pi} / E_i \cdot E'_i \quad (2-39)$$

式中：E_i、E'_i ——现在和将来的社会经济指标。

（3）相关分析法

所谓相关分析法就是对发生交通量与人口、经济、土地利用等进行相关分析，建立发生交通量模型，利用模型求得将来发生交通量的一种方法。

英国等国多采用一元或多元线性回归模型：

$$Y = \alpha + \beta_1 X_1 + \beta_2 X_2 + \cdots + \beta_n X_n \quad (2-40)$$

式中： Y ——因变量(发生交通量或吸引交通量)；

$X_1, \cdots, X_n$ ——自变量(人口、经济、汽车保有量等)；

a ——回归常数项；

$\beta_1, \cdots, \beta_n$ ——回归系数。

如果我们用此公式研究区域的发生交通量，所有的变量需要加一个脚标 i，如果研究吸引交通量，所有的变量就加一个脚标 j，使人易于辨认。

日本人认为，线性模式是在某种程度上反映汽车已经普及情况下的式子。而下面这种指数几何式是预料今后汽车会迅速增加时所用的式子，公式为

$$Y = a \cdot X_1^{\beta_1} \cdot X_2^{\beta_2} \cdots X_n^{\beta_n} \tag{2-41}$$

选用的变量 X 指标通常为人口、就业人口、工业产值、收入、商品零售额和汽车保有量等。实际用的函数模式,如果变量 X 选得很多会使计算复杂化。日本建设省道路局在使用指数几何式时,多选用总人口(人)、工业产品出厂额(100万日元)、区域面积(公顷)和现有汽车台数(台)等4个指标。

2) 分布交通量的推算

所谓交通分布就是区与区之间的交通流,现状的区与区之间的交通分布已从OD表中体现出来了。交通分布推算的目的是根据现状OD分布量及各区因经济增长、土地开发而形成的交通量的增长,来推算各区之间将来的交通分布。

从OD表上来看,可以这样来理解。通过上一阶段的计算,我们可以得到将来OD表上的发生交通量 Q'_{pi} 和吸引交通量 Q'_{aj} ,见表2-10中的最末一列和最末一行。

将来 OD 表　　　　　表2-10

O\D	1	2	…	j	…	n	合计
1	Q'_{11}	Q'_{12}	…	Q'_{1j}		Q'_{12}	Q'_{p1}
2	Q'_{21}						
⋮	⋮				…		
i	Q'_{i1}			Q'_{ij}		Q'_{in}	Q'_{pi}
⋮	⋮				…		
n	Q'_{n1}			Q'_{nj}	…	Q'_{nn}	Q'_{pn}
合计	Q'_{a1}			Q'_{aj}		Q'_{an}	Q'

将来的总出行数

$$Q' = \sum_{i=1}^{n} Q'_{pi} = \sum_{j=1}^{n} Q'_{aj}$$

现在的任务是要推算分布交通量 Q'_{ij},也就是说要推算 i 区与 j 区总的区间交通量和各区内部的区内交通量。推算出将来分布交通量就可以编制成将来OD表。

分布交通量的预测方法已有很多,大体上分为两种:一种是应用现在OD表来推算将来的OD表,这叫"增长率"法,常用的有平均增长率法、弗雷特法等数种;另一种是从现在的OD表选出一个重力模型,把这个重力模型作为推算将来OD表的基础,这叫"重力模型法"。

(1) 增长率法

这种方法是从已知的现在OD表和发生、吸引交通量的增长率求出OD分布交通量的近似值 Q'_{ij} ,其次对 $\sum_{j=1}^{n} Q'_{ij}$ 、$\sum_{i=1}^{n} Q'_{ij}$ 就 Q'_{pi} 和 Q'_{aj} 进行收敛计算,从而求出将来分布交通量,有以下几种模型:

① 平均增长率法

计算模式:将来分布=现状分布×平均增长系数

即
$$Q'_{ij} = Q_{ij} \times \frac{1}{2}(F_i + G_j) \tag{2-42}$$

式中:Q'_{ij} —— i 区到 j 区的将来出行量;

Q_{ij} —— i 区到 j 区的现状出行量;

F_i——i 区出行发生的增长系数；

G_j——j 区出行吸引的增长系数。

每次计算过程完成后，应检查吸引量与发生量是否与推算的交通量相符合，否则应在第一轮计算的基础上，重新计算新的增长系数，然后进行第二轮计算，重复上述过程，直到新的增长系数等于1。在实际工作中未必收敛到1，而是预先给定一个判定值 ε，只要 $|F_i-1|$ 或 $|G_j-1|<\varepsilon$ 即告完成。

例 2-2 已知1、2、3区的出行、增长系数及现状分布，如表 2-11 所示，求将来出行分布。

出行产生、增长系数和现状分布　　　　表 2-11

区　号	1	2	3	发生量合计	增长系数 F_i	将来发生量
1	4	2	2	8	2.5	20
2	3	5	4	12	1.67	20
3	2	3	3	8	3.13	25
吸引量合计	9	10	9			
增长系数 G_j	2.78	1.80	2.24			
将来吸引量	25	18	22			

解：求 i、j 间的 OD 交通量

$$Q'_{ij}=Q_{ij}\times\frac{1}{2}(F_i+G_j)$$

$$Q'_{11}=Q_{11}\times\frac{1}{2}(F_i+G_j)=4\times\frac{1}{2}(2.5+2.78)=10.56\approx 11$$

$$Q'_{21}=Q_{21}\times\frac{1}{2}(F_i+G_j)=3\times\frac{1}{2}(1.67+2.78)\approx 6.7\approx 7$$

同理：$Q'_{13}\approx 5$，$Q'_{31}\approx 6$，$Q'_{22}\approx 9$，$Q'_{33}\approx 8$，$Q'_{23}\approx 8$，$Q'_{32}\approx 7$ 得第一轮计算结果，如表 2-12 所示。因第一轮计算结果中新的调整系数不满足要求，需进行第二轮计算，直到满足要求。本例需进行第四轮计算，结果如表 2-13 所示。

第一轮计算结果　　　　表 2-12

区　号	1	2	3	发生量合计	将来发生量	增长系数 F_i
1	11	4	5	20	20	1
2	7	9	8	24	20	0.83
3	6	7	8	21	25	1.19
吸引量合计	24	20	21	65	65	
将来吸引量	25	18	22	65	65	
增长系数 G_j	1.04	0.90	1.05			

第四轮计算结果　　　　表 2-13

区　号	1	2	3	发生量合计
1	11	4	5	20
2	7	7	7	21
3	7	7	10	24
吸引量合计	25	18	22	65

下面谈到收敛计算时也是这样考虑的。

②底特律法

此方法假定 i 区和 j 区间的交通量同 F_i 和 G_j/F 成比例增加,则按下式求出分布交通量的第一次所得值。

$$Q_{ij}^{\prime(1)} = Q_{ij} \cdot F_i \cdot G_j / F \tag{2-43}$$

和平均增长率法一样,对 Q'_{ij} 进行收敛计算。底特律法计算过程如图 2-3 所示。

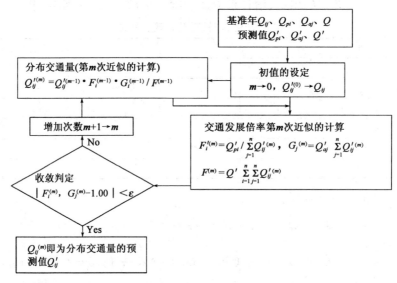

图 2-3 底特律法计算程序

③费雷特法

此模型考虑了出发与到达地之间的连结程度。出发与到达地间的连结程度,可以用区域分布系数来反映,所谓区域分布系数就是区域 j 对于区域 i 的发生交通量的吸引比例,或区域 i 对于区域 j 的吸引交通量的发生比例。从区域 i 发生交通量的到达区域看,其到达区域 j 的现状分布系数,可以由现在 OD 表中查出,即 $Q_{ij}/\sum_{j=1}^{n}Q_{ij}$,将来的分布系数取决于到达交通量的发展倍数 G_j,分布系数为 $Q_{ij} \cdot G_j / \sum_{j=1}^{n}(Q_{ij} \cdot G_j)$,因此,区域 j 的将来发生交通量 $QP_i \cdot F_i$ 到达区域 j 的分布交通量由下式计算:

$$Q_{ij(i)}^{\prime(1)} = QP_i \cdot F_i \cdot Q_{ij} \cdot G_j / \sum_{j=1}^{n}(Q_{ij} \cdot G_j) = Q_{ij} \cdot F_i \cdot G_j \frac{QP_i}{\sum_{j=1}^{n}(Q_{ij} \cdot G_j)} \tag{2-44}$$

同理,从区域 j 到达交通量的发生区域看,其发生区域 i 的现状分布系数,可以由现在 OD 表中得出,即 $Q_{ij}/\sum_{j=1}^{n}Q_{ij}$,将来的分布系数取决于区域 i 的发生交通量的发展倍数 F_i,分布系数为 $Q_{ij} \cdot F_i / \sum_{j=1}^{n}(Q_{ij} \cdot F_i)$,因此区域 j 的将来吸引量 $Q_{aj} \cdot G_j$ 其发生在区域 i 的分布交通量由下式计算:

$$Q_{ij(j)}^{\prime(1)} = Q_{aj} \cdot G_j \cdot Q_{ij} \cdot F_i / \sum_{j=1}^{n}(Q_{ij} \cdot F_i)$$

$$= Q_{ij} \cdot G_j \cdot F_i \cdot Q_{aj} / \sum_{j=1}^{n}(Q_{ij} \cdot F_i) \tag{2-45}$$

将来 i、j 区间的交通量 $Q'^{(1)}_{ij}$ 假定是考虑从 i 发生交通量所求的 $Q'^{(1)}_{ij(i)}$ 和考虑被 j 吸引的所有交通量所求出的 $Q'^{(1)}_{ij(j)}$ 的平均值。

$$Q'^{(1)}_{ij} = \frac{Q'^{(1)}_{ij(i)} + Q'^{(1)}_{ij(j)}}{2} = Q_{ij} \cdot G_j \cdot F_i \cdot \frac{L_i + L_j}{2} \tag{2-46}$$

式中：$L_i = Q_{pi} / \sum_{j=1}^{n}(Q_{ij} \cdot G_j)$，$L_j = Q_{aj} / \sum_{j=1}^{n}(Q_{ij} \cdot F_i)$；

L_i——相当于所有小区 j 对小区 i 具有平均吸引力的倒数；

L_j——相当于所有小区 i 对小区 j 具有平均吸引力的倒数；

L_i 及 L_j——某一小区对其他小区的位置关系，称为位置系数。

通常经过上述第一次近似计算，$\sum_{j=1}^{n} Q^{(1)}_{ij}$、$\sum_{i=1}^{n} Q^{(1)}_{ij}$ 和 Q'_{pi}、Q'_{aj} 并不一致。

因此，同平均增长率法一样，要反复计算，直到 F_i、G_j 等于 1.00。费雷特法收敛速度快，但公式较繁。

费雷特法的计算过程如图 2-4 所示。

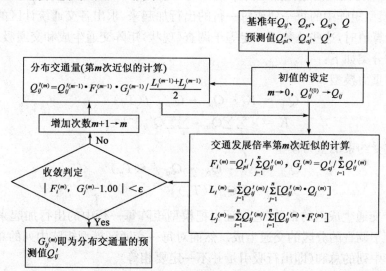

图 2-4 费雷特法计算程序

(2) 重力模型法

作为在交通规划中应用的重力模式源于牛顿的万有引力定律，假定某发生区的出行量，其分布受其他区域对它的吸引程度的影响。被其他地区吸引的程度是和这些区域的土地利用程度成正比，和出行阻力(典型的出行阻力的度量方法是区间距离或旅途时间)成反比，即

$$Q_{ij} = K \cdot L_{oi} \cdot Ld_i / f(T_{ij}) \tag{2-47}$$

式中：Q_{ij}——两个交通小区 i 和 j 之间的出行数量；

L_{oi}，Ld_i——出发区 i 和到达区 j 的土地使用强度；

$f(T_{ij})$——两区之间的交通摩阻。

$f(T_{ij})$ 交通摩阻一般与两区之间的行程时间、行程费用和行程距离等有关，通常在道路交通规划中取用下列数学模型。

幂函数： $$f(T_{ij}) = F_{ij}$$
指数函数： $$f(T_{ij}) = e^{-\beta T_{ij}}$$
塔尼尔函数： $$f(T_{ij}) = T_{ij}^{\alpha} e^{\beta T_{ij}}$$

由于常数项 K 的组成和土地使用强度的度量不同而将重力模型分为下述 4 种类型,由于出行的生成和吸引是土地使用的函数,一般由交通统计区的生产量和吸引量代替交通区的土地使用强度,即

$$L_{oi} = Q_{pi} \qquad Ld_i = Q_{aj}$$

式中:Q_{pi} —— i 区的出行生成量;

Q_{aj} —— j 区的出行吸引量。

则重力模型的标准式为:

$$Q'_{ij} = Q_{pi} \cdot Q_{aj} \cdot K / f(T_{ij}) \tag{2-48}$$

$$K = \{\sum_i\sum_j Q_{ij} \cdot \sum_i\sum_j Q'_{ij}\}^{-1}$$

常数 K 保证重力模型的起讫点矩阵中的出行总数等于调查(现状)起讫点矩阵中的出行总数,但是当把模型矩阵中的每一列或每一行的出行加起来,求出各交通统计区的交通生成和交通吸引模型计算值时,这些总数不一定等于调查(现状)矩阵交通生成和交通吸引量。

重力模型的分类如下:

①无约束的重力模型

$$Q'_{ij} = K \cdot Q_{pi} \cdot Q_{aj} / f(T_{ij}) \tag{2-49}$$

$$K = \{\sum_i\sum_j Q_{ij} \cdot \sum_i\sum_j Q'_{ij}\}^{-1}$$

②出行生成受约束的重力模型

$$Q'_{ij} = K_i \cdot Q_{pi} \cdot Q_{aj} / f(T_{ij}) \tag{2-50}$$

$$K_i = \{\sum_j Q_{aj} f(T_{ij})\}^{-1}$$

K 是每一个交通生成区的常数,它保证当把模型矩阵每一行中的出行加起来。计算的分区的交通生成等于调查的分区的交通生成。然而对每一交通区模型矩阵中列的总和并不一定要等于调查矩阵中列的总和(即出行吸引量并不一定要相等)。

③双约束重力模型

$$Q'_{ij} = K \cdot Q_{pi} \cdot Q_{aj} / f(T_{ij}) \tag{2-51}$$

$$\sum_j Q_{ij} = Q_{pi} \ (i=1,2,\cdots,n)$$

$$\sum_i Q_{ij} = Q_{aj} \ (j=1,2,\cdots,n)$$

这一组模型可用迭代法求解,令 $K = a_i b_j$,有

$$Q_{ij} = a_i b_j \cdot Q_{pi} \cdot Q_{aj} / f(T_{ij}) \tag{2-52}$$

代入约束方程,可得

$$a_i = [\sum_j b_j Q_{aj} f(T_{ij})]^{-1} \quad (i=1,2,\cdots,n) \tag{2-53}$$

$$b_j = [\sum_i a_i Q_{pi} f(T_{ij})]^{-1} \quad (j=1,2,\cdots,n) \tag{2-54}$$

式中:$f(T_{ij})$ ——道路阻抗函数;

T_{ij} —— i 至 j 的阻抗。

模型的迭代步骤如下：

第一步：令初值 $b_j = 1 (j = 1, 2, \cdots, n)$，取精度值 ε；

第二步：求 a_i，并用 a_i 求 $b_j (i, j = 1, 2, \cdots, n)$；

第三步：检验：$Q_{pi} / \sum Q_{ij} \stackrel{?}{=} 1 \pm \varepsilon (i = 1, 2, \cdots, n)$，若是则结束；否则转第二步。

例 2-3 图 2-5 为五节点的网络，弧旁的数字为该弧的阻抗。求得所有最短路的阻抗为：

$$T = \begin{bmatrix} 0 & 10 & 15 & 12 & 9 \\ 10 & 0 & 16 & 15 & 7 \\ 15 & 16 & 0 & 13 & 6 \\ 12 & 15 & 13 & 0 & 8 \\ 9 & 7 & 6 & 8 & 0 \end{bmatrix}$$

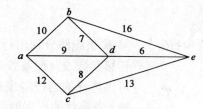

图 2-5 路网图

已知：$Q_{pi} = (300, 450, 540, 270, 240)$

$Q_{aj} = (350, 400, 500, 300, 250)$

解：令阻抗函数 $f(T_{ij}) = \exp(-0.02 \times T_{ij})$

第一步：取 $b_j^{(0)} = 1$ $(j = 1, 2, \cdots, 5)$

第二步：计算得

$a_i^{(1)} = (8.7 \times 10^{-4}, 9.2 \times 10^{-4}, 9.9 \times 10^{-4}, 8.5 \times 10^{-4}, 7.5 \times 10^{-4})$

$b_j^{(1)} = (0.93, 1.07, 1.20, 0.92, 0.79)$

$Q_{pi}^{(1)} = (310, 448, 509, 278, 254)$

$Q_{aj}^{(1)} = (350, 400, 500, 299, 250)$

$$Q_{ij}^{(1)} = \begin{bmatrix} 0 & 92 & 117 & 57 & 44 \\ 111 & 0 & 180 & 85 & 72 \\ 131 & 168 & 0 & 115 & 95 \\ 59 & 73 & 107 & 0 & 39 \\ 49 & 67 & 96 & 42 & 0 \end{bmatrix}$$

第三步：取 $\varepsilon = 0.0001$，判断 $Q_{pi} / \sum Q_{ij}$ 是否为 1 ± 0.0001 的误差范围。判断未满足，重复计算 $a_i^{(2)}$、$b_j^{(2)}$。仍不满足要求，迭代第三次，结束计算。

④完全受约束的重力模型

$$Q'_{ij} = K_i \cdot K'_j \cdot Q_{pi} \cdot Q_{aj} / f(T_{ij}) \tag{2-55}$$

$$K_i = \{\sum_j K'_j Q_{aj} / f(T_{ij})\}^{-1}$$

$$K'_i = \{\sum_j K'_j Q_{pi} / f(T_{ij})\}^{-1}$$

完全受约束的重力模型对每一个生成区有一个常数 K_j，对每一个吸引区有一个常数 K'_j，它们对所有 $i - j$ 区的乘积，保证模型矩阵中行的总和及列的总和与调查矩阵中行的总和及列的总和都对应相等。

3）交通量分配（Traffic Assignment）

分布交通量解决了 i 区至 j 区间得由公路运输承担的总交通量是多少的问题，接着就是交通量在路网上的分配。所谓交通量分配就是把各小区间的分布交通量分配到具体的道路上去。

交通量的分配方法主要有全有全无分配法和等行程时间分配法等模型。这里通过一个简单例子,介绍几种方法——转移率法或分配率法,旨在开阔思路。

当司机选择路线时,往往并非严格地按照行程时间或费用,而是有一定的随机性,如路线最熟悉,路线风景好或行车最安全等,此种对个别随机因素的选择导致随机模型的产生。

经研究,交通量分配概率是行程时间和转移参数 θ 的函数,采用以下模型:

$$P_K = \frac{\exp(-\theta \cdot t_K)}{\sum_{i=1}^{m}\exp(-\theta \cdot t_i)} \tag{2-56}$$

式中:P_K——第 K 条线路分到出行量的分配概率;

θ——转移参数或分配参数;

m——可供选择的出行路线条数;

t_i——第 i 条路线的行程时间(零流量时);

t_K——第 K 条路线的行程时间(零流量时)。

当 $\theta=0$ 时,行程时间对驾驶员的选择没有影响,各线路的分配概率相同即 $1/m$,当 $\theta>10$ 时则趋于按最短路分配,θ 的确定一般是通过调查而取得,现假定 $\theta=0.1$,本例中选择路线 (1,3)的概率为:

$$P_{13} = \frac{\exp(-0.1 \times t_{13})}{\exp(-0.1 \times t_{13}) + \exp[-0.1 \times (t_{12}+t_{23})]}$$

将零流量时的行程时间代入上式

$$P_{13} = \frac{\exp(-0.1 \times 16)}{\exp(-0.1 \times 16) + \exp(-0.1 \times 24)} = 0.69$$

当 $Q_{13}=2\,000$ 时,则 $q_{13}=1\,380$;

当 $Q_{13}=5\,000$ 时,则 $q_{13}=1\,380=3\,450$;

如果 $q_{13}>4\,000$ 时,则应考虑容量限制。

另外一个相似的分配概率模型为

$$P_K = \frac{\exp(-\theta \cdot t_K/T)}{\sum_{i=1}^{m}\exp(-\theta \cdot t_i/T)} \tag{2-57}$$

式中:T——各出行线路的平均行程时间。

分配参数 θ 可以通过分析随机因素和最短路因素而确定。在两路分配的情况下(三路以上的情况有时可转化为两路):

$$\theta = [\ln(3T_0+2) - \ln(2-3T_0)]/T_0 \tag{2-58}$$

式中:$T_0 = (t_2-t_1)/T = 2(t_0-t_1)/(t_2+t_1)$。

三路分配情况如下:

$$\theta = \frac{2}{10}\{\ln[1+4(4+3T_0)(2-3T_0)^{-1}] - \ln 2\}$$

θ 可利用上述公式求得。

研究者经大量分析后认为,在通常的出行路线选择范围内($t_2/t_1=1.0\sim1.5$),θ 可取一定值3.3。

本例中,假定 $\theta=3.3$,则

$$T = \frac{1}{2}[t_{13}+(t_{12}+t_{23})] = \frac{1}{2}(16+16+8) = 20$$

$$P_{13} = \frac{\exp(-3.3\times 16/20)}{\exp(-3.3\times 16/20)+\exp[-3.3\times 24/20]} = 0.79$$

当 $Q_{13}=2\,000$ 时,则 $q_{13}=2\,000\times 0.79 = 1\,580$;

当 $Q_{13}=5\,000$ 时,则 $q_{13}=5\,000\times 0.79 = 3\,950$。

现举一实例,进一步说明用第二个概率模型分配交通量的具体作法。

例 2-4 图 2-6 所示两小区由 7 个路段组成,路旁数据为零流量时的行程时间(min)。从①区到②区的分布交通量 Q_{12} 为 3 000 辆/日,请在路网上予以分配。

图 2-6 某区域路径图

解:出行者从①区到②区有三种走法:$abef$、$adef$、$abcf$,其行程时间分别为 10min、11min、11min。出行者离开①走时,先在出行路线 $adef$,$ab\to f$(该路行程时间为 $1/2(10+11)=10.5$min),两出行路线上选择。

$$T = \frac{1}{2}(11+10.5) = 10.75$$

$$P_{adef} = e^{-3.3\times 11/10.75}/(e^{-3.3\times 11/10.75}+e^{-3.3\times 10.5/10.75}) = 0.461\,7$$

$$P_{ab\to f} = 1-P_{adef} = 0.538\,3$$

即路段 ad、de 的分配交通量为

$$3\,000\times 0.461\,7 = 1\,385(辆/日)$$

路段 ab 的分配交通量为

$$3\,000\times 0.538\,4 = 1\,615(辆/日)$$

对分配在出行线 $ab\to f$ 上的出行量(1 615 辆/日)还要作第 2 次分配(即在 b-f 间的分配)。从 b 到 f 有两条路可供选择 bcf、bef,行程时间分别为 7min、6min。

与上面同法 $P_{bcf}=0.375\,7$ $P_{bef}=0.624\,3$

所以路段 bc、ef 的分配交通量为

$$1\,615\times 0.375\,7 = 607(辆/日)$$

路段 be 的分配交通量为

$$1\,615\times 0.624\,3 = 1008(辆/日)$$

路段 ef 的分配交通量为

$$1\,008+1\,385 = 2\,393(辆/日)$$

本 章 要 点

本章主要讲述了项目评估中的社会经济和交通调查、分析及预测方法。本章内容是工程项目评估工作的主要基础。

社会经济的调查方法主要有观察、询问、试验及抽样四种调查方法。调查内容主要有:自

然资源、人口及劳动者和经济(包括经济水平、经济结构、经济布局、建设投资、外贸、经济发展规划与政策)。

社会经济分析方法主要有:对比分析方法、平均数分析方法、变异指标分析方法和数据修匀。社会经济分析内容主要有:市场分析、资源条件分析、人口分析和经济分析。

交通调查分析是进行交通现状评价,综合分析建设项目的必要性和可行性的基础。交通调查分析及交通量预测水平的高低将直接影响到项目决策的科学性。交通调查的内容主要有:交通方针政策及法规、交通概况、交通运输量、公路交通量、公路行车成本、道路养护大修管理、道路收费和交通事故及货损货差。OD调查的内容有:汽车OD调查、货流OD调查和居民OD调查。交通分析的内容有:各种运输方式能力利用分析和综合运输方式分析。

预测方法有:定性预测方法(包括专家会议方法和德尔菲法)和定量预测方法(包括移动平均法、指数平均法、趋势外推法和回归模型分析)。主要预测方法有:需求价格弹性预测方法、增长曲线预测方法(包括龚珀兹曲线预测模型、逻辑曲线)。四阶段交通预测方法的4个阶段:社会经济预测,发生、吸引交通量的预测(预测方法有增长率法、强度指标法和相关分析法),分布交通量的推算(推算方法有增长率法和重力模型法),交通量的分配。

本章思考题

1. 社会经济调查的方法主要有哪些?
2. 社会经济分析的方法与内容主要有哪些?
3. 交通调查、分析及预测的目的是什么?
4. OD调查的主要内容是什么?
5. 交通分析的主要内容和方法是什么?
6. 简述一下OD调查的主要内容。
7. 简述一下四阶段交通预测方法。

第3章 工程项目建设规模评估

学习目标
1. 掌握生产规模的概念
2. 掌握经济效益与规模之间各种具体类型的关系
3. 掌握盈亏平衡分析确定规模的方法
4. 理解规模经济理论

学习准备
学好本章的内容,要求学生应该初步了解规模经济基本理论并且掌握线性、非线性盈亏平衡方程的计算方法等。

3.1 项目生产规模的概念及其决定因素

3.1.1 项目生产规模的概念

工程项目生产规模的确定是项目可行性研究中的重要组成部分。项目生产规模的确定与选择合理与否,直接关系到项目建成投产后生产经营状况的好坏和投资经济效益的高低。

所谓生产规模是指劳动力、劳动手段和劳动对象等生产要素与产品在一个经济实体中的集中程度。在可行性研究中对工业项目来说,生产规模一般是指项目的生产能力,即在正常情况下,拟建项目可能达到的最大年产量或年产值,如电视机生产项目是按其一年提供的电视机数量来确定的。而对非工业项目来说,规模则是指其提供的工程效益。水利灌溉项目是以其受益面积来计算的,港口工程项目是以其年吞吐量计算的,公路工程项目是以其昼夜交通流量计算的。

3.1.2 项目生产规模的决定因素

1. 国民经济发展规划、战略布局和有关政策

投资项目的生产规模,尤其是一些基础性项目和公益性项目的生产建设规模,应首先适应国家、地区和行业的经济发展规划的需要,这是因为这些项目生产与建设规模的大小,往往关系着部门之间的比例关系。同时,国家的投资政策、产业政策以及地区(生产力布局)政策等都会对项目的生产规模的确定产生一定程度的影响。另外,符合国家在不同时期对不同行业项目最小规模的规定是确定项目生产规模的前提,如国务院在1994年公布的《90年代国家产业政策纲要》附件中关于实施固定资产投资项目经济规模(第一批)的规定,是选择相关项目生产规模时所必须遵照执行的。

2. 项目产品的市场需求

市场的需求是确定项目生产规模的前提,如果生产规模超过了社会需求量,就会出现生产能力过剩,开工不足的现象,经济上遭受损失;反之,则会造成产品供不应求,既不能满足社会需求,又减少了企业的收益。具体影响表现如下:

1)社会需求量的影响

如果产品是面向全国市场的或国际市场的,而且需求量大,那么,生产规模可大些,否则就应缩小生产规模。

2)需求特点的影响

若产品用于满足某行业、某工种以及某些特定人群的需求,这种专用性导致产品的非标准化,生产规模应小型化。若是产品满足全社会需求,趋向标准化,生产规模应大型化。

3)需求时间的影响

大型企业建设期和生产期都较长,如市场需求紧迫,可考虑建立小型企业以较短时间满足社会的需要。

从数量上讲,确定的生产规模应小于或等于市场需求量。如果确定的生产规模不在规模经济区内,应参考其他制约因素和决定生产规模的因素,把生产规模控制在规模经济区内。

3. 项目所处行业的技术经济特点

不同的部门和行业对项目生产规模有不同的要求。例如,一般来说,重工业部门项目的生产规模就要求大一些;采掘工业的生产规模,主要取决于矿区的地质条件和矿物的储量;冶金工业的规模,主要由高炉以及其他联动设备能力决定的;以农产品为原料的加工工业的规模,主要取决于原料生产、供应能力和产品需求能力;化学工业则要求对原材料进行综合利用和"三废"治理相结合,在技术工艺条件具备与资源供应集中的条件下,项目的生产规模越大,经济效果越好;轻工业是生产最终产品的,其市场性较强。因此,应根据具体情况,实行大中小规模并举;公路工程行业的生产建设规模,由沿线经济发展和交通增长潜力决定。因此,应根据项目所处行业的技术经济特点,合理确定规模,利用规模经济获取规模收益。

4. 资金、资源的供应状况及其他生产建设条件

确定项目规模应本着实事求是、量力而行的原则,因此确定投资项目的规模,必须考虑到建设资金和资源的供应情况。如果资金并不宽裕,能源与原材料供应有限,项目的规模就不能铺得过大。同时,土地使用权的取得也是项目进行建设和生产的基本条件。项目要形成一定的生产能力,就必须有一定的土地面积作保证。另外,交通运输、环境保护、人员编制以及设备供应等因素也制约着项目的生产规模。因此,确定项目的生产规模要考虑以上的多种因素是否具备相应条件。

5. 项目拟采用的生产技术和设备、设施状况

项目生产规模的选择并不是一项孤立的工作,而应该结合到项目的其他技术经济特征的安排综合考虑。即项目如果打算采用先进生产技术和专用设备,能够实行大批量生产,那么,项目的生产规模就可以定得大一些;否则就应该定得小一些。

6. 规模经济效益

经济效益是制约和决定项目生产规模的重要因素。我们必须考虑项目拟定的生产规模能否达到或接近该部门或行业的规模经济的生产能力。一般而言,生产规模越大,单位产品的固定成本越低,盈利率越高。但也不是规模越大越好,当生产规模超过一定限度时,管理费用、运输成本可能会增大而造成规模不经济。根据规模经济的基本理论,通常把项目生产规模分为以下4个类型:

(1)亏损规模,即销售收入小于总成本费用的规模;
(2)最小经济规模,即销售收入等于总成本费用的保本最小规模;
(3)最佳经济规模,即使盈利最大的经济规模;
(4)合理经济规模,即使项目有盈利的规模。

生产规模的确定就是要在合理经济规模的基础上追求最佳经济规模,充分发挥规模经济效益。

7. 企业的布局条件和经营管理水平

如果某种产品已过分集中在一个地区,而且企业规模很大,则应将同类项目分散到其他地区建立中小型企业;如果某地区对某种产品的需求较大,附近地区供需差额也较大,则应适当增大生产规模;如果经营管理水平高,决策、计划、组织以及控制能力强,则生产规模也可以大些。

总之,确定项目的生产规模,在综合考虑以上主要制约因素后,还应研究结合到项目的规模经济问题,在若干个可行的生产规模中按投资效益标准选择尽可能满意的生产规模。

3.2 项目生产规模的确定方法

项目生产规模的确定,就是要综合考虑上述影响项目生产规模的各种制约因素,选择合理的规模。合理的生产规模能使企业充分发挥主要生产工艺设备的作用,合理利用企业的生产能力,取得良好的技术经济效益,这是项目可行性研究和项目评估的一项重要工作。通常情况下,可采用以下方法来确定项目生产规模。

1. 经验方法

经验方法是指根据国内外同类或类似企业的历史数据,考虑生产规模的制约和决定因素,确定拟建项目生产规模的一种方法。在实际工作中这种方法使用的比较多。

其通常做法是,在确定拟建项目生产规模之前,首先找出与该项目相同或类似的企业,特别是找出几个规模不同的企业;然后计算出各规模企业的主要技术经济指标,如投资利润率、内部收益率等;最后综合考虑制约和决定该项目拟建生产规模的各种因素,确定一个合适的规模。

2. 最小费用法

实践工作中为了节省时间和费用,常用一些比较简单的方法进行规模方案的比选,其中最小费用法使用频率最高。该方法通过比较各方案的单位产品年计算费用,选其中费用较小者为优。其计算公式为

$$A = C_h + C_t + E_h I \tag{3-1}$$

式中:A ——单位产品年计算费用;

C_h——单位产品工厂成本；
C_t——单位产品平均运输和销售费用；
E_h——部门投资效果系数；
I——单位产品投资额。

例 3-1 假定欲向市场提供 60 万 t 产品，根据分析研究有三种可行的方案：
①建设 3 个年产 20 万 t 生产规模的工厂；
②建立 2 个年产 30 万 t 生产规模的工厂；
③建立 1 个年产 60 万 t 生产规模的工厂；
各方案所需的费用如表 3-1 所示。

不同方案的费用对比 表 3-1

指 标	单 位	方 案		
		Ⅰ	Ⅱ	Ⅲ
		建三个厂	建两个厂	建一个厂
生产规模	万 t/年	20	30	60
总投资	万元	96 000	90 000	84 000
部门投资效果系数	%	10	10	10
单位产品投资	元/t	1 600	1 500	1 400
单位产品工厂成本	元/t	800	700	600
单位产品运输和销售费用	元/t	100	150	300

根据表 3-1 的数据可以计算：
Ⅰ方案：$A_1 = 800 + 100 + 1\,600 \times 10\% = 1\,060$（元/t）
Ⅱ方案：$A_2 = 700 + 150 + 1\,500 \times 10\% = 1\,000$（元/t）
Ⅲ方案：$A_3 = 600 + 300 + 1\,400 \times 10\% = 1\,040$（元/t）
经比较，Ⅱ方案为最优方案。

3. 分步法

1）项目起始规模的确定

项目起始规模的确定主要采用盈亏平衡分析法，即计算盈亏平衡时的产销量。要计算盈亏平衡时的产销量，首先要研究项目的产销量与产品成本之间的关系。一般地，在耗用水平不变的情况下，随着生产的产品数量的增加，单位产品成本会逐渐降低。这是因为在产品总成本的构成中包含着两类不同性质的费用，即变动费用和固定费用。变动费用是指费用总额随着产品数量的变动而呈同方向变动的费用，如产品成本中的材料费、燃料费等；固定费用则是指在一定时期和一定范围内，费用总额基本不变的费用，如固定资产折旧费、制造费用和管理费用等。根据上面的说明，项目生产产品的总成本可用下列公式表示：

产品总成本 = 固定费用总额 + 单位产品变动费用 × 产品生产数量

若假设：①项目产品的生产量等于销售量；②在所分析的销售量范围内，固定成本不会发生变动；③产品品种结构单一。另记产品的销售单价为 P，产量为 Q，固定成本为 F，单位变动成本为 V，在项目盈亏平衡时，销售收入等于产品总成本，即

$$PQ = F + VQ \tag{3-2}$$

由上式可得,盈亏平衡时的产销量为

$$Q_0 = F/(P-V) \tag{3-3}$$

Q_0 即是项目盈亏平衡时的产销量,当项目的生产能力小于它时,项目就会发生亏损,因此它是安排项目生产规模的起始规模。

2)最大生产规模的确定

在确定了起始生产规模作为拟建项目生产规模的下限后,需要确定最大生产规模。我们要综合考虑各项因素对项目生产规模的限制作用,特别是制约生产规模的瓶颈因素分析后,确定在现行条件下的最大的生产规模,作为所选生产规模的上限。

3)合理生产规模的确定

项目合理规模的确定主要取决于项目的投资者进行该项投资时对效益的预期程度。一般地,在其他条件允许的情况下,投资者对效益的预期期望愈高,项目的合理规模就会愈大。假设投资者对该投资项目的预期收益总水平为 R,则项目的合理规模为

$$Q = (F+R)/(P-V)$$

3.3 项目拟建规模的评估

3.3.1 项目拟建规模评估的内容

(1)当可行性研究报告中对生产规模提出了几种不同方案,并从中选择了最优方案时,评估人员应对提出的最优方案进行审查、计算和分析,考核其选择是否正确;对于未提出最优方案的项目,应从几种不同的可行性方案中选出最优方案。

(2)当可行性研究报告中只提出一个可行性方案时,评估人员应向企业了解是否有其他方案,并根据项目产品的市场需求调查和预测、投入物和生产条件的分析,再经过规模经济的分析,做出肯定原来的方案,或提出更好的方案的建议。

3.3.2 项目拟建规模评估的程序

(1)对几种不同生产规模的方案进行比较分析时,应根据产品预测的市场需求量,剔除产量大于市场需求量的规模方案,将拟建项目生产规模控制在市场需求量范围之内。

(2)应考虑生产技术和工艺设备的先进性,以及项目所需投入的原材料、能源和其他生产条件的保证程度。剔除不符合生产技术和设备要求,不能得到投入物和生产条件保证的方案,选择符合这些条件要求的生产规模方案。

(3)根据规模经济分析要求,进行多方案的技术经济论证,从中选择各方面条件较好,又能获得最好经济效果的最佳经济规模方案。

3.4 公路工程项目建设规模评估的特点

公路工程由于其独特的行业特点,建设规模的定义有不同于其他项目的地方,应注意以下几点:

(1)公路工程项目规模的确定是在进行了社会经济、交通量预测后,根据预测结果,考虑其他相关因素后,根据《公路工程设计规范》关于公路等级与预测交通数量之间的关系来确定的。如规范规定能适应按各种汽车(包括摩托车)折合成小客车的年平均昼夜交通量 25 000 辆以上,并具有特别重要的政治、经济意义,专供汽车分道高速行驶并全部控制出入的公路,如果具备以上的要求条件,就应该考虑建设高速公路。同时,对于如何确定一级公路、二级公路的等级规模也作了具体的规定。

(2)公路工程项目属于公益类项目,对它的规模确定时不能只考虑项目本身是否盈利、是否费用最小,而还要从社会效益、国民经济宏观效益和环境效益的角度考虑建设项目的规模和等级,甚至在两者发生矛盾时要服从后者。

(3)公路工程项目在收入与成本分析时与其他项目有很大的区别。在公路工程项目中,收入主要是指道路的收费收入,其数值是与通过的车辆数成正比的,而成本主要是指建设投资等。

(4)公路工程建设项目的等级规模在最初建成通车的几年中是处于超前的,因为公路工程项目在建设时适应的是远景交通量和经济的未来发展水平,因此,公路工程项目在确定建设规模时一定要处理好合理规模的问题。

本 章 要 点

本章主要讲了项目生产规模的概念及其决定因素,项目生产规模的确定方法,项目拟建规模评估的内容和程序及公路工程项目建设规模评估的特点。

项目生产规模是指劳动力、劳动手段和劳动对象等生产要素与产品在一个经济实体中的集中程度。在可行性研究中对工业项目来说,生产规模一般是指项目的生产能力,即在正常情况下,拟建项目可能达到的最大年产量或年产值,如电视机生产项目是按其一年提供的电视机数量来确定的。而对非工业项目来说,规模则是指其提供的工程效益。水利灌溉项目是以其受益面积来计算的,港口工程项目是以其年吞吐量计算的,公路工程项目是以其昼夜交通流量计算的。其决定因素有:国民经济发展规划;战略布局和有关政策;项目产品的市场需求;项目所处行业的技术经济特点;资金、资源的供应状况及其他生产建设条件;项目拟采用的生产技术和设备、设施状况;规模经济效益;企业的布局条件和经营管理水平。项目生产规模的确定方法有:经验方法、最小费用法和分步法。

本章思考题

1. 项目生产规模的概念及其决定因素是什么?
2. 项目生产规模的确定方法有哪些?
3. 项目拟建规模评估的主要内容和程序是什么?
4. 简述公路工程项目建设规模评估的特点。

第4章 工程项目建设条件及技术评估

学习目标
1. 掌握厂址选择原则
2. 掌握厂址选择条件评估方法
3. 掌握设备、技术选择评价原则
4. 掌握技术评估方法
5. 熟悉项目工程设计方案评估

学习准备
学习本章内容前应熟悉项目建设条件与生产条件内容,并了解项目方案比选的基本方法。

4.1 工程项目建设条件评估

项目建设条件分为广义和狭义两个方面:前者是指项目从施工建设到建成投产及生产经营整个过程的条件;后者专指项目的施工建设条件。

要保证项目决策成功和达到预期的目标应满足其建设条件的要求。由于这些条件范围广,情况较为复杂,需根据项目的具体情况,分门别类,逐类评价。总体考查的项目建设条件,既有项目自身系统的内部条件,也有与之协作配套的外部条件;不仅有可以控制的静态稳定条件,还有较难掌握的动态不确定性条件。评估的重点应是项目外部条件与动态不确定性条件。

4.1.1 厂址选择评估

厂址选择是投资项目设计的前提工作,是保证项目可持续性运营的关键措施之一,它对于生产力的合理布局以及城乡经济和社会的发展都具有深远影响。因此,大中型项目都要编制选址报告,对选址作多方案的技术经济论证。

1. 厂址选择的原则

厂址选择不但要考虑技术因素、市场因素和经济因素,而且也要考虑项目可能产生的社会影响和环境影响,因而这是一项政策性强且复杂的技术经济分析工作。选择时要注意遵循以下原则:

(1)厂址选择应服从区域规划、城镇建设规划,应遵循国家的建设方针;
(2)厂址选择应遵循合理利用土地的原则;
(3)厂址选择应有利于节省投资;
(4)厂址选择应既有利于生产,也有利于生活;
(5)厂址选择应有利于专业化协作;
(6)厂址选择应充分考虑环境保护和生态平衡,同时应注意避开以下地段:风景区、名胜古迹和自然保护区等。

2. 厂址选择的方法

厂址选择是一项极为复杂的、综合性的工作,选择的方法主要有以下几种。

1)方案比较法

方案比较法是指对初选的几个厂址方案列出比较表,进行初步分析,然后再较投资费用和经营费用,从而确定厂址的方法。其基本步骤是先在建厂地区选择几个厂址,列出可比较因素,经初步比较从中选出两三个较为合适的厂址方案;再进行详细的调查和勘察,计算出各方案的建设投资和经营费用,从中选择追加投资回收期较短或年生产经营费用最低的方案。厂址的方案比较,可以分为技术条件比较和经济条件比较两个方面。技术条件比较是基础性的工作。需要根据建厂条件的指标,通过各专业的技术分析进行,比较的内容如表4-1所示。经济条件比较则是把经初步分析确定的方案进行建设投资和经营费用的比较或追加投资回收期的比较。在比较中,当投资和经营费用一致时选择其中最小的方案;当两者不一致时,即某方案建设投资费用高,但经营费用少或者相反,则采用追加投资回收期或年计算费用的方法来计算。其公式为:

$$T = \frac{K_2 - K_1}{C_1 - C_2} \tag{4-1}$$

式中:T——追加投资回收期;

K_1, C_1——方案一的投资额与生产经营费用;

K_2, C_2——方案二投资额与生产经营费用。

投资费用和经营费用比较表的格式如表4-2所示。

厂址技术条件比较表　　　　表4-1

序号	比较的内容名称	厂址方案		
		方案Ⅰ	方案Ⅱ	方案Ⅲ
1	厂址的位置、方位			
2	与城市距离、人口、城市主要设施			
3	地形特征			
4	地基承受能力参考值			
5	主要气候条件(气温、雨量等)			
6	占地面积及情况 其中:耕地(公顷) 　　　荒地(公顷)			
7	土石方工程 其中:土方(万 m³) 　　　石方(万 m³)			
8	地质构造、地震记载			
9	水文及供水条件 　自来水 　地表水 　地下水			

续上表

序号	比较的内容名称	厂址方案		
		方案Ⅰ	方案Ⅱ	方案Ⅲ
10	交通运输条件 　　公路 　　铁路 　　航运			
11	动力供应条件			
12	"三废"处理条件			
13	施工条件			
14	生活条件			

投资费用和经营费用比较表　　　　　　　　　　表4-2

序号	费用项目	A方案	B方案	C方案
一	投资费用			
	土地使用费			
	土石方工程			
	运输及设施设备			
	供水			
	排水			
	临时设施			
	建筑材料运输			
	住宅及文化设施			
	环保设施			
	防洪及防震设施			
	其他			
	小计			
二	经营费用			
	原材料、燃料运输			
	产品及废料运输			
	给水费用			
	排水			
	动力供应			
	其他			
	小计			
	总计			

2) 评分法

评分优选法是对拟议方案中的相关因素、满足程度及权重等进行打分并进行汇总,以总分最高者为最优方案。它一般采用厂址方案比较表来进行,比较表形式如表 4-3 所示。

厂址方案比较表 表 4-3

指　标	权　数	基本分	A方案积分	B方案积分	C方案积分	备　注
厂址位置						
占地面积						
运输条件						
施工条件拆迁补偿						
土石方工程量						
生产条件投资回收期						
与城市规划、工业区规划的关系						
地形地质						
总分						

评分比较法的关键是客观地确定方案中影响因素的权重和所得分数(等级系数),权重和分数一般由有经验的专家、工程技术人员以及管理人员等根据实际条件和经验共同确定,如表4-3 所示。

3)最小运输费用法

如果把厂址问题作为分配产品时总费用最小的问题,则可以利用线性规划中运输问题的解法来选择厂址。

例 4-1 设某地区已有甲乙二个工厂生产某一产品,月产量为 5 000 台,预计该地区在今后四年内月需求量为 10 000 台,并在以后十年内基本稳定。为满足需求拟建一座月产量为 5 000 台的工厂,设有丙、丁二个厂址方案,有关资料如表 4-4 所示,试确定最佳厂址。

单位产品销售成本及产销平衡表 表 4-4

销　售　地	A　市	B　市	C　市	D　市	生产能力(台)
甲厂	130 元	125 元	128 元	121 元	3 000
乙厂	120 元	128 元	131 元	135 元	2 000
丙地	122 元	125 元	135 元	130 元	5 000
丁地	133 元	120 元	130 元	125 元	5 000
需要量(台)	3 000	2 000	2 000	3 000	10 000

根据上表资料,可用最小费用分配法首先确定在两地建厂的产品分配方案如表 4-5 所示,进而计算全部费用。

在丙地生产的产品分配表 表 4-5

销　售　地	A　市	B　市	C　市	D　市	生产能力(台)
甲厂	130	125	128	121② 3 000	3 000
乙厂	120① 2 000	128	131	135	2 000

续上表

销售地	A 市	B 市	C 市	D 市	生产能力(台)
丙地	122③ 1 000	125④ 2 000	135⑤ 2 000	130	5 000
需要量(台)	3 000	2 000	2 000	3 000	10 000

表 4-5 中，以乙厂销往 A 市的单位产品销售成本最低，为 120 元，A 市需要量为 3 000 台，由于受乙厂生产能力的限制，其中 2 000 台由乙厂供给；此外，甲厂销往 D 市的单位产品销售成本次低为 121 元，D 市需求量由甲厂供给；而丙厂销往 A 市的单位产品销售成本为 122 元，A 市经乙厂供应后还需 1 000 台，应由两厂供给；最后，B、C 两市场还未满足，这时仅有丙厂具有供给能力，所以全部由丙厂分别供给 2 000 台。表中①、②、③、④、⑤为分配顺序。这样不仅可以保证产销平衡，而且可以保证生产和销售费用最低。

如果在丙地建厂生产，其生产销售费用为

120×2 000+121×3 000+122×1 000+125×2 000+135×2 000＝1 245 000(元)

同样，可以求出丁地建厂的生产销售费用(表略)为

120×2 000+120×2 000+121×3 000+130×2 000+133×1 000＝1 236 000(元)

在丁地建厂能节约生产销售费用 9 000 元，故厂址应选在丁地。

4.1.2 工程地质和水文地质条件的评估

所谓工程地质是指与工程建设有关的地质现象。其内容分为两类：一是自然物理地质现象，如山崩、滑坡、河、海岸的冲刷、火山、地震等；二是工程地质现象，如地基因建筑物的重量而下沉、山坡因挖掘而崩陷等。水文地质是指与工程建设有关的地下水文现象，包括地下水的形成、分布及运动规律、物理性质和化学性质、水位的变化、流动方向以及流速等。

工程地质和水文地质条件是投资项目厂址选择的重要条件之一，也是对项目建设和生产经营长期影响的制约条件。

1. 工程地质的评估

评估项目所在地区的工程地质应着重分析以下几点：

(1)分析当地的地质构造，了解地层、岩层的成因及地质年代，以便对项目地段的自然物理条件作进一步审查。

(2)地层须具有稳定性，不得有滑坡、断层、土崩以及喀斯特等现象极可能引起的后果。

(3)是否存在人为的地表损毁现象，如土坑、地洞、枯井、战壕以及古墓等，这些将影响项目的施工进度，增加投资额。

(4)探明地下有无矿藏及已开采的矿洞，分析这种地段的副作用，避免构成压矿，或因制作人工基地及打桩带来的额外投资，导致工时延误而不利于项目的建设。

2. 水文地质的评估

评估项目所在地区水文地质时应注意审查以下几点：

(1)分析地区内地下水类型，主要含水层岩性、富水性埋藏深度，水位及地下水可采储量，这些涉及项目地基的基础及供水条件，影响较大。

(2)审查主要含水层的水质分析资料、地下水和地表水的水力同水质的联系,以便确定开采后期其是否适合项目使用。

(3)分析并预测开采地下水后,水位和水质的变化情况、对工程地质的影响,如地面沉降、塌陷等,应保证其不至于危害项目的实施。

(4)分析项目所在地区全年不同时期的水位变化、流向、流速和水质的情况,地下水是否有污染现象,以判明项目在施工、生产、生活用水方面的保障程度。

4.1.3 交通运输及通信、原材料、燃料、动力的供应条件

1. 交通运输

运输是物资供应的"先行环节",它关系到项目建设和生产所需的物资能否及时保证供应,也关系到项目产品的生产成本。因此,交通运输条件是项目生产建设的重要条件和关键环节。

对交通运输条件的评估,主要是分析项目所选择的运输方式和运输设备是否经济合理,评估运输中的装、卸、运、储各环节的能力及组织管理是否协调有序,估算各种类型物资的运进量与运出量,分析其对生产过程与产品成本的影响。

项目的运输方式的选择可从厂内和厂外两种运输方式进行分析。厂内运输方式的合理选择取决于运输的载体形式、性质和生产工艺要求;厂外运输方式与设备的选择涉及运输物资的类型和特点、运输量的大小和运输距离等因素。

运输方式的选择应进行多方案的技术经济分析比较,选取最经济合理的方式。注意运输中的装、卸、运、储各环节的衔接,以保证项目生产的连续性,做到既能维持物资供应的连续性,又能使储备合理,占用较少的储备资金;计算和评估交通运输项目的相关投资(如计算专用铁路接轨、编组站和仓储设施等投资),还应考虑其同步建设。

2. 通信条件

通信包括电传系统和邮电系统,主要用以传播现代科学技术和市场信息,它是现代生产系统顺利运转的重要保证条件。因此,应重视有关通信项目的同步建设问题,主要分析当地是否具备便捷发达的通信设施和项目对通信条件的要求,研究拟选场(厂)址现有的电信线路、微波装置、无线电的情况和可利用性以及新建通信设施的可能性和投资成本估算。

3. 原材料、燃料、动力的供应

1)原材料的供应条件评估

原材料和物料投入,包括未加工或半加工的原料、经过加工的工业材料(中间产品)、制成品(如零配件、部件等)、辅助材料(如化学制品、添加剂、包装材料、油漆、油料等)以及工厂用品(如保养材料、机油、润滑油脂和清洗材料)等。按照拟建项目的生产要求和生产规模,说明项目所需的原材料和主要辅助材料的名称、品种、成分、质量以及年需用量(包括年使用量和损耗量),分别编制原材料用量估算表(如表4-6所示)和有害、有毒、易燃、易爆材料、物料等危险材料(品)用量估算表(如表4-7所示)。

根据拟建项目产品的类型、性质特点,研究原材料供应的可能性及其对产品成本和质量的影响,着重分析评估原材料供应数量、质量、价格、供应来源、运输距离以及仓储设施等方面条件的情况。在项目评估报告中详细说明原材料的来源、供应方式、运输条件、价格及储存方法。

原材料用量估算表 表 4-6

序　号	原材料名称	规格或质量	单　位	数　量	运输方式及来源

注：①数量以年用量计算；
　　②原材料包括主要辅助材料和物料。

危险材料(品)用量估算表 表 4-7

序　号	材料名称	规　格	单　位	数　量	运输方式及来源

注：①数量以年用量计算；
　　②危险材料(品)包括有害、有毒、易燃、易爆材料与物料等。

对原材料和物料投入供应条件分析评估的要求如下：

(1)原材料供应的数量要满足项目生产能力的需要。即应根据项目涉及的生产能力、选用的工艺技术和设备性能来估算项目所需的基本材料和投入物的数量，还需预测保证项目近期和远期的需要量和供应来源地可靠性。原材料供应总量应包括物料损耗量。

(2)原材料的质量要适应生产工艺要求，满足项目产品设计功能的需要。即应逐一分析特定项目对各种投入物在质量和性能特征上的要求，因为它们直接影响到该项目的生产工艺、产品质量和资源利用程度。

(3)注意分析评估原材料和投入物的价格，以达到提高项目经济效益的目的。通常情况下，主要原材料的价格及其来源地可靠保证，对项目的技术可行和经济合理及其合理规模的确定都有决定性影响。分析基本材料的价格弹性和互补性，是确立项目经济性的关键。通过技术经济分析论证，选择更合适的材料或物美价廉的投入物，就是资源优化利用的经济问题。

(4)原材料的供应首先要立足于国内，如果必须从国外进口，则需说明进口的理由，对进口原材料一定要注意供应的稳定性和运输环节。一旦国外供应来源有变化，要采取应变措施，并预测用国产原料代替的前景。

(5)由国内供应原材料要注意就近取材，选择合理经济的供应距离和运输方式，以保证项目生产的连续性和产品成本的降低。在分析评价原材料供应条件时，应对运输能力和运输费用进行计算。对于季节性生产的原料，如农、林、水产品等，需说明短期进货数量。

(6)为保证项目产品的连续生产，应重视材料存储设施的建设，在原材料供应条件中要包括供应原材料的技术规格、供应规模和合理的储备量，并计算出仓储设施的投资和仓储费用，可分别纳入项目设计总投资和生产成本之中。

2)燃料、动力的供应条件评估

项目生产所需燃料主要有煤炭、石油或天然气等；而所需的动力是指外购的水、电、风、汽和气及其他带有能量的工作介质(如水、压缩空气、蒸汽)等。燃料和动力是建设项目生产和建设过程中不可缺少的重要物质条件，它们是保证项目建成投产和维持长期稳定生产的关键因素。在项目评估报告中应说明项目所需燃料的品种、用量、来源、供应条件及运输方式,并对燃料成分和热值进行分析,同时说明所需动力的种类、数量和供应来源。这里,要编制燃料、动力用量估算表,如表4-8所示。

燃料、动力用量估算表 表4-8

序 号	燃料、动力名称	规格或质量	单 位	数 量	运输方式及来源
	燃料				
	⋮				
	动力				
	⋮				

注:①数量以年用量计算;
②燃料主要指煤炭、石油与天然气等;动力指外购的电、气、水等。

(1)燃料的合理选择将直接影响到项目的生产过程、产品成本、产品质量和厂区的环境。应分析评估这些影响,并进行多方案的优选,还须计算燃料供应量、质量和供应方式,落实燃料的运输问题及其储存设施。

(2)根据项目产品类型和生产特点,对动力供应条件有重点地进行分析评估。对煤(油)供应条件评估分析,除了具体落实(供应来源、运输方式和可靠性)外,还需核算煤的入炉价格,提交煤质化验报告,分析煤的燃烧值等技术参数是否符合锅炉用煤的要求;供水条件的评估分析,要计算项目生产和建设所需用水量、供水价格对成本的影响,项目对水源和水质的要求;分析是否有节水的循环设施、污水净化设施,并估算水源、供水泵站及管网等供水设施的费用;电力条件的评估分析,须估算最大需电量、高峰负荷以及备用量,按生产工艺要求计算的日耗电量、年耗电量及其对产品成本的影响,还须计算变电所、输电线路及自备电厂的功率及其投资;蒸汽和煤气等供应条件的分析,要分别计算需要量,分析供应方式(集中供应、分散供应、从外厂购进等)对产品成本的影响,分析自备设施投资、规模及设备选型以及管网布置的合理性。

(3)注意地区动力(能源)供应的供需平衡问题。动力供应(即能源供应)是正常生产的重要保证,应认真调查项目所需能源供需平衡情况,如发现不平衡或供应困难,则应分析原因和采取积极的节能工艺和节能措施;了解供应部门对能源缺口的安排意见和可落实情况;分析项目投产后的能源保证制度,调查能源运输方式和运输路线,分析其对生产成本的影响。

3)原材料和燃料的实验

对需要作生产试验的原材料、燃料等,应按需要分别进行不同阶段的生产试验,以选择工艺生产方法、确定技术参数和消耗指标,测定产品质量,取得主要设备选型等的各项数据,并需说明试验名称、试验目的和要求,需要做试验的理由,试验方法(如试验室、中性或小型生产试验)与结果。

4.1.4 环保方案评估

1. 污染种类

对工业项目来说,对自然环境和生态平衡的破坏主要来自以下几个方面。

1)投入物产生的污染

例如，运输有毒或易燃易爆的投入物时，若没有采取必要的安全保护措施，必然会对周围的环境造成一定影响。

2）生产过程中产生的污染

在生产操作过程中产生的污水、废渣和有害气体，必然使空气、土壤和水质条件发生一定程度的恶化，如水力发电厂放出的含硫散发物对周围环境的污染。

3）产出物产生的污染

对于工业中的有些产出物，目前有着严格的储运和使用规则，如果它的储运和使用没有控制措施或超过了规定的限度，就会对周围的环境产生不良的影响，如农药的使用与运输等。

4）噪声污染

噪声越来越严重干扰着人们的生活，对人和动物的健康产生了严重的危害。因此，要对建设项目未来的噪声污染给予足够重视，如飞机场里会产生恼人的噪声和空气污染。

2. 环境保护方案评估

在对环境保护方案进行评估时应抓住以下几个环节。

1）审查环境影响报告书

(1)审查可行性研究阶段是否全面分析了项目建设对周围环境产生的影响，是否提出了环境影响报告书。

(2)报告书是否经环保部门或有关部门审查批准。

(3)在报告书中是否提出了具体治理对策，应特别注意是否对生产过程中的污染源提出了科学可靠的控制方案。

2）审查治理方案

(1)审查对投入物、燃料和原材料的使用是否安排处理措施，是否采取了治理措施。

(2)审查设计任务书中的治理技术是否合理可靠，经治理的各种污染物的排放量是否低于国家环境部门规定的排放量。

3）审查建设总投资与总设计

(1)在总投资中是否包括了环保工程的相关投资，是否单独列项，来源有无保证。

(2)在总体设计中是否坚持了环保工程与主体工程同时设计、同时施工、同时竣工使用的方针。

4）分析环境保护的经济型。环境保护的经济性是指为了治理环境所付出的经济代价与不治理环境而造成的经济损失之间的一种对照关系，通常用治理环境所获得的成效与所付出的代价之比等指标来衡量。

一般来说，污染损失与治理环境所获得效益都难以定量化。因为，治理环境所带来的效益是多方面的，有的甚至被忽略或长期以后才能大范围表现出来。因此，如何正确评价环境保护的经济效益还没有充分的依据。

目前，对环境质量评价建立了各项标准，与生产活动密切相关的环境保护项目，是可以定量计算经济效益的。其公式如下：

$$治理"三废"的经济效益 = "三废"回收利用后净收入 \div 治理"三废"投资额 \qquad (4-2)$$

或

$$治理"三废"的经济效益 = "三废"回收利用后净收入 - 治理"三废"投资额 \qquad (4-3)$$

4.1.5 项目建设实施条件评估

项目建设实施条件主要指由选点、设计到施工过程中所必备的各项条件，包括厂址的自然条件、设计单位的技术力量、设备供应条件、施工时的水电供应条件、施工单位的技术与装备条件等。建设实施条件评估主要包括以下几方面内容。

1. 设计力量

承担项目设计的单位其技术力量的强与弱不但关系到总体设计方案是否合理，初步设计和施工图设计能否满足建设的要求，而且还关系到设计出图的速度、设计质量的可靠性和设计方案在经济技术上的最优化。对设计单位技术力量评价就要对设计单位的性质进行分析，了解该设计单位的专业分工、设计人员及其专业特长、设计单位的信誉等。

2. 设备供应

项目建设时，设备供应单位若不能保质按时提供所需设备，就会影响建设进度和正常生产。因此对项目所需设备的供应一定要落实，尤其是大型的特殊的设备。应预先对设备供应单位的制造和技术力量进行调查，以保证如期按质交货。

3. 施工企业的素质

施工企业的素质如何，将对保证建设进度和建设质量有重要影响。施工企业的素质主要指人员的技术水平、专业化程度和施工装备水平。对于大型、特殊工程在施工技术上有特殊要求，应选择素质较高的专业施工企业承担工程建设，以保证施工质量和按期竣工。

4.2 技术评估

4.2.1 技术评估的原则与程序

1. 技术评估的原则

1）先进性原则

技术的先进性是指采用的技术应是先进技术，这种技术对项目的生产发展起主要作用，并在该领域具有国际水平或领先于我国现有技术水平。项目技术的先进性可通过各种技术经济指标体现出来，主要有：劳动生产率、单位产品的原材料消耗、能源消耗、质量指标、占地面积和运输量等。不同行业具有不同特点，所以又有不同的标准来衡量不同行业技术的先进性。所用的技术指标应与国内外同类型先进水平相比较，才能确定其先进程度。先进性原则要求比较全面，它不仅要求技术是先进的，而且要求技术基础参数先进，在要求主机先进的同时，也要求配套的辅机、配件的先进性。

2）适用性原则

技术上的适用性是指所采用的技术必须适应其特定的自然条件、技术条件、经济条件和社会条件，企业可以迅速消化、吸收、投产，并能取得良好的经济效益。不同的技术可能会给企业带来不同的效益，但同一技术在不同的使用条件下效果也会不同。任何一项技术在实际应用时都要结合具体的条件，在选择技术时要结合这些条件充分考虑其适用性。适用性较强的技术通常能合理利用资源,降低原材料,特别是能源的消耗,能改善产品结构,提高产品质量,同时有利于充分发挥原有的技术装备和技术力量。在对项目技术方案进行评价时,还要注意分析是否和企业的技术管理水平相适应。

3) 经济性原则

经济性就是从经济效益的角度来考察评价项目技术方案,以最小的代价获得最大的收益。经济性原则可以体现为最大收益原则和最小成本原则。在评价时要根据项目的具体情况,反复比较各种技术方案的经济效益。不仅要注意技术方案的单项效益,还要注意综合经济效益,除了要考虑企业的微观效益,还要考虑国民经济的宏观效益。

4) 安全性原则

安全性原则主要是考虑所采用的技术是否会对操作人员造成人身伤害,有无保护措施,是否会破坏自然环境和生态平衡,能否采取策略减轻破坏等。对项目采用的工艺技术及设备的安全性,要从社会角度、劳动保护角度加以分析评价。

5) 合理性原则

在对技术进行选择时应坚持合理性的原则。合理性要求从科学的角度去评价技术方案。它是保证项目投产后顺利进行生产,并实现项目技术目标的关键。技术方案的合理性主要体现在工艺流程、设备和专业化协作程度要合理,产品的产量与规模要合理等。

6) 可靠性原则

可靠性原则是指项目采用的技术方案必须是成熟的和可以依赖的,通过技术方案的实施能取得预期的经济效益。一般来说,一项技术的广泛应用应建立在多次试验成功,并经权威机构认定的基础之上。如果一项技术不成熟,则会为将来埋下隐患,甚至造成不可估量的损失。从社会的角度来看,采用可靠性强的技术方案能防范和积极避免因技术方案而产生的资源浪费、生态失衡以及人类安全受危害等情况的发生。

六项原则虽然对不同行业和不同性质的项目侧重点不同,但它们是相互联系、相互制约的有机整体,应始终贯穿于技术方案的选择、分析和评价的过程中。

2. 技术评估的程序

技术的评估是一项细致复杂而又很具专业性的工作,一般按下述程序进行。

1) 收集资料

资料的收集是项目技术方案评价的首要工作,资料的收集将会对技术评价能否顺利进行、评价的准确性产生非常重要的影响。一般来说,技术评价要收集的资料主要包括各种技术方案、可行性研究报告和基础技术资料等。技术方案在这里主要是指工艺技术方案和设备选择方案。可行性研究报告里包含着对项目准备采用的技术装备和生产工艺的论证分析,它能把技术评价和其他部分有机衔接起来。基础的技术资料主要是指工艺方案、工艺流程、工艺说明书以及设备性能说明书等,它们能为技术评价提供在生产过程中的各种技术条件和数据及技术参数。

2) 分析技术发展的趋势

项目的技术评价是对项目在整个寿命期内采用技术的可行性进行的分析。在对技术方案评价时,应分析技术发展的趋势,尽可能使项目的寿命期和技术的寿命期相匹配。

3) 明确技术评估的重点

评价人员应当对可能会产生重要影响的技术问题,如采用的技术是否达到国家规定的标准,是否与协作行业的技术发展水平相适应,是否影响生态环境等作为评价的重点。同时,也可以把项目存在的主要技术问题,如关键性零件的配置作为技术评价的主要问题。只有明确技术评价的重点才能提高技术评价的工作效率。

项目技术方案的分析评价是项目可行性研究和评估的重要内容,它对项目的投资、投产后的生产成本,今后的经济和社会效益以及项目的生存和竞争能力都会产生重大的影响。如果项目的技术不具备先进性、适用性、经济性、合理性,它就不可能带来较高的经济效益,甚至会造成巨大的浪费和损失。对拟建项目的技术评估,并不是技术可行性研究的重复,而是要在可行性研究的基础上,对可行性研究报告的技术分析部分内容再审查,通过比较来选择最佳的技术方案,然后再分析财务和经济上的可行性。

4.2.2 技术评估的方法

技术经济综合指数评价在评价替代现行技术(或称原方案)的各种技术方案时常被使用到。由于此法把技术因素与经济因素结合在一起来考虑技术先进性程度,因此,其评价的可靠程度较高。此法的评价手段是采用技术经济综合指数这一指标,综合指数高的方案为技术先进性程度高的方案。综合指数的计算公式为

$$R_i = \sqrt{X_i \cdot Y_i} \quad (i=1,2,\cdots,n) \tag{4-4}$$

式中:R_i——i方案的技术经济综合指数;

X_i——i方案的技术评价系数值,大于0.6方案才可行;

Y_i——i方案的经济评价系数值。

评价的工作程序如下:

(1)用评分法(给分评分法,如表4-9所示)先确定技术方案各评价项目的最高分值,然后对各技术方案评价项目进行评分,根据各评价项目的评分值即可求得技术评价系数。技术评价系数按下式计算

$$X_i = \frac{P_i}{P_{\max}} \tag{4-5}$$

式中:P_i——技术方案i在各评价项目中的评价分数之和;

$P_{\max}$——各评价项目的最高分之和;

X_i的意义同前。

综 合 评 分 方 法　　　　表4-9

序号	技术性能评价项目	评　　　　分					最高分
		方案1	方案2	…	方案i	…	方案n	
1	(A)	3	4	…	3	…	3	4
2	(B)	3	3	…	4	…	3	4
3	(C)	4	3	…	3	…	4	4
4	(D)	3	3	…	2	…	3	4
5	(E)	3	3	…	4	…	3	4
6	(F)	4	3	…	4	…	3	4

续上表

序号	技术性能评价项目	评分					最高分
		方案1	方案2	…	方案i	…	方案n	
7	(G)	4	4	…	4	…	4	4
8	(H)	4	4	…	4	…	3	4
	分数之和 P	28	27	…	28	…	26	$P_{max}=32$
	$X_i=\dfrac{P_i}{P_{max}}$	0.875	0.844	…	0.875	…	0.813	1.0

(2) 计算各技术方案的经济评价系数，经济评价系数按式(4-6)计算

$$Y_i = \frac{C_o - C_i}{C_o} \tag{4-6}$$

式中：C_o——原技术方案(现行技术)的成本；

C_i——新技术方案的估计成本；

Y_i 的意义同前。

技术方案经济评价系数如表 4-10 所示。

经济评价系数计算　　　　　　　　　　　　　　　　表 4-10

方案号	新方案名称	新方案估计成本 C_i(万元)	新方案估计成本 C_o(万元)	经济评价系数 $Y_i=C_o-C_i/C_o$
1	×××	12	15	0.20
2	×××	10	15	0.33
⋮	⋮	⋮	⋮	⋮
i	×××	13	15	0.13
⋮	⋮	⋮	⋮	⋮
n	×××	14	15	0.07

(3) 计算方案的技术经济综合指数。根据表 4-9 和表 4-10 数据计算的各技术方案的技术经济综合指数如表 4-11 所示。

(4) 比较各方案技术经济综合指数的大小，其综合指数大的方案为优。如表 4-11 所示，技术方案 2 的综合指数最大，故认为方案 2 在所有新方案中的技术先进性程度为最高，则方案 2 为最优方案。

技术经济综合指数计算　　　　　　　　　　　　　　　　表 4-11

方案号	新方案名称	技术评价系数 X_i	经济评价系数 Y_i	技术经济综合指数 $R_i=\sqrt{X_iY_i}$
1	×××	0.875	0.20	0.418
2	×××	0.844	0.33	0.528
⋮	⋮	⋮	⋮	⋮
i	×××	0.875	0.13	0.337
⋮	⋮	⋮	⋮	⋮
n	×××	0.813	0.07	0.239

4.2.3 设备选择评估的主要内容

设备评估在项目的技术评估中占有重要的位置,一般有以下几个方面。

1. 设备的生产能力和工艺要求

即采用的设备要符合工艺的要求并具有较高的生产率,其生产能力应与拟建项目的设计生产能力相吻合。

从理论上讲,各工序、工段设备额定生产能力应等于投资项目的设计生产能力,即各工序、工段设备在相同时间全负荷生产,前道工序的产出量刚好等于后道工序的投入量。但在实际中,这种理想的生产能力配置是很难达到的。其主要原因是,拟建项目的设计生产能力是以项目主要设备的额定生产能力的要求配置。因此,工艺过程中各工序之间的设备生产能力配置必然会产生差异。在评估时,要分析核定各工序确定的设备台(套)是否合理,比例是否恰当,以避免各工序之间设备额定生产能力相差太大。核定设备配置比例的方法如下:

(1)根据项目的设计能力和有关的设备资料,核定单台(套)设备的年生产能力,其计算公式为

$$单台(套)设备生产能力 = 设备有效工作时间 \times 设备单位时间 \times 设备利用率 \quad (4-7)$$

(2)根据项目的设计生产能力和单台设备生产能力,核定工序应配置的设备台数,其计算公式为

$$该设备应配置台(套) = \frac{项目设计生产能力}{单台(套)设备年生产能力} \quad (4-8)$$

经过上述计算,再结合项目实际情况进行分析,核实设备生产能力配置的合理比例和数量。

2. 选择的设备具有较高的经济性

即在选择的设备能满足生产工艺对设备功能要求的前提下,使设备所需的活劳动和物化劳动的消耗指标低于或等于拟建项目规定的指标。设备的经济性可运用运营成本比较法和费用效率分析法计算确定。

1)运营成本比较法

设备的营运成本是工艺营运成本的主要部分,它包括原材料消耗、能源消耗、运转维修费、设备操作人员工资、设备折旧费等。

(1)设备的原材料消耗,一般用原材料的利用率来表示。例如,可以根据原材料利用率,计算某台(套)原材料的耗费。

(2)设备的能源消耗,一般以设备单位开动时间的能耗量来表示(如每小时耗电量、耗油量等),也有的以单位产品的能源消耗量来表示。

(3)设备的运转维护费用,是指设备的运转经常性费用、维修的材料和人工费。设备的运转经常性费用就是指设备正常运转所需要的润滑油及零部件费用,可以根据有关资料所得;维修的材料费可以根据设备维修的材料定额确定;维修的人工费可以根据由设备维修的复杂程度所决定的劳动量定额来确定。

(4)操作人员工资,可以根据设备营运时的折旧率所得。

(5)设备的折旧,以设备原值乘以规定的折旧率所得。

以上五项费用相加构成了设备的运营成本。在设备的其他功能相同的条件下运营成本愈低,设备的经济性愈好。

2)费用效率比较法

$$费用效率(CE) = \frac{系统效率}{寿命周期费用} \tag{4-9}$$

式中,系统效率是指设备的营运效益,可用销售收入、利润和生产效率等价值指标或功能指标衡量;寿命周期费用包括设备购置安装费和生产营运费等总费用。经计算,应选择费用效率较高的设备,以保证设备的经济性。

在计算过程中,确定设备寿命周期费用比较容易,而确定系统效率则要复杂一些。一般来说,系统效率有两种不同的确定方法。

第一,是以设备产量这一综合要素作为系统效率。

例 4-2 有三类能达到同一目标的设备,它们的系统效率可用"日产量"这一综合要素表示,其有关数据如表 4-12 所示。

设备产量费用数据 表 4-12

设备类型	日产量(吨/日)	寿命周期总费用(万元)
A	350	300
B	315	300
C	315	280

根据费用效率计算公式可得

$$A 设备的费用效率 = \frac{350}{300} = 1.17$$

$$B 设备的费用效率 = \frac{315}{300} = 1.05$$

$$C 设备的费用效率 = \frac{315}{280} = 1.125$$

计算结果表明,A 设备的费用效率最高,因此 A 设备最为经济合理。

第二,是难以计量的单项要素作为系统效率。其计算程序是:确定各单项要素所占比重;其次,计算各项要素的权重值(权重值=要素×要素得分);再次,汇总各设备选型方案的要素权重值,以此数据作为系统效率值;最后,计算各方案的费用效率。

例 4-3 某项目设备选型方案有三种,各设备的寿命周期费用分别是:A 设备 12 万元,B 设备 11 万元,C 设备 11.5 万元。系统效率由 6 个单项要素组成,各要素的权重值计算如表 4-13 所示。

根据表 4-13 所列数据和费用效率计算公式可得

$$A 设备的费用效率 = \frac{8.5}{12} = 0.71$$

$$B\text{ 设备的费用效率} = \frac{7.5}{11} = 0.68$$

$$C\text{ 设备的费用效率} = \frac{7.75}{11.5} = 0.67$$

计算结果表明，A 设备的经济合理性最佳。

设备系统效率各要素权重值 表 4-13

序号	要素类别	权重(%)	A 设备			B 设备			C 设备		
			效率	得分	权重值	效率	得分	权重值	效率	得分	权重值
1	可靠性(成品率)	35	95%	9	3.15	90%	7	2.45	93%	8	2.8
2	安全性	15	安全	10	1.5	一般	6	0.9	较安全	7	1.05
3	耐用性(年)	25	10	6	1.5	14	9	2.25	12	8	2
4	环保性	15	良好	9	1.35	一般	8	1.2	一般	8	1.2
5	灵活性	10	好	10	1	一般	7	0.7	一般	7	0.7
6	合计	100		44	8.5		37	7.5		38	7.75

3. 设备的配套性

设备的配套性是指相关联设备、器具之间数量、各种技术指标和参数的吻合程度。按规模可分为单机配套、机组配套和项目配套。

单机配套是指一台机器中各种工具、附件、部件要配套齐全。机组配套是指一套机器的主机、辅机等设备要配备成套。

分析评估设备的配套性，既要研究设备数量的相互吻合程度，又要分析各个项目设备之间，设备与配套器具及辅助条件之间在技术水平上是否适应。

4. 考虑拟选设备的使用寿命和维修性

考虑设备的使用寿命应结合项目所在地区的技术发展趋势和技术更新周期，对设备使用寿命的评估主要考虑三个方面的因素：

1) 设备的物质寿命

设备的物质寿命又称自然寿命，是指设备在使用过程中由于物理和化学的作用，导致设备报废而退出生产领域所经历的时间。

2) 设备的技术寿命

设备的技术寿命又叫设备的技术老化周期，是指设备从开始使用，直至因技术落后而被淘汰为止所经历的时间。

3) 设备的经济寿命

是指设备在经济上的合理使用年限，它是由设备的使用费决定的。当设备使用到一定阶段或一定程度时，零部件陈旧老化需要高额的使用费来延长其寿命，导致投入大于产出，经济上不合算。因此，需要根据设备的使用费用多少来确定设备的经济寿命，计算公式如下：

$$\text{设备的经济寿命} = \sqrt{\frac{2 \times \text{设备原始值(元)}}{\text{设备使用费年递增额(元)}}} \quad (4\text{-}10)$$

评估设备的寿命时,只能对项目的主要设备进行分析研究,在其他条件相同的情况下,设备的寿命期愈长,其经济性愈好。

对设备的维修性的评估主要分析设备维修的难易性,应选择具有易接近性、易装拆性、零部件标准化和互换性好、维修性能较强的设备,这样不仅能缩短修理时间,提高设备利用率,还可大大降低修理费用,保证设备正常运行。

5. 设备安全可靠性

设备可靠性是指设备在规定时间内和规定条件下完成规定功能的能力,一般用可靠性来衡量。选择有较高可靠度的设备,可以满足生产工艺要求,连续不断生产出高质量的产品,避免设备故障可能带来的重大经济损失和人身事故。

在选择设备时,还应注意选择那些噪声小,配套有治理"三废"附属装置的设备,以利于环境保护。特别在选择石化、印染、造纸等工业的设备时,要注意其生产时对环境的污染情况和治理污染的附属设备的可靠程度。

6. 引进国外设备的评估

对从国外引进的设备,应持慎重态度,事先应做广泛的调查或咨询(如有关厂家的资信状况和技术力量)。一般只引进国内尚未能制造的关键设备以及化解技术难题的有关专利和技术资料,国内能解决的尽量由国内解决;引进设备时还要考虑拟引进设备的性能如何,是否属于重复引进,是否适应我国的国情(特别是原材料是否符合要求,以及操作、维修特殊辅助设备和配套设备等问题)。若非成套引进或非从一家公司引进,那么协调配套问题就显得非常重要。引进并不只限于"硬件",而"软件"(即引进设备安装调试、操作、维修、质量检验等所必需的技术资料)应随同设备一起引进,不得漏缺。并从节约外汇的角度,采用国际竞争性招标的方式,择优选购国内必需的关键性设备。

本 章 要 点

项目建设条件评估主要是指对项目本身的建设施工条件的评估,其内容包括:厂址选择条件的评估、工程地质水文地质条件的评估、环保方案的评估以及项目建设实施条件的评估。

项目的技术方案直接决定着产品方案、生产规模和生产效率,对产品质量、数量、生产成本和经济效益将产生重要影响。项目技术评估是进行项目经济效益评价的前提条件,是对投资项目所采用的生产工艺、选用的设备以及技术措施等进行的分析、评价。

技术评估应遵循的基本原则有:先进性原则、适用性原则、经济性原则、安全性原则、合理性原则以及可靠性原则。

技术评估的程序为:收集资料,分析技术发展的趋势,明确技术评估的重点。

技术评估的方法为技术经济综合指数评价,步骤一般为:求得技术评价系数,计算各技术方案的经济评价系数,计算方案的技术经济综合指数及比较各方案技术经济综合指数的大小,其综合指数大的方案为优。

设备选择评估的主要内容为:设备的生产能力和工艺要求,选择的设备具有较高的经济性,设备的配套性,考虑拟选设备的使用寿命和维修性,设备安全可靠性及对引进国外设备的评估。

本章思考题

1. 如何为项目选择建厂地区？
2. 厂址选择需要考虑哪些条件？方法有哪些？
3. 项目建设条件评估包括哪些内容？
4. 简述项目技术评估的必要性及在整个项目评估中的地位和作用是什么？
5. 简述项目技术评估的原则。
6. 简述项目技术评估的一般程序。
7. 分析项目技术评估的关键点是什么？
8. 简述项目工艺设备选择评估的内容。

第 5 章 投资估算与资金筹措

学习目标

1. 掌握总投资概念以及组成内容
2. 掌握静态投资、动态投资的估算方法
3. 熟练计算项目的总投资
4. 掌握公路工程项目投资估算指标使用及指标调整方法
5. 了解公路工程投资估算文件编制
6. 掌握项目融资方案的评价方法与评价指标

学习准备

学习本章内容前应掌握建设期贷款利息、涨价预备费等基本费用计算方法；完成关于定额、指标以及造价文件编制的基本知识的掌握并能够灵活运用。

5.1 项目总投资及其构成

5.1.1 项目总投资的概念及其构成

1. 项目总投资的概念

项目总投资是指投资项目从前期准备工作开始到项目全部建成投产为止所发生的全部投资费用。它应该反映投资项目从项目设想到建设期末的全部实际投资总额。

从项目评价的角度来看，为使评价结果科学准确，严格地说，凡是与投资项目直接有关的支出费用均应包括在项目总投资内。项目前期准备工作的第一步是编制项目建议书，因此项目总投资应以编制建议书作为起始费用开始，以项目全部竣工、验收合格以及正式投产为止计算所发生的全部费用。要从项目自身的需要出发，本着投资充足的原则估算项目总投资。

2. 项目总投资的构成

建设项目总投资从项目评价的需要出发，按照最终形成生产资料的不同作用，可以分为建设投资和流动资金投资两大部分，如图 5-1 所示。

项目总投资中，建设投资是按照国家规定列入固定资产投资计划、规模的投资数额，凡是与建设投资有关的各项预计费用都应当列入，如图 5-1 所示。流动资金投资是指项目建成投产后，为保证项目正常生产经营的需要垫支于劳动对

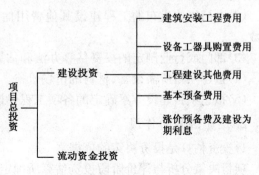

图 5-1 项目总投资的构成

象和工资等方面的资金。

5.1.2 项目投资估算的要求

建设项目决策分析与评价阶段一般可分为投资机会研究、初步可行性研究(项目建议书)、可行性研究和项目前评估四个阶段。由于不同阶段的工作深度和掌握的资料详略程度不同,在建设项目决策分析与评价的不同阶段,允许投资估算的深度和准确度有所差别。随着工作的进展,项目条件的逐步明确,投资估算应逐步细化,准确度应逐步调整,从而对项目总投资起到有效的控制作用。建设项目决策分析与评价的不同阶段对投资估算的准确度要求(即允许误差率)如表5-1所示。

建设项目决策分析与评价的不同阶段对投资估算准确度的要求　　　表5-1

序　号	建设项目决策分析与评价的不同阶段	投资估算的允许误差率
1	投资机会研究阶段	±30%以内
2	初步可行性研究(项目建议书)阶段	±20%以内
3	可行性研究阶段	±10%以内
4	项目齐纳评价阶段	±10%以内

尽管投资估算在具体数额上允许存在一定的误差,但必须达到以下要求:
(1)估算的范围应与项目建设方案所涉及的范围、所确定的各项工程内容相一致。
(2)估算的工程内容和费用构成齐全,计算合理,不提高或者降低估算标准,不重复计算或者漏项少算。
(3)估算应做到方法科学,基础资料完整与依据充分。
(4)估算选用的指标与具体工程之间存在标准或者条件差异时,应进行必要的换算或调整。
(5)估算的准确度应能满足建设项目决策分析与评价不同阶段的要求。

5.1.3 投资估算的依据与作用

1.建设投资估算的基础资料与依据

建设投资估算的基础资料与依据包括以下几个方面。
(1)专门机构发布的建设工程造价费用构成、估算指标、计算方法以及其他有关工程造价的文件。
(2)专门机构发布的工程建设其他费用估算办法和费用标准,以及有关机构发布的物价指数。
(3)部门或行业制定的投资估算办法和估算指标。
(4)拟建项目所需设备、材料的市场价格。
(5)拟建项目建设方案确定的各项工程建设内容及工程量。

2.投资估算的作用

1)投资估算是投资决策的依据之一

项目决策分析与评价阶段投资估算所确定的项目建设与运营所需的资金量,是投资者进行投资决策的依据之一。投资者要根据自身的财力和信用状况做出是否投资的决策。

2)投资估算是制定项目融资方案的依据

项目决策分析与评价阶段投资估算所确定的项目建设方案与运营所需的资金量,是项目制订融资方案、进行资金筹措的依据。投资估算准确与否,将直接影响融资方案的可靠性,直接影响各类资金在币种、数量和时间要求上能否满足项目建设的需要。

3)投资估算是进行项目经济评价的基础

经济评价是对项目的费用与效益做出全面的分析评价,项目所需投资是项目费用的重要组成部分,是进行经济评价的基础。投资估算准确与否将直接影响经济评价的可靠性。

在投资机会研究和初步可行性研究阶段,虽然对投资估算的准确度要求相对较低,但投资估算仍然是该阶段的一项重要工作。投资估算完成之后才有可能进行经济效益的初步评价。

4)投资估算是编制初步设计概算的依据,对项目的工程造价起控制作用

按照项目建设程序,应在可行性研究报告被审定或批准之后进行初步设计。经审定或批准的可行性研究报告是编制初步设计的依据,报告中所估算的投资额是编制初步设计概算的依据。

按照建设项目决策分析与评级的不同阶段所要求的内容和深度,完整、准确地进行投资估算是项目决策分析与评价必不可少的工作。

5.2 项目投资估算方法

5.2.1 建设投资估算方法

投资估算是项目决策的重要依据之一。在整个投资决策过程中要对建设工程造价进行估算,在此基础上研究是否建设。投资估算要保证必要的准确性,如果误差太大,必将导致决策的失误。因此,准确、全面地估算建设项目的工程造价,是项目可行性研究乃至整个建设项目投资决策阶段造价管理的重要任务。

1. 建设投资估算的内容

建设投资估算的内容按照费用的性质划分,包括设备及工器具购置费、建筑安装工程费用、工程建设其他费用(此时不包含铺底流动资金)、预备费(分为基本预备费和涨价预备费)、建设期贷款利息及固定资产投资方向调节税。

除了建设期贷款利息、涨价预备费和固定资产投资方向调节税之外,上述其他费用的估算构成了固定资产静态投资估算。

2. 建设投资估算的编制方法

纵观国内外常见的投资估算方法,其中有的适用于整个项目的投资估算,有的适用于一套装置的投资估算。为提高投资估算的科学性和精确性,应按项目的性质、技术资料和数据的具体情况,有针对性地选用适宜的方法。

1)静态投资的估算方法

(1)资金周转率法

这是一种用资金周转率来推测投资额的简便方法。其公式如下:

$$资金周转率 = \frac{年销售总额}{总投资} = \frac{产品的年产量 \times 产品单价}{总投资} \tag{5-1}$$

$$投资额 = \frac{产品的年产量 \times 产品单价}{资金周转率} \tag{5-2}$$

国外的化学工业的资金周转率近似为1.0,生产合成甘油的化工装置的资金周转率为1.41。

拟建项目的资金周转率可以根据已建相似项目的有关数据进行估计,然后再根据拟建项目的预计产品的年产量及单价,进行估算拟建项目的投资额。

这种方法比较简便,计算速度快,但精确度较低,可用于投资机会研究及项目建议书阶段的投资估算。

(2)生产能力指数法

这种方法根据已建成的、性质类似的建设项目或生产装置的投资额和生产能力及拟建项目或生产装置的生产能力估算拟建项目的投资额。计算公式为

$$C_2 = C_1 \left(\frac{Q_2}{Q_1}\right)^n \cdot f \tag{5-3}$$

式中:C_1——已建类似项目或装置的投资额;

C_2——拟建项目或装置的投资额;

Q_1——已建类似项目或装置的生产能力;

Q_2——拟建项目或装置的生产能力;

f——不同时期、不同地点的定额、单价、费用变更等的综合调整系数;

n——生产能力指数,$0 < n < 1$。

若已建类似项目或装置的规模和拟建项目或装置的规模相差不大,生产规模比值在0.5~2,则指数 n 的取值近似为1。

若已建类似项目或装置与拟建项目或装置的规模相差不大于50倍,且拟建项目规模的扩大仅靠增大设备规模来达到时,则 n 取值约在0.6~0.7;若是靠增加相同规格设备的数量达到时,n 的取值约在0.8~0.9。

采用这种方法,计算简单、速度快,但要求类似工程的资料可靠,条件基本相同,否则误差就会增大。

例5-1 已知建设年产300kt乙烯装置的投资额为60 000万元,试估计建设年产70万t乙烯装置的投资额(生产能力指数 $n=0.6, f=1.2$)。

解: $C_2 = C_1 \left(\frac{Q_2}{Q_1}\right)^n \cdot f = 6\,000 \times \left(\frac{70}{30}\right)^{0.6} \times 1.2 = 11\,970.673 (万元)$

例5-2 若将设计中的化工生产系统的生产能力提高两倍,投资额大约增加多少($n=0.6, f=1$)?

解: $\frac{C_2}{C_1} = \left(\frac{Q_2}{Q_1}\right)^n = \left(\frac{3}{1}\right)^{0.6} = 1.9$

计算结果表明,生产能力提高两倍,投资额增加90%。

(3)比例估算法

比例估算法又分为两种:

①以拟建项目或装置的设备费为基数,根据已建成的同类项目或装置的建筑安装费和其

他工程费用等占设备价值的百分比,求出相应的建筑安装费及其他工程费用等,再加上拟建项目的其他有关费用,其总和即为项目或装置的投资。公式如下:

$$C = E(1 + f_1 p_1 + f_2 p_2 + f_3 p_3 + \cdots) + I \tag{5-4}$$

式中: C——拟建项目或装置的投资额;

E——根据拟建项目或装置的设备清单按当时当地价格计算的设备费(包括运杂费)的总和;

$p_1, p_2, p_3 \cdots$——已建项目中建筑、安装及其他工程费用等占设备费百分比;

$f_1, f_2, f_3 \cdots$——由于时间因素引起的定额、价格、费用标准等变化的综合调整系数;

I——拟建项目的其他费用。

② 以拟建项目中的最主要、投资比重较大并与生产能力直接相关的工艺设备的投资(包括运杂费及安装费)为基数,根据同类型的已建项目的有关统计资料,计算出拟建项目的各专业工程(总图、土建、暖通、给排水、管道、电气及电信、自控及其他工程费用等)占工艺设备投资的百分比,据以求出各专业的投资,然后把各部分投资费用(包括工艺设备费)相加求和,再加上工程其他有关费用,即为项目的总费用。其表达式为

$$C = E(1 + f_1 p_1' + f_2 p_2' + f_3 p_3' + \cdots) + I \tag{5-5}$$

式中: $f_1 p_1', f_2 p_2', f_3 p_3', \cdots$——各专业工程费用占工艺设备费用的百分比。

(4) 系数估算法

① 朗格系数法。这种方法是以设备费为基础,乘以适当系数来推算项目的建设费用。基本公式为

$$D = C \cdot (1 + \sum K_i) \cdot K_C \tag{5-6}$$

式中: D——总建设费用;

C——主要设备费用;

K_i——管线、仪表、建筑物等项费用的估算系数;

K_C——管理费、合同费、应急费等间接费在内的总估算系数。

总建设费用与设备费用之比为朗格系数 K_L,即

$$K_L = C \cdot (1 + \sum K_i) \cdot K_C \tag{5-7}$$

② 设备与厂房系数法。对于一个生产性项目,如果设计方案已确定了生产工艺,且初步选定了工艺设备并进行了工艺布置,就有了工艺设备的重量及厂房的高度和面积,则工艺设备投资和厂房土建的投资就可分别估算出来。项目的其他费用,与设备关系较大的按设备投资系数计算,与厂房土建关系较大的则以厂房土建投资系数计算,两类投资加起来就得出整个项目的投资。

例 5-3 650mm 中型轧钢车间的工艺设备投资和厂房土建投资已经估算出来,其各专业工程的投资系数如下:

a. 与设备有关的专业投资系数为:

工艺设备	1
起重运输设备	0.09
加热炉及烟囱烟道	0.12
汽化冷却	0.01

余热锅炉	0.04
供电及传动	0.18
自动化仪表	0.02
系数合计	1.46

b. 与厂房土建有关的专业投资系数为：

厂房土建(包括设备基础)	1
给排水工程动机	0.04
采暖通风	0.03
工业管道	0.01
电气照明	0.01
系数合计	1.09

则　　整个车间投资＝设备及安装费×1.46＋厂房土建(包括设备基础)×1.09

(5)指标估算法

根据编制的各种具体的投资估算指标,进行单位工程投资的估算。投资估算指标的表示形式较多,如以元/m、元/m²、元/m³、元/t、元/kV·A表示。根据这些投资估算指标,乘以所需的面积、体积、容量等,就可以求出相应的土建工程、给排水工程、照明工程、采暖工程以及供配电工程等各单位工程的投资。在此基础上,可汇总成某一单项工程的投资。另外再估算工程建设其他费用及预备费,即求得所需的投资。

对于房屋、建筑物等投资的估算,经常采用指标估算法,以元/m²或元/m³表示。

采用这种方法时,要根据国家有关规定、投资主管部门或地区颁布的估算指标,结合工程的具体情况编制。需要注意的有：若套用的指标与具体工程之间的标准或条件有差异时,应加以必要的换算或调整;使用的指标单位应密切结合每个单位工程的特点,能正确反映其设计参数,切勿盲目地单纯套用一种单位指标。

需要指出的是静态投资的估算,要按某一确定的时间来进行,一般以开工的前一年为基准年,以这一年的价格为依据计算,否则就会失去基准作用,影响投资估算的准确性。

2)涨价预备费、建设期贷款利息及固定资产投资方向调节税的估算

(1)涨价预备费

涨价预备费的估算,所采用的公式即

$$PF = \sum_{t=0}^{n} I_t \times [(1+f)^t - 1] \tag{5-8}$$

式中：PF——涨价预备费估算额;

I_t——建设期中第 t 年的投资计划额(按建设期前一年价格水平估算);

n——建设期年份数;

f——一年平均价格预计上涨率。

(2)建设期贷款利息

建设期贷款利息包括向国内银行和其他非银行金融机构贷款、出口信贷、外国政府贷款、国际商业银行贷款以及在境内外发行的债券等在建设期间内应偿还的借款利息。建设期借款利息实行复利计算。

①对于贷款总额一次性贷出且利率固定的贷款,按下列公式计算:
$$F = P \cdot (1+i)^n \tag{5-9}$$
$$贷款利息 = F - P$$

式中:P——一次性贷款金额;
　　　F——建设期还款时的本利和;
　　　i——年利率;
　　　n——贷款期限。

②当总贷款是分年均衡发放时,建设期利息的计算可按当年借款在年中支用考虑,即当年贷款按半年计息,上年贷款按全年计息。计算公式为:
$$q_j = \left(p_{j-1} + \frac{1}{2}A_j\right) \cdot i \tag{5-10}$$

式中:q_j——建设期第 j 年应计利息;
　　　p_{j-1}——建设期第($j-1$)年末贷款累计金额与利息累计金额之和;
　　　A_j——建设期第 j 年贷款金额;
　　　i——年利率。

国外贷款利息的计算中,还应包括国外贷款银行根据贷款协议向货款方以年利率的方式收取的手续费、管理费、承诺费,以及国内代理机构经国家主管部门批准的以年利率的方式向贷款单位收取的转贷费、担保费和管理费等。

(3)固定资产投资方向调节税

为了贯彻国家产业政策,控制投资规模,引导投资方向,调整投资结构,加强重点建设,促进国民经济持续稳定协调发展,对在我国境内进行固定资产投资的单位和个人(不含中外合资经营企业、中外合作经营企业和外商独资企业)征收固定资产投资方向调节税(简称投资方向调节税)。

①税率

投资方向调节税的税率,根据国家产业政策和项目经济规模实行差别税率,税率为 0%、5%、10%、15%、30% 5 个档次。差别税率按两大类设计,一是基本建设项目投资;二是更新改造项目投资。对前者设计了 4 档税率,即 0%、5%、15%、30%;对后者设计了两档税率,即 0%、10%。

②计税依据

投资方向调节税以固定资产投资项目实际完成投资额为计税依据。实际完成投资额包括:设备及工器具购置费、建筑安装工程费、工程建设其他费用及预备费。但更新改造项目是以建筑工程实际完成的投资额为计税依据。

③计税方法

首先确定单位工程应纳税投资完成额;其次根据工程的性质及划分的单位工程情况,确定单位工程的适用税率;最后计算各个单位工程应纳的投资方向调节税税额;并且将各个单位工程应纳的税额汇总,即得出整个项目的应纳税额。

④缴纳方法

投资方向调节税按固定资产投资项目的单位工程年度计划投资额预缴,年度终了后按年度实际完成投资额结算,多退少补。项目竣工后,按应征收投资方向调节税的项目及其单位工程的实际完成投资额进行清算,多退少补。

(4)汇率变化对涉外建设项目动态投资的影响及其计算方法

汇率是两种不同货币之间的兑换比率,或者说是以一种货币表示的另一种货币的价格,汇率的变化意味着一种货币相对于另一种货币的升值或贬值。在我国,人民币与外币之间的汇率采取以人民币表示外币价格的形式给出,如1美元=6.811人民币。由于涉外项目的投资中包含人民币以外的币种,需要按照相应的汇率把外币投资额换算为人民币投资额,所以汇率变化就会对涉外项目的投资额产生影响。

①外币对人民币升值。项目从国外市场购买设备材料所支付的外币金额不变,但换算成人民币的金额增加;从国外借款,本息所支付的外币金额不变,但换算成人民币的金额增加。

②外币对人民币贬值。项目从国外市场购买设备材料所支付的外币金额不变,但换算成人民币的金额减少;从国外借款,本息所支付的外币金额不变,但换算成人民币的金额减少。

估计汇率变化对建设项目投资的影响大小,是通过预测汇率在项目建设期内的变动程度,以估算年份的投资额为基数,计算求得。

5.2.2 流动资金估算方法

铺底流动资金是保证项目投产后,能正常生产经营所需要的最基本的周转资金数额。铺底流动资金是项目总投资中的一个组成部分,在项目决策阶段这部分资金就要落实。铺底流动资金的计算公式为

$$铺底流动资金 = 流动资金 \times 30\% \tag{5-11}$$

这里的流动资金是指建设项目投产后为维持正常生产经营用于购买原材料、燃料、支付工资及其他生产经营费用等所必不可少的周转资金。它是伴随着固定资产投资而发生的永久性流动资产投资,其等于项目投产运营后所需全部流动资产扣除流动负债后的余额。其中,流动资产主要考虑应收账款、现金和存货;流动负债主要考虑应付和预收款。由此看出,这里所解释的流动资金的概念,实际上就是财务中的营运资金。

1. 流动资金的估算方法

1)扩大指标估算法

扩大指标估算法是按照流动资金占某种基数的比率来估算流动资金。一般常用的基数有销售收入、经营成本、总成本费用和固定资产投资等,究竟采用何种基数依行业习惯而定。所采用的比率根据经验确定,或根据现有同类企业的实际资料确定,或依行业、部门给定的参考值确定。扩大指标估算法简便易行,但准确度不高,适用于项目建议书阶段的估算。

(1)产值(或销售收入)资金率估算法

$$流动资金额 = 年产值(年销售收入额) \times 产值(销售收入)资金率 \tag{5-12}$$

例5-4 某项目投产后的年产值为1.5亿元,其同类企业的百元产值流动资金占用额为17.5元,则该项目的流动资金估算额为

$$15\,000 \times 17.5/100 = 2\,625(万元)$$

(2)经营成本(或总成本)资金率估算法

经营成本是一项反映物质、劳动消耗和技术水平、生产管理水平的综合指标。一些工业项

目,尤其是采掘工业项目常用经营成本(或总成本)资金率估算流动资金。

$$流动资金额(年总成本) = 年总成本 \times 经营成本资金率(总成本资金率) \tag{5-13}$$

(3)固定资产投资资金率估算法

固定资产投资资金率是流动资金占固定资产投资的百分比。如化工项目流动资金约占固定资产投资的15%~20%,一般工业项目流动资金占固定资产投资的5%~12%。

$$流动资金额 = 固定资产投资 \times 固定资产投资资金率 \tag{5-14}$$

(4)单位产量资金率估算法

单位产量资金率,即单位产量占用流动资金的数额,如每吨原煤4.5元。

$$流动资金额 = 年生产能力 \times 单位产量资金率 \tag{5-15}$$

2)分项详细估算法

分项详细估算法也称分项定额估算法。它是国际上通行的流动资金估算方法,是按照下列公式,分项详细估算。

$$流动资金 = 流动资产 - 流动负债 \tag{5-16}$$

$$流动资产 = 现金 + 应收及预付账款 + 存货 \tag{5-17}$$

$$流动负债 = 应付帐款 + 预收账款 \tag{5-18}$$

$$流动资金本年增加额 = 本年流动资金 - 上年流动资金 \tag{5-19}$$

流动资产和流动负债各项构成估算公式如下:

(1)现金的估算

$$现金 = \frac{年工资及福利费 + 年其他费用}{周转次数} \tag{5-20}$$

其他费用=制造费用+管理费用+财务费用+销售费用-以上四项费用中所包含
    的工资及福利费、折旧费、维修费、摊销费、修理费和利息支出 (5-21)

$$周转次数 = \frac{360 \text{天}}{最低需要周转天数} \tag{5-22}$$

(2)应收(预付)账款的估算

$$应收账款 = 年经营成本/周转次数 \tag{5-23}$$

(3)存货的估算

存货包括各种外购原材料、燃料、包装物、低值易耗品、在产品、外购商品、协作件、自制半成品和产成品等。在估算中的存货一般仅考虑外购原材料、燃料、在产品、产成品,也可考虑备品备件。

$$外购材料燃料 = \frac{年外均原材料燃料费用}{周转次数} \tag{5-24}$$

$$在产品 = \frac{年经营原材料燃料及动力费 + 年工资及福利费 + 年修理费 + 年其他制造费用}{周转次数} \tag{5-25}$$

$$产成品 = \frac{年经营成本}{周转次数} \tag{5-26}$$

(4)应付(预收)账款的估算

$$应付账款 = \frac{年外购原材料燃料动力和商品各件费用}{周转次数} \tag{5-27}$$

2. 流动资金估算应注意的问题

(1)在采用分项详细估算法时,需要分别确定现金、应收账款、存货和应付账款的最低周转天数。在确定周转天数时要根据实际情况,并考虑一定的保险系数。对于存货中的外购原材料、燃料要根据不同品种和来源,考虑运输方式和运输距离等因素确定。

(2)不同生产负荷下的流动资金是按照相应负荷时的各项费用金额和给定的公式计算出来的,而不能按100%负荷下的流动资金乘以负荷百分数求得。

(3)流动资金属于长期性(永久性)资金,流动资金的筹措可通过长期负债和资本金(权益融资)方式解决。流动资金借款部分的利息应计入财务费用。项目计算期末收回全部流动资金。

5.3 资金筹措方案评价

5.3.1 工程项目资金来源分析与评估

投资资金需求主要是依靠适当的资金来源渠道和筹措方案予以满足。资金来源分析主要是分析可行性研究报告中提出的各种资金来源是否正当、合理以及可靠,以探索更为有利的资金渠道。

按照我国现行财税制度,在项目资金筹措阶段,建设项目所需要的资金总额主要由自有资金、接受赠款和借入资金三部分组成,建设项目的资金构成如图5-2所示。

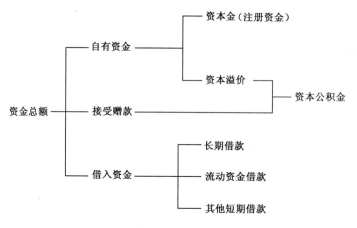

图5-2 建设项目资金来源构成图

1. 自有资金的来源渠道

自有资金是指投资者缴付的出资额,包括资本金和资本溢价。资本金是指新建项目设立企业时在工商行政管理部门登记的注册资金。根据投资主体的不同,资本金可分为国家资本金、法人资本金、个人资本金及外商资本金等。资本溢价是指在资金筹集过程中,投资者缴付的出资额超出资本金的差额。接受捐赠款也是项目的资金来源之一,但仅限于极少数项目。赠款是一种投资,形成企业权益的增加,捐赠的资产价值作为投资各方的共有财产,与资本溢价一起构成资本公积金,属于企业所有者权益。资本公积金是一种资本储备形式,可以按照法定程序转赠资本金。

项目货币资本金的资金来源一般有以下几种：

(1)各级政府的财政预算内资金，国家批准的各种专项建设基金，"拨改贷"的经营性基本建设基金回收的本息、土地批租收入、国有企业产权转让收入、地方政府按国家规定收取的各种规定费用及其他预算外资金。

(2)国家授权的投资机构及企业法人的所有者权益(包括资本金、资本公积金、盈余公积金、未分配利润以及股票上市收益资金等)、企业折旧资金，以及投资者按照国家规定从资本市场上筹措的资金(如发行股票和可转换债券)。

(3)社会个人合法所得的资金。

(4)国家规定的其他可以用作投资项目资本金的资金。

2.借入资金的来源渠道

相对于自有资金而言，借入资金是需要还本付息的资金。它的来源渠道很多，大致可分为外汇和人民币两类主要来源渠道。

1)外汇资金的主要来源渠道

主要有国际金融组织贷款(如世界银行和亚洲开发银行贷款)、出口信贷(包括买方和卖方信贷)、外国政府贷款(如日本政府和科威特基金贷款)、外国银行商业贷款及银团贷款、国内金融机构的外汇贷款、调剂外汇、国际融资租赁、补偿贸易、外商直接投资和发行海外债券等资金来源。

2)人民币资金的主要来源渠道

主要有国家政策性银行(如国家开发银行、中国农业发展银行以及中国进出口银行等的政策性投资)、国有商业银行和其他商业银行贷款(如建设银行、工商银行以及农业银行等国家专业银行)、交通银行、中信实业银行、光大银行、招商银行以及城市合作银行等股份制商业银行、非银行金融机构贷款、国内发行债券、国内融资租赁、地方财政贷款、其他法人以联营形式投入需偿还的资金等资金来源。

3.对资金来源的落实情况评估

(1)考虑资金来源的可靠性。要评估资金来源渠道的可靠程度，可以从不同资金来源对不同性质项目的不同限制条件和优惠政策进行分析，还应依据资金供需单位双方签订的书面协议来保证资金来源的可靠性。

(2)资金渠道的合法性。项目各项资金来源必须符合国家有关政策规定，以免造成投资的风险，而且还应按国家有关政策合理使用，提高投资效益。

(3)筹资数量的保证性。每个项目投资可以有多种资金来源，应逐项落实筹资金额的数量，以保证项目总投资额不留缺口，保证全部落实总资金的需求量，有利于顺利地按规定期限完成建设项目和减少投资成本。

(4)外资附加条件的可接受性。主要是对利用外资项目，应特别注意在筹集外资过程中，外方提出的附加条件是否有损于我国主权的原则问题，必须坚持原则正确抉择。

5.3.2 资金筹措方案的综合分析评估

资金筹措是指根据对项目投资估算的结果，研究落实资金来源渠道和资金筹措方式，从中选择获取最方便、使用安排最合理、条件最优惠以及资金成本最低廉的筹资方案。对筹资方案的优选应进行以下几方面分析评估。

1. 筹资结构的分析评估

在分析各筹资方案的组合结构中,重要的是考虑自有资金与借款资金的比例。自有资金(或股本)与借款资金是两种性质不同的资金,自有资金经过经营而分取利润,借款资金用以经营后要按期还本付息。通常情况下,当投资项目的收益率高于借款利率时,企业通过适度举债,可以提高企业的自有资金利润率,但借款太多,也必然承担更大的利息负担,一旦企业经营不利,其利息负担将难以承受。因此,为了降低投资风险,减轻企业的负债,必须按照我国投资项目资本金制度要求合理安排自有资金与借款资金的比例。在筹资结构的分析评价中,应检查两种资金的比例是否满足银行和国家的规定。在项目负债经营时,必须保证投资收益率要高于资金成本;负债多少要与企业资金结构及偿债能力相适应。

2. 筹资数量及投放时间的分析评估

在筹资方案评估中,对投资需要量的测算,应从市场价格变化、筹资费用以及建设期借款利息等方面进一步分析核查,评价筹措的资金数量能否保证建设方案的顺利进行。同时,要注意年度资金的投入量,以便合理安排资金投入和回收,减少资金占用,加快资金周转。

3. 利率和汇率风险分析评估

特别是项目的国外借款筹资方案,应重点对国外借款利率与汇率的变化可能引起项目投资效益下降的风险进行分析。充分估计利率与汇率的变化趋势,选择理想的筹资方案,避免重大的风险和损失。

4. 筹资成本分析评估

企业筹资不能无偿使用,需付出一定代价。资金成本就是企业使用资金所需支付的费用,包括资金占用费用和资金的筹集费用。资金占用费用包括股息、利息以及资金占用税等;资金筹集费用是指资金筹措过程中所发生的费用,包括注册费、代办费、手续费以及承诺费等。资金成本一般用资金成本率来表示,它是企业使用资金所负担的成本费用与筹集资金的净额之比率,其表达式为:

$$资金成本率 = \frac{资金占用费用}{筹集资金总额 - 资金筹集费用} \times 100\% \tag{5-28}$$

资金成本是选择资金来源,拟定筹资方案的依据。不同的筹资方式,其资金成本各不相同,分析比较各种资金来源的成本,合理调整资本结构,就可达到以最低的综合资金成本筹集到项目所需资金的目的。

1)借贷资金成本

借贷资金一般采取银行借款、公司债券等形式,但无论哪种形式都要按照契约利率(即借据或债券上所注明的利率)向资金借出者支付报酬,故借贷资金的成本主要来自利息的支出。所以借贷资金的成本率,即公司为借贷资金支付的实际利率为

$$K_a = i(1 - T) \tag{5-29}$$

式中:K_a——借贷资金成本率;

i——契约利率;

T——所得税率。

2) 股票筹资的成本

当企业通过发行股票筹资时,股东将以购买股票方式投资,并以股利形式获得报酬,所以股利是计算股票筹资成本的基础。股票的种类虽多,但主要可分为优先股与普通股两种。

(1) 优先股票的成本率计算公式

$$K_e = \frac{D_e}{V_e(1-f)} \qquad (5-30)$$

式中: K_e——优先股成本率;
D_e——优先股股利;
V_e——每股发行价格(股票帐面价值);
f——发行优先股的手续费率(按股票发行价的百分比计),即为筹资费率;
$V_e(1-f)$——公司实收优先股股金额。

(2) 普通股票的成本率计算公式

$$K_c = \frac{D_c}{V_c(1-f)} + G \qquad (5-31)$$

式中: K_c——普通股成本率;
D_c——普通股股利;
V_c——普通股每股发行价格(股票面值);
f——发行普通股手续费率(按股票发行价的百分比计),即筹资费率;
$V_c(1-f)$——公司实收普通股股金额;
G——普通股股利预计每年增长率。

3) 保留利润的成本计算

保留利润是指企业从税后利润总额中扣除股利之后的剩余部分。它是企业经营的直接成果,属于企业主或股东所有。使用保留利润的资金成本的计算,要根据机会成本原则。保留利润的机会成本率可按下式计算:

$$K_r = R(1-T)(1-B) \qquad (5-32)$$

式中: K_r——保留利润的资金成本率;
R——股东使用保留利润向外投资预计可获取的利润率;
B——经济人手续费率;
T——投资者应交纳的所得税率。

4) 综合资金成本的计算

综合资金成本率,即筹资方案中各种资金筹措方式的单项资金成本率的加权平均值。其计算公式为

$$K_w = \sum_{i=1}^{h} P_i K_i \qquad (5-33)$$

式中: K_w——综合资金成本率;
P_i——第 i 种来源资金占全部资金比重;
K_i——第 i 种来源资金的成本率;
h——筹资方式的种类。

总之,对筹资方案的分析评估,主要是对项目可行性研究报告的筹资方案的安全性、经济性和可靠性的进一步分析论证。安全性是指筹资风险对筹资目标的影响程度;经济性是指筹资成本最低;可靠性是指筹资渠道有无保证,是否符合国家政策规定。最后对资金筹措方案进行综合分析,提出最优投资方案建议。通过分析评估,选择获取最方便、使用安排最佳和资金成本最低的筹资方案。

5.3.3 资金使用规划评估

1. 编制资金使用规划的主要依据

资金筹措方案确定后,应根据项目实施进度规划要求编制资金使用规划,以便在完成项目实施规划任务的基础上,更合理有效地利用资金。因此,在资金使用规划的编制过程中,必须把资金的使用计划安排和筹资方案紧密结合起来,使其相互衔接,保证资金的使用能够满足项目实施进度规划要求。在编制资金使用规划时,应注意以下几点:

(1)各项投资支出应根据"生产技术方案"、"项目设计方案"及其他有关数据资料,经过分析、审查和调整后,结合实施进度规划确定分年支出额。

(2)投资需要外汇支付各种款项时,则各年的投资支用应分别以"外汇"与"人民币"计算,便于确定不同货币的资金来源和计算外汇投资效益。

(3)测算进口设备投资支出,应注意"合同价"的内涵,例如按我国港口的"到岸价",则合同价内已包括了海上运输及保险费;又如按供应国的"离岸价",则在设备投资中尚需列入海运和保险的外汇费用,并且进口设备的关税和增值税也应列入计算。

(4)流动资金支出,应根据投产后的年产量计算,并随产量的增加,分年度安排流动资金增加额,以尽量减少资金的占用和流动资金的贷款利息支出。

2. 资金使用规划方案的分析评估

对项目资金使用规划方案的分析和评估,应重点考虑以下几个方面:

(1)项目实施进度规划是否能与筹资规划相吻合,有无调整和修改的建议,资金使用规划是否与项目实施进度规划相衔接。

(2)各项资金来源的使用是否合理,是否符合国家有关政策规定,对各类借款尤其是外币借款,项目有无偿还能力。

(3)资金使用规划的安排是否科学合理,是否能保证项目顺利实施和资金最佳利用的目的。

例 5-5 某家电科技产业公司拟投资 9 500 万元,新建微型磁记录设备和磁疗器项目。经主管部门批准,企业采用股份制形式,除发行企业债券集资外,还向社会公开发行人民币个人股。项目长期投资资金构成情况:向银行申请固定资产贷款 2 500 万元,年贷款利率为 10.8%,并采取担保方式,担保费总额 100 万元,担保期限为 4 年;发行一次还本付息单利企业债券 1 900 万元,委托某证券公司代理发行,发行费用总额 40 万元,5 年期,年利率 15.5%;向社会发行个人普通股 300 万股,每股发行价格 12 元,每股股利为 0.90 元,每年预期增长 5%;接受某海外慈善机构捐赠现金 100 万美元,折合成人民币总额 500 万元,企业保留盈余资金 1 000 万元。企业建成投产后的所得税率为 25%。问该项目的综合资金成本是多少?

解: 第一步:根据上述筹资方案提供的资料,各来源渠道的资金成本如下:

$$K_{贷}=(10.8\%+\frac{100}{4\times 2\,500}\times 100\%)\times(1-25\%)=8.85\%$$

$$K_{债}=(15.5\%+\frac{40}{5\times 1\,900}\times 100\%)\times(1-25\%)=11.94\%$$

$$K_{股}=\frac{0.90}{12}\times 100\%+5\%=12.50\%$$

接受捐赠现金的成本,采用债务资金成本法确定,按项目债券资金成本计算,得

$$K_{捐}=11.94\%$$

企业保留盈余成本采用普通股成本法计算,得

$$K_{盈}=12.50\%$$

第二步:通过分析计算,各项资金占长期投资总额的比重分别为

$$f_{贷}:\frac{2\,500}{9\,500}\times 100\%=26.3\%$$

$$f_{债}:\frac{1\,900}{9\,500}\times 100\%=20\%$$

$$f_{股}:\frac{300\times 12}{9\,500}\times 100\%=37.9\%$$

同理,可得

$$f_{股}=5.3\%$$
$$f_{盈}=10.5\%$$

第三步:项目加权平均综合资金成本为

$$K=\sum_{i=1}^{n}R_i\cdot f_i$$
$$=8.85\%\times 26.3\%+11.94\%\times 20\%+12.5\%\times 37.9\%+11.94\%\times 5.3\%+12.5\%\times 10.5\%$$
$$=11.4\%$$

即是该项目的加权平均资金成本为11.4%。

例5-6 某企业计划年初的资金结构如表5-2所示。普通股票每股面值为200元,股息为20元,预计以后每年股息增加5%。该企业所得税假定为33%,并且发行各种证券均无筹资费。

某企业资金结构 表5-2

各种资金来源	金额(万元)	各种资金来源	金额(万元)
B长期债券,年利率9%	600	C普通股,400 000股,年增长率5%	800
P优先股,年股息率7%	200	合计	1 600

现在,该企业拟增资400万元,有两个备选方案:

甲方案:发行长期债券400万元,年利率为10%。同时,普通股股息增加到25万,以后每年还可增加6%;

乙方案:发行长期债券200万元,年利率10%,另发行普通股200万元,普通股股息增加到25万,以后每年增加5%。

试比较甲、乙方案的综合资金成本率,选择最佳筹资方案。

解:1)甲方案

各种资金来源的比重和资金成本率计算如下:

原有长期债券:

$$f_{B_1}=\frac{600}{2\,000}=30\%\quad K_{B_1}=\frac{9\%\times(1-33\%)}{1-0}=6.03\%$$

新增长期债券:

$$f_{B_2}=\frac{400}{2\,000}=20\%\quad K_{B_2}=\frac{10\%(1-33\%)}{1-0}=6.7\%$$

优先股:

$$f_{P}=\frac{200}{2\,000}=10\%\quad K_{P}=\frac{7\%}{1-0}=7\%$$

普通股:

$$f_{C}=\frac{800}{2\,000}=40\%\quad K_{C}=\frac{25}{200}+6\%=18.5\%$$

综合资金成本率:$K_{甲}=30\%\times6.03\%+20\%\times6.7\%+10\%\times7\%+40\%\times18.5\%$
$=11.25\%$

2)乙方案

各种资金来源的比重和资金成本率计算如下:

原有长期债券:

$$f_{B_1}=\frac{600}{2\,000}=30\%\quad K_{B_1}=\frac{9\%\times(1-33\%)}{1-0}=6.03\%$$

新增长期债券:

$$f_{B_2}=\frac{200}{2\,000}=10\%\quad K_{B_2}=\frac{10\%(1-33\%)}{1-0}=6.7\%$$

优先股:

$$f_{P}=\frac{200}{2\,000}=10\%\quad K_{P}=\frac{7\%}{1-0}=7\%$$

普通股:

$$f_{C}=\frac{1\,000}{2\,000}=50\%\quad K_{C}=\frac{25}{200}+5\%=17.5\%$$

综合资金成本率:

$K_{甲}=30\%\times6.03\%+10\%\times6.7\%+10\%\times7\%+50\%\times17.5\%=11.93\%$

以上计算可以看出,$K_{乙}>K_{甲}$,所以应选择甲方案进行筹资。

本 章 要 点

本章主要讲了项目总投资的概念、投资估算的要求、依据及作用、建设投资估算、流动资金估算以及公路工程投资估算。

项目总投资是指投资项目从前期准备工作开始到项目全部建成投产为止所发生的全部投资费用,包括建设投资和流动资金投资。它应该反映投资项目从项目设想到建设期末的全部实际投资总额。

建设投资是指建设单位在项目建设期与筹建期间所花费的全部费用,包括固定资产投资、无形资产投资、开办费、预备费和固定资产投资方向调节税。

流动资金投资是指项目建成投产后,为保证项目正常生产经营的需要垫支于劳动对象和工资等方面的资金。

建设投资的估算包括静态投资估算(方法有资金周转率法、生产能力指数法、比例估算法、系数估算法和指标估算法)、涨价预备费的估算、建设期的贷款利息的估算及固定资产投资方向调节税。

流动资金的估算方法一般采用两种,即扩大指标估算法(包括产值或销售收入资金率估算法、经营成本或总成本资金率估算法、固定资产投资资金率估算法、单位产量资金率估算法)和分项详细估算法(包括现金的估算、应收预付账款的估算、存货的估算、应付预付账款的估算)。

融资成本的概念、融资方案评价指标及评价方法问题。

本章思考题

1. 简述项目总投资的构成。
2. 投资估算的依据、要求及作用分别是什么?
3. 简述建设投资和流动资金的构成。
4. 如何进行建设投资估算?
5. 如何进行流动资金估算?
6. 试述项目建议书投资估算的编制。
7. 试述可行性研究报告投资估算的编制。

第6章 工程项目经济评价

✎ **学习目标**

1. 了解工程项目财务评价基本报表的构成
2. 掌握工程项目盈利能力分析的基本指标和报表
3. 掌握工程项目偿债能力分析的基本指标和报表
4. 了解公路工程项目财务评价和非盈利项目财务评价
5. 了解公路工程项目国民经济评价,理解影子价格的概念
6. 掌握敏感性分析的概念和步骤,了解敏感性分析的应用

✎ **学习准备**

学习本章之前要先了解项目财务评价的基本概念,掌握公路工程项目和非盈利性项目的概念,以及公路工程项目国民经济评价的过程。

6.1 财务评价

6.1.1 项目盈利能力分析

1. 基本报表的编制

财务评价的基本报表有现金流量表、损益表、资金来源与运用表以及资产负债表及外汇平衡表。

1)现金流量表的编制

(1)现金流量及现金流量表的概念

在商品货币经济中,任何建设项目的效益和费用都可以抽象为现金流量系统。从项目财务评价角度看,在某一时点上流出项目的资金称为现金流出,记为 CO。流入项目的资金称为现金流入,记为 CI。现金流入与现金流出统称为现金流量,现金流入为正现金流量,现金流出为负现金流量。同一时点上的现金流入量与现金流出量的代数和($CI-CO$)称为净现金流量,记为 NCF。

建设项目的现金流量系统将项目计算期内各年的现金流入与现金流出按照各自发生的时点顺序排列,表达为具有确定时间概念的现金流量。现金流量表即是对建设项目现金流量系统的表格式反映,用以计算各项静态和动态评价指标,进行项目财务盈利能力分析。按投资计算基础的不同,现金流量表分为全部投资的现金流量表和自有资金现金流量表。

(2)全部投资现金流量表的编制

全部投资现金流量表是站在项目全部投资的角度,或者说不分投资资金来源,是在设定项

目全部投资均为自有资金条件下的项目现金流量系统的表格式反映。报表格式如表6-1所示。表中计算期的年序为 $1,2,\cdots,n$，建设开始年作为计算期的第一年，年序为1。当项目建设期以前所发生的费用占总费用的比例不大时，为简化计算这部分费用可列入年序1。若需单独列出，可在年序1以前另加一栏"建设起点"，年序为0，将建设期以前发生的现金流出填入该栏。

财务现金流量表（全部投资）（单位：万元） 表6-1

序号	项 目	合计	建设期		投产期		达到设计能力生产期			
			1	2	3	4	5	6	…	n
	生产负荷(%)									
1	现金流入									
1.1	产品销售收入									
1.2	回收固定资产余值									
1.3	回收流动资金									
1.4	其他收入									
2	现金流出									
2.1	固定资产投资(含投资方向调节税)									
2.2	流动资金									
2.3	经营成本									
2.4	销售税金及附加									
2.5	所得税									
3	净现金流量									
4	累计净现金流量									
5	所得税前净现金流量									
6	所得税前累计净现金流量									

计算指标：　　　所得税前　　　　　　　　　　　　　所得税后
　　　　　财务内部收益率($FIRR$)＝　　　　　　　财务内部收益率($FIRR$)＝
　　　　　财务净现值($FNPV$)i_c＝　　%　　　　财务净现值($FNPV$)i_c＝　　%
　　　　　投资回收期(P_t)＝　　　　　　　　　投资回收期(P_t)＝

①现金流入为产品销售（营业）收入、回收固定资产余值、回收流动资金三项之和。其中，产品销售（营业）收入是项目建成投产后对外销售产品或提供劳务所取得的收入，是项目生产经营成果的货币表现。计算销售收入时，假设生产出来的产品全部售出，销售量等于生产量，即

$$销售收入＝销售量×销售单价＝生产量×销售单价 \qquad (6-1)$$

固定资产余值和流动资金均在计算期最后一年回收。固定资产余值回收额为固定资产折旧费估算表中固定资产期末净值合计，流动资金回收额为项目全部流动资金。

②现金流出包含有项目投资、成本及税金。经营成本是指总成本费用扣除固定资产折旧费、维修费、无形资产及递延资产摊销费和利息支出以后的余额。其计算公式为

$$经营成本＝总成本费用－折旧费－维修费－摊销费－利息支出 \qquad (6-2)$$

③项目计算期各年的净现金流量为各年现金流入量减对应年份的现金流出量，各年累计净现金流量为本年及以前各年净现金流量之和。

④所得税前净现金流量为上述净现金流量加所得税和特种基金两项,即在现金流出中不计入所得税和特种基金时的净现金流量,由此可以计算所得税前累计净现金流量。

(3)自有资金现金流量表的编制

自有资金现金流量表是站在项目投资主体角度考察项目的现金流入流出情况,其报表格式如表 6-2 所示。从项目投资主体的角度看,建设项目投资借款是现金流入,但又同时将借款用于项目投资时,则构成同一时点、相同数额的现金流出,二者相抵对净现金流量的计算无影响,因此表中投资只计自有资金。另外,现金流入又是因项目全部投资所获得,故应将借款本金的偿还及利息支付计入现金流出。

财务现金流量表(资本金) 表 6-2

序号	项目	合计	建设期		投产期		达到设计能力生产期			
			1	2	3	4	5	6	…	n
	生产负荷(%)									
1	现金流入									
1.1	产品销售收入									
1.2	回收固定资产余值									
1.3	回收流动资金									
1.4	其他收入									
2	现金流出									
2.1	自有资金									
2.2	借款本金偿还									
2.3	借款利息支出									
2.4	经营成本									
2.5	销售税金及附加									
2.6	所得税									
3	净现金流量									

计算指标: 财务内部收益率($FIRR$)=   财务净现值($FNPV$)=i_c= %

①现金流入各项和数据来源与全部投资现金流量表相同。

②现金流出项目自有资金数额取自投资计划与资金筹措表中资金筹措项下的自有资金分项。借款本金偿还由两部分组成:一部分为借款还本付息计算表中本年还本额,另一部分为流动资金借款本金偿还,一般发生在计算期最后一年。借款利息支付数额来自总成本费用估算表中的利息支出项。现金流出中其他各项与全部投资现金流量表中相同。

③项目计算期各年的净现金流量为各年现金流入量减对应年份的现金流出量。

2)总投资使用计划与资金筹措表的编制

总投资使用计划与资金筹措表是根据项目资金来源计划表反映的各项资金来源和条件,按照项目投资的使用要求所进行的规划与安排。该表是投资估算和融资方案两部分的衔接点。表格格式如表 6-3 所示。

项目的总投资使用计划与资金筹措表编制时应注意以下几个问题。

(1) 各年度的资金平衡

项目实施的各年度中,资金来源必须满足投资使用的要求,即编制的总投资使用计划与资金筹措表应做到资金的需求与筹措在时序、数量两方面都能平衡。资金来源的数量规模最好略大于投资使用的要求。

(2) 建设期利息

建设期利息首先应按与建设投资用款计划相匹配的筹资方案计算。根据债务融资条件的不同,建设期利息的计算分为三种情况:一是在建设期内只记不付(统一在还款期内偿付),将建设期利息复利计算后计入债务融资总额中,建设期利息被视为新的负债;二是在建设期内采用项目资本金按约定偿付(如按年、按季度付息),债务融资总额不包括建设期利息;三是使用债务资金偿还同种债务资金的建设期利息,增加债务融资的资本金总额。

例 6-1 某生物制药项目的总投资使用计划与资金筹措表如表 6-3 所示。

项目总投资使用计划与资金筹措表　　　　　　　表 6-3

序号	项目	合计	计算期				
			第1年	第2年	第3年	第4年	第5年
1	项目总投资	15 210.2	3 977.7	5 193.6	2 630.2	1 460.9	1 947.8
1.1	建设投资	8 871.0	3 907.4	4 963.6			
1.2	建设期利息	300.0	70.3	230.0			
1.3	流动资金	6 038.9			2 630.2	1 460.9	1 947.8
2	资金筹措	15 210.2	3 977.7	5 193.6	2 630.2	1 460.9	1 947.8
2.1	项目资本金	5 660.4	1 633.3	2 215.4	789.1	438.2	584.4
2.1.1	用于建设期投资	3 548.4	1 563.0	1 985.4			
2.1.2	用于支付建设期利息	300.3	70.3	230.0			
2.1.3	用于流动资金	1 811.7			789.1	438.2	584.4
2.2	银行借款	9 549.8	2 344.4	2 978.2	1 841.1	1 022.7	1 363.4
2.2.1	用于建设投资	5 322.6	2 344.4	2 978.2			
2.2.2	用于流动资金	4 227.2			1 841.1	1 022.7	1 363.4

2. 评价指标的计算与分析

1) 现金流量分析基准参数的含义

现金流量分析指标的判别基准称为基准参数,最重要的基准参数是财务基准收益率或最低可接受收益率,它用于判别财务内部收益率是否满足要求,同时也是计算财务净现值的折现率。

采用财务基准收益率或最低可接受收益率作为折现率,用于计算财务净现值,可使财务净现值大于或等于财务基准收益率,或最低可接受收益率,两者对项目财务可行性的判断结果一致。

计算财务净现值的折现率也可取不同于财务内部收益率判别基准的数值。依据不充分或可变因素较多时,可取几个不同数值的折现率,计算多个财务净现值,以给决策者提供全面的信息。须注意,此时通过财务内部收益率对项目财务可行性的判断可能会与通过财务净现值对项目财务可行性进行的判断不同。

2)现金流量分析基准参数的选取

(1)基准参数的确定要与指标的内涵相对应。所谓基准参数,即是设定的投资截止率(国外有称"Cut Off Rate"),收益低于这个水平不予投资。这也就是最低可接受收益率的概念。

说到最低可接受收益率,就应该明确是对谁而言。不同的人或者从不同角度去考虑,对投资收益会有不同的最低期望值。因此,在谈到最低可接受收益率时应有针对性。也就是说,项目财务分析中不应该总是用同一个最低可接受收益率作为各种财务内部收益率的判别基准。

(2)基准参数的确定要与所采用价格体系相协调。说到基准参数的确定要与所采用价格体系相协调,是指采用的投入和产出价格是否包含通货膨胀因素,应与指标计算时对通货膨胀因素的处理相一致。如果计算期内考虑通货膨胀,并采用时价计算财务内部收益率,则确定判别基准时也应考虑通货膨胀因素,反之亦然。含否通货膨胀因素的财务内部收益率及其基准参数之间近似为:

$$i'_c \cong i_c + f \tag{6-3}$$

$$IRR' \cong IRR + f \tag{6-4}$$

式中:i_c——不含通货膨胀因素的财务内部收益率判别基准;

i'_c——含通货膨胀因素的年将诶不收益率判别基准;

IRR——不含通货膨胀因素的财务内部收益率;

IRR'——含通货膨胀因素的财务内部收益率;

f——通货膨胀率。

(3)基准参数的确定要考虑资金成本。投资获益要大于资金成本,否则该项投资就没有价值,因此通常把资金成本作为基准参数的确定基础,或称第一参考值。

(4)基准参数的确定要考虑资金机会成本。投资获益要大于资金机会成本,否则该项投资就没有比较价值,因此通常也把资金机会成本作为基准参数的确定基础。

(5)项目投资财务内部收益率的基准参数。项目投资财务内部收益率的基准参数可采用国家、行业或专业(总)公司统一发布之行的财务基准收益率,或由评价者自行设定。一般可在加权平均资金成本(WACC)基础上再加上调控意愿等因素来确定财务基准收益率。选择项目投资财务内部收益率的基准参数时要注意所得税前和所得税后指标的不同。

(6)项目资本金财务内部收益率的判别基准。项目资本金财务内部收益率的基准参数应为项目资本金所有者整体的最低可接受收益率。其数值大小主要取决于资金成本、资本收益水平、风险以及项目资本金所有者对权益资金收益的要求,还与投资者对风险的态度有关。通常可采用相关公式计算,也可参照同类项目(企业)的净资产收益率确定。

(7)投资各方财务内部收益率的判别基准。投资各方财务内部收益率的基准参数为投资各方对投资收益水平的最低期望值,也可称为最低可接受收益率。它只能由各投资者自行确定。因为不同的投资者的决策理念、资本实力和风险承受能力有很大的差异。出于某些原因,投资者可能会对不同项目有不同的收益水平要求。

3)静态分析的指标

(1)项目投资回收期(P_t)

项目投资回收期是指以项目的净收益回收项目投资所需要的时间,一般以年为单位,并从

项目建设开始时算起,若从项目投产开始时算起应予以特别注明。其表达式为

$$\sum_{t=1}^{P_t}(CI-CO)_t = 0 \qquad (6\text{-}5)$$

项目投资回收期可借助项目投资现金流量表,依据未经折现的净现金流量和累计净现金流量计算,项目现金流量表中累计净现金流量由负值变为零时的时点,即为项目投资回收期。其计算公式为:

$$P_t = 累计净现金流量开始出现正值的年份数 - 1 + \frac{上一年累计净现金流量的绝对值}{当年累计净现金流量}$$

(6-6)

投资回收期短,表明投资回收快,抗风险能力强。对于某些风险较大的项目,特别需要计算投资回收期指标。

当回收期小于或等于设定的基准投资回收期时,表明投资回收速度符合要求。基准投资回收期的取值可根据行业水平或投资者的要求确定。

投资回收期法(静态)不考虑资金的时间价值,不考虑现金流量在各年的时间排列顺序,同时忽略了投资回收以后的现金流量,因此利用投资回收期进行投资决策有可能导致决策失误。净现值法由于考虑了项目整个计算期的现金流量,并且考虑了资金的时间价值等因素,因此是一个相对可靠的评价方法。

(2)总投资收益率

总投资收益率表示总投资的盈利水平,是指项目达到设计能力后正常年份的年息税前利润($EBIT$)或运营期内年平均息税前利润与项目总投资的比率。其计算式为:

$$总投资收益率 = \frac{年息税前利润}{项目总投资} \times 100\% \qquad (6\text{-}7)$$

其中

$$息税前利润 = 利润总额 + 支付的全部利息 \qquad (6\text{-}8)$$

或

$$息税前利润 = 营业收入 - 营业税金及附加 - 经营成本 - 折旧和摊销 \qquad (6\text{-}9)$$

总投资收益率高于同行业的收益率参考值,表明用总投资收益率表示的盈利能力满足要求。

(3)项目资本金净利润率

项目资本金净利润率表示项目资本金的盈利水平,是指项目达到设计能力后正常年份的年净利润或运营期内年平均净利润与项目资本金的比率。其计算式为:

$$项目资本金净利润率 = \frac{年净利润率}{项目资本金} \times 100\% \qquad (6\text{-}10)$$

项目资本金净利润率高于同行业的净利润率参考值,表明项目资本金净利润率表示的盈利能力满足要求。

6.1.2 偿债能力分析

偿债能力分析是通过编制相关报表,计算利息备付率、偿债备付率等比率指标,考察项目借款的偿还能力。财务生存能力分析是通过编制财务计划现金流量表,结合偿债能力分析,考

察项目(企业)资金平衡和余缺等财务状况,判断其财务可持续性。项目(企业)的利润表以及资产负债表在偿债能力分析和财务生存能力分析中也起着相当重要的作用。

1. 基本报表的编制

1)借款还本付息计划表

应根据与债权人商定的或预计可能的债务资金偿还条件和方式计算并编制借款还本付息计划表。

例 6-2 某项目建设期 1 年,建设投资解款 400 万元,年利率 6%,假定借款在年中支用,建设期利息估算为 12 万元,有产后与本金一并在 5 年内等额偿还,编制的借款还本付息计划表如表 6-4 所示。

借款还本付息计划表　　　　　　表 6-4

年份 项目	2	3	4	5	6
年初借款余额	412.0	338.9	261.4	179.3	92.3
当年还本付息	97.8	97.8	97.8	97.8	97.8
还本	73.1	77.5	82.1	87.0	92.3
付息	24.7	20.3	15.7	10.8	5.5
年末借款余额	338.9	261.4	179.3	92.3	0

2)财务计划现金流量表

财务计划现金流量表是国际上通用的财务报表,用于反映计算期内各年的投资活动、融资活动和经营活动所产生的现金流入、现金流出和净现金流量,考查资金平衡和余缺情况,是表示财务状况的重要财务报表。财务计划现金流量表的格式如表 6-5 所示,表中绝大部分数据可来自其他表格。

财务计划现金流量表　　　　　　表 6-5

序　号	项　目	计　算　期					
		1	2	3	4	…	n
1	经营活动净现金流量						
1.1	现金流入						
1.1.1	营业收入						
1.1.2	增值税销项税额						
1.1.3	补贴收入						
1.1.4	其他流入						
1.2	现金流出						
1.2.1	经营成本						
1.2.2	增值税进项税额						
1.2.3	营业税金及附加						
1.2.4	增值额						
1.2.5	所得税						

续上表

序 号	项 目	计算期					
		1	2	3	4	...	n
1.2.6	其他流入						
2	投资活动净现金流量						
2.1	现金流入						
2.2	现金流出						
2.2.1	建设投资						
2.2.2	维持运营投资						
2.2.3	流动资金						
2.2.4	其他流出						
3	筹资活动净现金流动						
3.1	现金流入						
3.1.1	项目资本金投入						
3.1.2	建设投资借款						
3.1.3	流动资金借款						
3.1.4	债券						
3.1.5	短期借款						
3.1.6	其他流入						
3.2	现金流出						
3.2.1	各种利息支出						
3.2.2	偿还债务本金						
3.2.3	应付利润（股利分配）						
3.2.4	其他流出						
4	净现金流量（1+2+3）						
5	累计盈余资金						

3）资产负债表

资产负债表通常按企业范围编制，企业资产负债表是国际上通用的财务报表，表中数据可由其他报表直接引入或经适当计算后列入，以反映企业某一特定日期的财务状况。编制过程中应实现资产与负债和所有者权以来年国防的自然平衡。与实际企业相比，财务分析中资产负债表的科目可以适当简化，反映的是各年年末的财务状况，必要时也可以按"有项目"的范围编制。格式如表6-6所示。

资产负债表 表6-6

序 号	项 目	计算期					
		1	2	3	4	...	n
1	资产						
1.1	流动资产总额						

续上表

序 号	项 目	计算期					
		1	2	3	4	…	n
1.1.1	货币资金						
1.1.2	应收账款						
1.1.3	预付账款						
1.1.4	存货						
1.1.5	其他						
1.2	在建工程						
1.3	固定资产净值						
1.4	无形及其他资产净值						
2	负债及所有者权益(2.4+2.5)						
2.1	流动负债总额						
2.1.1	短期借款						
2.1.2	应付账款						
2.1.3	预售账款						
2.1.4	其他						
2.2	建设资金借款						
2.3	流动资金借款						
2.4	负债小计(2.1+2.2+2.3)						
2.5	所有者权益						
2.5.1	实收资本						
2.5.2	资本公积						
2.5.3	累计盈余公积金						
2.5.4	累计未分配利润						

根据企业资产负债表的数据可以计算资产负债表、流动比率、速动比率等比率指标,用以考察企业的财务状况。

2.偿债能力分析

根据借款还本付息计划表数据与利润表以及总成本费用表的有关数据可以计算利息备付率、偿债备付率指标,指标的含义和计算要点如下。

1)利息备付率

利息备付率是指在借款偿还期内的息税前利润与当年应付利息的比值,它从付息资金来源的充裕性角度反映支付债务利息的能力。利息备付率的含义和计算公式均与财政部门对企业绩效评价的"已获利息倍数"指标相同。息税前利润等于利润总额和当年应付利息之和,当年应付利息是指计入总成本费用的全部利息。利息备付率计算公式如下:

$$\text{利息备付率} = \frac{\text{息税前利润}}{\text{应付利息额}} \tag{6-11}$$

利息备付率应分年计算,分别计算在债务偿还期内各年的利息备付率。若偿还前期的利息备付率数值偏低,为付息所用,也可以补充计算债务偿还期内的年平均利息备付率。

利息备付率表示利息支付的保证倍率,对于正常经营的企业,利息备付率至少应当大于1,一般不宜低于2,并结合债权人的要求确定。利息备付率高,说明利息支付的保证度大,偿债风险小;利息备付率低于1,表示没有足够的资金支付利息,偿债风险很大。

2) 偿债备付率

偿债备付率是从偿债资金来源的充裕性角度反映偿付债务本息的能力,是指在债务偿还期内,可用于计算还本付息的资金与当年应还本付息额的比值,可用于计算还本付息的资金是指息税折旧摊销前利润($EBITDA$,息税前利润加上折旧和摊销)扣取所得税后的余额;当年应还本付息金额包括还本金额及计入总成本费用的全部利息。国内外也有其他略有不同的计算偿债备付率的公式。

$$偿债备付率 = \frac{息税折旧摊销前利润 - 所得税}{应还本付息额} \quad (6\text{-}12)$$

如果运营期间指出了维护运营的投资费用,应从分子中扣减。

偿债备付率应分年计算,分别计算在债务偿还期内各年的偿债备付率。若偿还前期的偿债备付率数值偏低,为分析所用,也可以补充计算债务偿还期内的年平均偿债备付率。

偿债备付率表示偿付债务本息的保证倍率,至少应大于1,一般不宜低于1.3,并结合债权人的要求确定。偿债备付率低,说明偿付债务本息的资金不充足,偿债风险大。当这一指标小于1时,表示可用于计算还本付息的资金不足以偿付当年债务。

例 6-3 某项目与备付率指标有关的数据如表 6-7 所示,试计算利息备付率和偿债备付率。

某项目与备付率指标有关的数据(单位:万元) 表 6-7

项目\年份	2	3	4	5	6
应还本付息额	97.8	97.8	97.8	97.8	97.8
应付利息额	24.7	20.3	15.7	10.8	5.5
息税前利润	43.0	219.9	219.9	219.9	219.9
折旧	172.4	172.4	172.4	172.4	172.4
所得税	6.0	65.9	67.4	69.0	70.8

解:根据表 6-7 的数据计算的备付率指标如表 6-8 所示。

某项目利息备付率与偿债备付率指标 表 6-8

项目\年份	2	3	4	5	6
应还本付息额	1.74	10.83	14.00	20.36	39.98
应付利息额	2.14	3.34	3.32	3.31	3.29

计算结果分析:由于投产后第 1 年负荷低,同时利息负担大,所以利息备付率较低,但这种状况从投产后第 2 年起就得到了彻底的转变。

6.1.3 公路工程项目财务评价

1. 公路工程项目财务效益的测算

公路工程项目的财务收入主要是对公路投入运营后通过车辆进行收费,因而收入的多少取决于两个因素:交通量与收费标准。用公式表示为

$$\text{收费总收入} = \sum \text{各车型} t \text{年的交通量} \times \text{各车型收费标准} \tag{6-13}$$

1) 交通量

公路项目交通量通常是由正常交通量、转移交通量和诱增交通量三部分组成,并根据项目所在区域经济发展水平确定远景交通量。具体测算办法参见交通量预测部分。

2) 公路收费标准

目前,交通部及国家有关部委对公路收费标准没有统一的规定,这里仅介绍几种已经采用的收费标准的确定形式,以及应该考虑的有关因素。

(1) 影响公路收费标准的主要因素

确定公路收费标准应该考虑的主要因素有:有无此项目条件下的各种车辆的速度和汽车运输成本;公路使用者获得的效益;其他运输方式的收费标准和国外公路的收费标准;经济发展对公路的需求;公路收费对个人收入的负担能力;公路建设费用的投资利率、社会折现率以及对交通量的制约等。

(2) 公路收费标准的确定

① 根据公路使用者受益价值的大小确定收费标准。主要依据有此项目与无此项目之间形成的车辆行驶费用节约额,考虑不同车型或汽车的载重吨位确定收费标准。

② 根据公路建设项目的总投资费用、项目评价期内交通量增长率、项目的投资利率等因素,建立以下计算公式:

$$P = A \frac{(1+t)^{n-1}}{(1+r)(t+r)} \tag{6-14}$$

式中:P——总投资现值;

A——$A = NLK$,其中,N 为交通量,L 为里程,K 为收费标准;

r——投资利率;

t——交通量增长率;

n——评价计算期。

在可行性研究报告中,P、N、L、t、r、n 均为已知,从而通过此式即可计算公路收费标准 K,结果为各车型平均收费标准。

③ 日本道路公团高速公路的收费方法,是按收费的负担度测算的。收费的负担度即人们在一定的收入水平下对公路收费的承受能力。计算方法如下:

$$\text{收费负担度} = \frac{\text{收费水平}}{\text{人均收入}} \tag{6-15}$$

式中:收费水平——小客车的收费标准额;

人均收入——区域内人均国民生产总值或人均国内生产总值;

收费负担度——日本为 0.0087×10^{-3}(1980 年)。

采用第三种公式计算的收费标准为小客车的收费标准,其他车型的收费标准,均以此为基础,利用一定的换算系数求得。

这些收费标准的确定方法各有优点,但都不是尽善尽美,在应用中应结合具体情况,并搜集相关项目收费标准的资料,综合对比测算出科学合理的收费标准。

2. 公路工程项目财务费用的测算

建筑工程、设备购置和安装费用是工程项目固定资产投资中的主要部分。估算这些费用的依据是工程技术规范、工程设计及工程概预算标准等资料。这些资料中的数据一般比较准确,对于正确估算投资费用比较有利。

投产前资本费用主要包括项目可行性研究、设计和施工准备费用,以及建设期的贷款利息。

流动资金是指经营项目所需要的投资,也就是项目投入使用后必须长期占用的流动资产的货币数量。

公路建设项目的投资估算是根据交通部颁布的《公路工程估算指标》要求进行的。财务分析的总投资估算与工程总投资估算的区别在于前者不包括项目建设期间的物价上涨费用。

项目财务评价的总费用包括项目投资建设费用、项目养护大修费用以及收费系统管理费用。

6.2 非盈利性项目财务评价

6.2.1 非盈利性项目的概念

本节所述非盈利性项目是指旨在实现社会目标和环境目标,为社会公众提供产品或服务的非盈利性投资项目,包括社会公益事业项目(如教育项目、医疗卫生保健项目)、环境保护与环境污染治理项目以及某些公用基础设施项目(如市政项目)等。这些项目经济上的显著特点是为社会提供的服务和使用功能不收取费用或只收取少量费用。

随着投融资体制的改革,在上述类型项目中,有的已转化为营利性项目,即有收费机制和营业收入,采用市场化运作,其财务收益能够回收投资和补偿运营维护成本,并有一定盈利能力的项目。这类项目的财务分析可参照本章前几节描述的方法进行。

本节所述方法适用于没有收入或者只有部分收入的项目。

6.2.2 非盈利性项目财务评价的目的

由于建设这类项目的目的是服务于社会,进行财务评价的目的不一定是为了作为投资决策的依据,而是为了考察项目的财务状况,了解是盈利还是亏损,以便采取措施使其能维持运营和发挥功能。另外对很多非盈利性项目的财务评价实质上是在进行方案比选,以使所选择方案能在满足项目目标的前提下花费费用最少。

6.2.3 非盈利性项目财务评价的要求

1. 非盈利性项目财务评价的要求视项目具体情况有所不同

1)对没有营业收入的项目,不需进行盈利能力分析。其财务分析重在考察财务可持续性。

这类项目通常需要政府长期补贴才能维持运营。应同一般项目一样估算费用,包括投资和运营维护成本,在此基础上推算项目运营期各年所需政府补贴数额,并分析可能实现方式。

2)对有营业收入的项目,财务评价应根据收入抵补支出的不同程度区别对待。通常营业收入补偿费用的顺序是:支付运营维护成本、缴纳流转税、偿还借款利息、计提折旧和偿还借款本金。

(1)有营业收入,但不足以补偿运营维护成本的项目,应估算收入和成本费用,通过两者差额来估算运营期各年所需要政府给予补贴的数额,进行财务生存能力评价,并评价政府长期提供财政补贴的可行性。对有债务资金的项目,还应结合借款偿还要求进行财务生存能力评价。

(2)有些项目在短期内收入不足以补偿全部运营维护成本,但随着时间的推移,通过价格(收费)水平的逐步提高,不仅可以补偿运营维护成本、缴纳流转税、偿还借款利息、计提折旧以及偿还借款本金,还可产生盈余。因此对这类只需要政府在短期内给予补贴,以维持运营的项目,只需要进行偿债能力评价(如有借款时)和财务生存能力评价,推算运营前期各年所需的财政补贴数额,评价政府在有限时间内提供财政补贴的可行性。

(3)营业收入在补偿项目运营维护成本、缴纳流转税、偿还借款利息、计提折旧、偿还借款本金后还有盈余,表明项目在财务上有盈利能力和生存能力,其财务分析内容可与一般项目基本相同。

由于非盈利性项目类别繁多,情况各异,实践中可根据项目类别和具体情况进行选择,注意符合行业特点和要求。

2. 对收费项目应合理地确定提供服务的收费价格

服务收费价格是指向服务对象提供单位服务收取的服务费用,需评价其合理性。评价方法一般是将预测的服务收费价格与消费者承受能力和支付意愿以及政府发布的指导价格进行对比,也可与类似项目对比。

有时需要在维持项目正常运营的前提下,采取倒推服务收费价格的方式,同时评价消费者支付能力。

3. 效益难以货币化的非盈利项目

对效益难以货币化的非盈利性项目,可采用效果费用比或费用效果比来进行方案比选。具体方法略述,与经济评价的主要不同在于评价目标较为单一,采用的是财务数据。

1)比选要求

(1)遵循基本的方案比选原则和方法。

(2)费用应包含从项目投资开始到项目终结的整个期间内所发生的全部费用,可按费用先值或费用年值计算。

(3)效果的计量单位应能切实度量项目目标实现的程度,且便于计算。在效果相同的条件下,应选取费用最小的备选方案。

(4)在费用相同的条件下,应选取效果最大的备选方案。

(5)备选方案效果和费用均不相同时,应比较两个备选方案之间的费用差额和效果差额,计算增量的效果费用比或费用效果比,分析活的增量效果所付出的增量费用是否值得。

2)实践工作中常用的比选指标

在现实的实践工作中,往往是采用单位功能(效果)费用指标,或者单位费用效果指标,包括投资指标和成本指标,习惯上常采用前者。

(1)单位功能建设投资,是指提供一个单位的使用功能或提供单位服务所需要的建设投资,例如医院每张病床的投资,学校每个就学学生的投资等。

$$单位功能建设投资＝建设投资/设计服务能力或设施规模 \quad (6\text{-}16)$$

(2)单位功能运营费用,是指提供一个单位的使用功能或提供单位服务所需要的运营费用。

$$单位功能运营费用＝年运营费用/设计服务能力或设施 \quad (6\text{-}17)$$

但是以上指标有明显缺陷,一是只分别计算了投资和成本,没有全面进行比较;二是没有考虑整个计算期的费用,未按资金时间价值原理计算。

6.3 工程项目国民经济评价

工程项目的国民经济评价是项目经济评价的另一项重要内容。在项目的财务评价中,对项目的分析只能从项目财务的角度进行,评价项目财务上的可行性,而无法从国民经济整体的角度全面研究项目对整个国民经济的影响。工程项目的建设与发展对国民经济发展具有重要的影响和作用,因此进一步对投资项目做好国民经济评价极具必要性。

6.3.1 国民经济评价原理

1. 国民经济评价与财务评价的区别

1)评价的角度不同

财务评价是从企业财务角度对项目进行分析,考虑项目微观的财务盈利能力;国民经济评价则是从国民经济宏观角度对项目进行分析,考虑项目的经济合理性。

2)费用、效益的含义及划分范围不同

财务评价根据项目的直接财务收支计算项目的费用和效益,国民经济评价则根据项目实际耗费的有用资源及向社会提供的有用产品(或服务)来考虑项目的费用和效益。有些在财务评价中视为费用或效益的财务收支如税金、国内借款利息和补贴等,在国民经济评价中不视做费用和效益,财务评价中不考虑的项目间接费用和间接效益,如项目对环境的破坏或改善等,在国民经济评价中却必须视为费用和效益。

3)效益的计算价格不同

财务评价采用实际可能的财务价格计算项目的费用和效益。国民经济评价则采用能够反映资源真实经济价值的影子价格来计量项目的费用和效益。

4)评价的判据不同

财务评价的主要判据是行业基准收益率或设定的折现率,国民经济评价的主要判据则是社会折现率。

2. 国民经济评价的内容、程序及评价指标

1)国民经济评价的内容和程序

国民经济评价包括国民经济盈利能力分析和外汇效果分析。此外,还应对难以量化的外部效果进行定性分析,其具体内容及程序如下。

(1) 国民经济效益和费用的识别

在国民经济评价中,应从整个国民经济的角度来划分和考虑项目的效益和费用。效益是指项目对国民经济所作的贡献,包括项目本身的直接效益和由项目带来的间接效益;费用是指国民经济为项目付出的代价,包括项目本身的直接费用和由项目引起的间接费用。

(2) 影子价格的确定

正确确定项目产出物和投入物的影子价格是保障项目国民经济评价正确性的关键。在国民经济评价中,应选择既能够反映资源本身的真实经济价值,又能够反映供求关系及国家经济政策的影子价格。

(3) 基础数据的调整

影子价格确定以后,应将项目的各项经济基础数据按照影子价格进行调整,计算项目的各项国民经济效益和费用。

(4) 编制报表

根据调整、计算所得的项目各项国民经济效益及费用数值,编制国民经济评价报表,包括辅助报表和基本报表。

(5) 国民经济效益分析

根据国民经济评价报表及社会折现率等经济参数,计算项目的国民经济评价指标,分析项目的国民经济效益及经济合理性。此外,应对难以量化的外部效果进行定性分析,还可以从整个社会的角度来考虑和分析项目对社会目标的贡献,即进行所谓社会效益分析。

(6) 进行不确定性分析

即从国民经济角度分析项目可能面临的风险及项目抗风险的能力。一般进行经济敏感性分析,有条件或需要时还应进行概率分析。

(7) 作出评价结论与建议

由上述确定性分析和不确定性分析结果,对项目的经济合理性作出判断,然后结合项目财务评价结果,作出项目经济评价的最终结论,提出相应建议。

2) 国民经济评价的指标

国民经济评价的指标及其与国民经济评价内容、基本报表的对应关系如表 6-9 所示。

国民经济评价内容、基本报表与评价指标 表 6-9

评价内容	基本报表	国民经济评价指标
盈利能力分析	全部投资国民经济效益费用流量表	经济内部收益率、经济净现值
	国内投资国民经济效益费用流量表	经济内部收益率、经济净现值
外汇效果分析	经济外汇流量表	经济外汇净现值 经济换汇成本 经济节汇成本
不确定性分析	敏感性分析	经济内部收益率 经济净现值
	概率分析	经济净现值期望值 经济净现值≥0 的累计概率

其中,经济内部收益率为主要评价指标。根据项目特点和实际需要,也可计算经济净现值

等指标。产品出口创汇及替代进口节汇的项目,要计算经济外汇净现值、经济换汇成本或经济节汇成本等指标。

3. 国民经济费用和效益的识别

1) 国民经济费用和效益识别的基本方法

效益和费用都是针对特定的目标而言的。效益是对目标的正贡献,费用是对目标的反贡献。项目的国民经济目标是获取尽可能大的国民经济净贡献。识别项目国民经济费用和效益的基本方法是"有无对比法",即将项目的实施和运行对国民经济造成的影响(包括正面影响和负面影响)与无项目条件下的情况进行对比,凡是项目对国民经济所作的贡献均计为项目的国民经济效益,凡是国民经济为项目所付出的代价均计为项目的国民经济费用。

2) 直接费用和直接效益

项目的直接效益是由于项目向国民经济大系统提供产品或劳务而对国民经济作出的直接贡献。直接效益的确定一般可分为以下两种情况。

(1) 若项目产出物用以增加国内市场的供给量,其效益就是这部分增加量所满足的国内需求的价值,等于对这部分增加供给量的消费者支付意愿。

(2) 若项目产出物未导致国内市场供给量的相应增加,则:

①项目产出物用于替代出口,其效益为所获得外汇的经济价值;

②项目产出物用于替代进口,其效益等于所节约外汇的经济价值;

③项目产出物用于替代国内原生产企业的部分或全部生产,其效益为原生产企业减产或停产向社会所释放的资源,其价值等于对这部分资源的支付意愿。

项目的直接费用是因项目建设生产耗费的直接投入而使国民经济为项目所付出的代价。直接费用的确定一般也分为以下两种情况:

①若项目投入物来自国内生产量的增加,其费用就是增加国内生产所消耗资源的经济价值。

②若项目投入物的国内生产量保持不变,则:

a. 项目投入物来自进口,其费用等于所花费外汇的经济价值;

b. 项目投入物来自出口减少,其费用等于所减少外汇收入的经济价值;

c. 项目投入物来自对其他项目供应量的减少,其费用为其他项目因此而减少的效益,等于其他项目对这部分投入物的支付意愿。

3) 间接费用和间接效益

在项目为国民经济提供的总效益中,除由项目产出物所体现的直接效益外,还包括由项目产生的某些其他效益,即间接效益或外部效益。如大型水利项目为当地防洪及旅游业等带来的效益,项目厂外运输系统为附近工农业生产和人民生活带来的效益,项目为所处相对落后地区社会、经济、文化、观念等带来的综合效益等。这些效益有些是有形的,有些是无形的,有些是可用货币计量的,有些是难以或不能用货币计量的。

在国民经济为项目所付出的总代价中,除由项目投入物所体现的直接费用外,还包括由项目引起的某些其他费用,即间接费用或外部费用。间接费用的典型例子如工业项目的废水、废气、废渣、噪声等引起的环境污染所造成的国民经济费用。间接费用也有有形与无形、可用货币计量与不可用货币计量之分。

与项目相关的间接效益和间接费用统称为外部效果。外部效果通常较难计算,为减少计量的困难,首先应力求明确项目的"边界",如通过扩大项目范围把一些相互关联的项目合在一起作为"联合体"进行评价,使间接费用和间接效益转化为直接费用和直接效益。另外,通过采用影子价格计算项目费用和效益,可在很大程度上使项目的外部效果在项目内部得到体现。这样,通过扩大项目范围和调整价格两步工作后,可使很多"外部效果"内部化。在国民经济评价中,为既能全面考虑项目的外部效果,又能防止将外部效果扩大化,避免重复计算,在考虑某些外部效果时应注意以下几个问题。

(1)工业项目造成的环境污染和生态破坏是一种间接费用,可参照现有同类企业所造成的损失来计算,至少也应作定性的描述。

(2)项目产品大量供应国内市场导致产品价格下降而使原用户及消费者从中得到的好处,一般不应计作项目的间接效益,因为原用户及消费者从产品价格下降中所得好处正是原生产厂家效益的减少,从整个国家经济角度看效益并未增减,只是一种效益的转移。

(3)项目产品大量出口导致出口价格下降减少了原出口产品创汇的效益,则应计为项目的间接费用。

(4)技术先进项目的技术培训、人才流动、技术推广和技术扩散使整个社会的受益,应计为项目的间接效益,称为技术扩散效果。由于计量上的困难一般只能作定性描述。

(5)项目对以其产出物为主要投入物的下游企业所产生的效果,一般在合理确定的项目产出物影子价格中已得到反映,不再单独进行计算。

(6)项目对为其提供投入物的上游企业所产生的效果,可分两种情况来考虑:项目投入物由新建项目生产提供,则效果一般能够通过合理确定的投入物影子价格得到反映,不需要单独计算;项目投入物来自现有生产企业,使用原来闲置的生产能力得以发挥或达到经济规模所产生的效益,应计为项目的间接效益,但需用有无对比的原则计算增量效果。测评没有该项目时,上游企业生产能力的利用会发生变化,并注意是否存在具有类似效果的其他拟建项目,若有就不应将上述效益全部归因于一个项目,以避免外部效果的重复计算。

(7)项目的外部效果一般只计算第一级相关效果,不计算连续扩展的乘数效果。

4)转移支付

根据对国民经济收益和费用的分析可知,某些财务支出和收益项,其发生并不伴随资源的增减,造成国内资源的实际增加或耗费,致使国民收入发生变化,而只反映了资源支配权在社会实体之间的转移,这种收支款项就称为转移支付。转移支付只导致资源在社会内部发生转移,既不额外消耗社会资源,也不为社会增添资源,因此不构成项目国民经济评价中的收益或费用项。常见的转移支付有税金、补贴、折旧、国内贷款及其债务偿还等。

(1)税金

项目为获得某种投入物或销售产品和提供劳务需要向国家交纳税金,税金是一种财务上的"转移性"支出,并未减少国民收入或产生社会资源数量的变动,只不过将项目的这笔货币收入转移到政府手中。因此,虽然税金交纳减少了项目财务收益,但不能把任何种类的税金作为项目国民经济评价中的收益或费用项,应从"成本"中剔除。

(2)补贴

补贴是一种货币流动方向与税金相反的转移支付。国家为鼓励和扶植某些投资项目所给予的价格补贴,是国家转移给项目的收益,并未造成国内资源的变化。因此在国民经济评价中,这部分补贴不应计入项目收益或费用。

(3)利息

项目在国内贷款所需支付的利息,也是由企业转移给国家或金融机构的一种转移性支出,因此也不应计入国民经济收益或费用。国外借款利息不属国内转移支付,应分别按照不同情况进行处理。在项目全投资国民经济评价中,国外贷款及其还本付息,既不作为收益也不作为费用。在项目国内投资的国民经济评价中,国外贷款利息,应作为国民经济代价列为项目费用。

(4)折旧

折旧是财务意义上的生产成本要素。在项目的经济评价中,已把投资的资源投入作为费用,与折旧对应的固定资产原值已全部包括在投资的经济费用中,而且项目的国民经济评价并不涉及固定资产的转移和补偿问题。因此折旧不再构成项目国民经济收益或费用,应予剔除。

此外,在项目国民经济评价收益和费用的划分和计算中,对转移支付的处理,还要涉及工资、土地费用和自然资源费用等,需要逐一研究和分析并准确确定。

6.3.2 影子价格及其计算

1. 影子价格的含义

影子价格又称计算价格、效率价格或最优计划价格等,是指当社会经济处于某种最优状态下,能够反映社会劳动消耗、资源稀缺程度和市场供求状况的价格。实际上,它是个含义广泛的经济范畴,产生于用数学方法对经济问题的深入研究。影子价格并非现行价格,不是用于商品交换的价格,而是人为确定的,能够反映供求均衡、比交换价格更合理的价格。常用于预测、计划、项目评估等技术经济分析中。

由于市场失灵,特别是在发展中国家市场经济不完善的情况下,价格体系往往存在着扭曲现象,不能客观地反映社会成本、供求关系和资源利用状况。为了能更好地反映项目的社会效益和对国民经济的实际影响,促进对社会资源的合理利用,有必要在项目国民经济评价中,以影子价格代替现行市场价格,来反映项目所涉及投入物和产出物的真实经济价值,进行收益和费用的计算。

影子价格反映了各种生产资源在完全自由竞争条件下的均衡价格及其稀缺程度。一般而言,项目投入物的影子价格就是它的机会成本,即资源用于该项目而不能用于其他用途时所放弃的边际收益。项目产出物的影子价格就是用户的支付意愿,即用户为取得该产品所愿意支付的价格。各种货物的影子价格构成了项目国民经济评价参数体系的基本内容。

2. 影子价格的确定

《建设项目经济评价方法》规定:"为了正确计算项目对国民经济所做的净贡献,在进行国民经济评价时,原则上都应该使用影子价格"。由于影子价格的确定需要对国民经济在生产、交换、分配和消费过程中的全部环节及其相互关系作全面的考察,影响因素众多,因此精确测定影子价格相当困难。为简化计算,《建设项目经济评价方法》提出:"在不影响评价结论的前提下,可只对其价值在效益和费用中占比重较大,或者国内价格明显不合理的产出物或投入物使用影子价格"。实际中,为获得影子价格,通常首先将需要确定其影子价格的货物分成外贸货物、非外贸货物和特殊货物（土地、资金和劳务）等类别，再以各货物的交换价格为起点，分别对其影子价格进行调整和计算，将交换价格调整为影子价格。

1) 外贸货物的影子价格

外贸货物，是指其生产、使用将直接或间接影响国家进出口的货物。一般来说，国际市场价格是自由竞争的结果，可基本反映一般均衡价格。因此外贸货物的影子价格就以实际将要发生的以外币表示的口岸价格为基础，对不同的项目产出物和投入物分别以不同贸易条件加以调整和确定。

(1) 产出物中外贸货物的影子价格（项目产出品的出厂价格）确定。项目产出物中的外贸货物包括直接出口品、进口替代品和间接出口品三种货物。其中进口替代品指虽然用于国内，但可以减少同样产品进口的项目产出品；间接出口品指虽然用于国内，但可以使生产同样产品的国内其他企业减少对国内的供应量而增加出口的项目产出品。三种货物的影子价格计算公式如下：

$$\text{直接出口品的影子价格} = \text{离岸价格} - (\text{项目到口岸的运费} + \text{贸易费用}) \quad (6\text{-}18)$$

例 6-4 某项目的产出物为出口产品，其离岸价为 20 美元/单位。项目离口岸 200km，影子运费为 0.20 元/单位·km，贸易费用为货价的 6%，外汇的官方汇率为 8.27，影子汇率调整系数为 1.08（下同）。试计算该产出物的影子价格。

影子价格 = 20×8.27×1.08 − 200×0.20 − 20×8.27×1.08×6% = 127.91 元/单位

$$\text{进口替代品的影子价格} = \text{到岸价格} + \text{口岸到用户的运输费用和贸易费用} -$$
$$\text{项目到用户的运输费用和贸易费用} \quad (6\text{-}19)$$

例 6-5 原某厂所需的原材料为进口货物，现在某地新建项目生产此种原材料并由新项目供应，该原材料的进口到岸价为 100 美元/单位，原某厂到口岸的距离为 200km，到新建项目的距离为 100km。试计算新建项目生产该原材料的影子价格。

影子价格 = 100×8.27×1.08 + (200×0.20 + 100×8.27×1.08×6%) −
(100×0.20 + 100×8.27×1.08×6%)

= 913.16 元/单位

$$\text{间接出口品的影子价格} = \text{离岸价格} - \text{原供应厂到口岸运输费用和贸易费用} +$$
$$\text{原供应厂到用户的运输费用和贸易费用} -$$
$$\text{项目到用户的运输费用和贸易费用} \quad (6\text{-}20)$$

例 6-6 某项目所需的某种原材料原由江苏某厂供应，现在浙江新建某一供应厂并由其供应，使原江苏某厂增加出口。该原材料离岸价格为 300 美元/t。江苏供应厂离口岸 300km，江苏供应厂离项目所在地 150km。试计算该原材料的影子价格。

影子价格 = 300×8.27×1.08 − (300×0.20 + 300×8.27×1.08×6%) +
(200×0.20 + 300×8.27×1.08×6%) −
(150×0.20 + 300×8.27×1.08×6%)

= 2 468.71 元/t

(2) 投入物中外贸货物影子价格（投入物到项目所在地的价格）确定。项目投入物中的外贸货物包括直接进口品、出口占用品以及间接进口品三种货物。其中出口占用品指本可出口，但由于项目占用而未能出口的货物；间接进口品指由于项目的投入，减少了国内生产的这种投

入物对其他用户的供应,导致其他用户增加这种投入物进口的货物。计算公式如下:

　　　　直接进口品的影子价格＝到岸价格＋口岸到项目的运输费用和贸易费用　　　(6-21)

例 6-7　项目使用的某种原材料为进口货物,其到岸价格为 100 美元/单位,项目离口岸 500km,试计算该投入物(原材料)的影子价格。

$$影子价格 = 100 \times 8.27 \times 1.08 + (500 \times 0.2 + 100 \times 8.27 \times 1.08 \times 6\%)$$
$$= 1\,046.75 \text{ 元/单位}$$

　　出口占用品的影子价格＝离岸价格－供应厂到口岸的运输费用和贸易费用＋
　　　　　　　　　　　　供应厂到项目的运输费用和贸易费用　　　　　　　　(6-22)

例 6-8　上海市某一拟建项目,耗用可供出口的淮南煤矿的原煤,其离岸价格为 40 美元/t。淮南煤矿离口岸 200km,距离上海 500km。试计算该拟建项目耗用原煤的影子价格。

$$影子价格 = 40 \times 8.27 \times 1.08 - (200 \times 0.20 + 40 \times 8.27 \times 1.08 \times 6\%) +$$
$$(500 \times 0.20 + 40 \times 8.27 \times 1.08 \times 6\%)$$
$$= 417.26 \text{ 元/t}$$

　　间接进口品的影子价格＝到岸价格＋口岸到原用户运输费用和贸易费用－
　　　　　　　　　　　　供应厂到原用户运输费用和贸易费用＋
　　　　　　　　　　　　供应厂到项目运输费用和贸易费用　　　　　　　　　(6-23)

例 6-9　浙江某木器厂所用木材由江西某林场供应,如在江西某地新建木器厂并由江西林场供应木材,那么浙江某木器厂所用木材只能通过上海进口供应。木材进口到岸价为 180 美元/m³。上海离浙江木器厂 200km,江西林场离浙江木器厂 500km,距离拟建项目 200km。试计算拟建项目耗用木材的影子价格。

$$影子价格 = 180 \times 8.27 \times 1.08 + (200 \times 0.20 + 180 \times 8.27 \times 1.08 \times 6\%) - (500 \times 0.20 +$$
$$180 \times 8.27 \times 1.08 \times 6\%) + (200 \times 0.20 + 180 \times 8.27 \times 1.08 \times 6\%)$$
$$= 1\,684.15 \text{ 元/m}^3$$

在上述公式中,贸易费用是指各级各类商贸部门花费在货物流通过程中除长途运输费用以外的费用。贸易费用一般反映贸易费用的综合比率——贸易费用率乘以基本价格计算。现行贸易费用率取值 6%。外币与人民币之间的换算采用影子汇率。影子汇率和贸易费用率均为通用参数,应由国家统一制定发布。

2)非外贸货物的影子价格

非外贸货物,是指其生产和使用不影响国家出口或进口的货物。非外贸货物可分为天然非外贸货物和非天然非外贸货物。天然非外贸货物指其使用和服务仅限于国内,不可能进出口的货物,如建筑施工、国内运输、国内商业、电力及其他一些基础设施的产品和服务。非天然非外贸货物是指由于国内外贸易政策和法令限制或生产成本过高等原因而不能进出口的货物。非外贸货物影子价格的计算比较复杂。一般按以下原则和方法确定。

(1)项目产出物影子价格的确定。首先,增加供应数量满足国内消费的产出物,供应均衡的,按财务价格定价;供不应求的参照国内市场价格并考虑价格变化的趋势确定影子价格,但不应高于相同质量产品的进口价格;无法判断供求情况的,取上述价格中较低者。其次,替代其他企业的产出物,某种货物的国内市场原已饱和,项目产出这种货物并不能增加国内有效供给,只是用来替代其他企业减少生产或停止生产的产出品。当质量与被替代产品相同时,应按被替代企业相应产品可变成本分解定价;提高产品质量的按被替代产品可变成本加提高产品质量而带来的国民经济效益定价。其中提高产品质量带来的效益可近似地按国际市场价格与被替代产品的价格之差确定。按上述原则定价后再计算为出厂价格。

(2)项目投入物影子价格确定。首先,通过原有企业挖潜(不增加投资)增加供应的,按可变成本分解定价;其次,通过增加投资扩大生产规模来满足项目需要的投入物,按全部成本(包括可变成本和固定成本)分解定价;再次,对短期内无法扩大生产规模增加供应的非外贸投入物,取国内市场价格、国家统一价格加补贴中较高者定价。按上述原则定价后再计算为到厂价格。

(3)某些非外贸货物,如水、电、交通运输和建筑工程等,国家已测定并发布其影子价格转换系数,可直接用财务价格乘以转换系数来计算确定这些货物的影子价格。

(4)成本分解法。非外贸货物的影子价格常需使用成本分解法确定。根据影子价格的含义,成本分解的对象应该是边际成本而不是平均成本。但如果缺乏边际成本的财务资料,就只能对平均成本进行分解定价,近似反映货物的影子价格。对社会必须增加投资,扩大生产能力以供应项目所需的投入物,应按其全部成本进行分解;对仅用国内闲置生产能力,而无须新增生产能力为项目提供的投入物,应按其可变成本进行分解。成本分解法的基本步骤如下。

第一步:按生产费用要素列出单位非外贸货物的财务成本。

第二步:剔除财务成本中包括的税金和补贴。

第三步:剔除财务成本中的折旧和流动资金利息。当该非外贸货物需要由国内新增投资,扩大生产能力供应项目时,应计算固定资产的投资回收费用和流动资金占用费用,以取代财务成本中的折旧和流动资金借款利息。如果项目所需的该非外贸货物投入来自国内剩余生产能力的启用,则可只酌情计算追加的流动资金占用费,而不计算固定资产投资回收费用。固定资产投资回收费用和流动资金占用费用计算公式如下:

$$M_F = I_F(A/P, i_S, t) + S_v i_S \tag{6-24}$$

$$M_w = w i_S \tag{6-25}$$

式中: M_F ——单位货物固定资产投资费用;

I_F ——等值换算到生产初期的单位货物固定资产投资;

S_v ——单位货物固定资产残值;

i_S ——社会折现率;

$(A/P, i_S, t)$ ——资金回收系数;

M_w ——单位货物占用的流动资金占用费用;

w ——单位货物占用的流动资金;

t ——使用(服务)年限。

单位货物固定资产投资应是按影子价格计算的经济费用,不是财务投资费用。如果数据条件具备,应对财务投资的构成分别进行分析调整,按社会折现率等值计算到建设期末(或生产期初),求得单位货物固定资产投资的经济费用。

第四步:对费用要素中的原材料、燃料和动力等费用,分别按各自影子价格的确定方法进行调整确定;占成本比例不大的费用支出可不作调整;重要的非外贸货物成本项目需进行第二轮成本分解之后确定。

第五步:将上述各项调整后的数值加总,即得到单位货物的分解成本,作为该非外贸货物的出厂影子价格。

3) 劳动力的影子工资和土地的影子费用

劳动力和土地被称为特殊投入物,在项目国民经济评价中,劳动力和土地的经济费用与其财务费用,即实际工资和土地征购费是完全不同的概念,应分别按国民经济评价要求确定。

(1) 影子工资。即项目使用劳动力的经济价格,它是指建设项目使用劳动力,国家和社会为此付出的代价,其实质是劳动力的机会成本。影子工资由两部分组成:一是由于项目使用劳动力而导致别处被迫放弃的原有净效益;二是因劳动力的就业或转移而增加的社会资源消耗,如交通运输费用、城市管理费、搬迁费和教育费等,这些费用的消耗并没有提高职工的生活水平。

为计算方便,影子工资通常以实际工资乘以一个由国家有关部门统一制定发布的影子工资换算系数求得。实际工资为财务工资与提取的职工福利基金之和。国家拟定对于就业压力大的地区占用大量非熟练劳动力的项目,影子工资换算系数可小于1;对于占用大量短缺的专业技术人员的项目,影子工资换算系数可大于1;一般建设项目的影子工资换算系数为1;中外合资经营项目,由于录用的职工熟练程度一般较高,因此中方人员的工资换算系数为1.5。

(2) 土地的影子费用。即项目占用土地的经济价值,是指由于项目占用土地,致使国民经济为此放弃的不用于本项目所能创造的净效益,以及社会为项目占用土地而增加的资源消耗,如居民搬迁费等。建设项目占用土地,实际支付的土地征购费等属于国民经济内部的转移支付,在国民经济评价中不应列为费用。

土地的影子费用应以其最佳替代用途的贡献为基础估算。实际评价中,评估人员可根据土地的种类、项目计算期内技术、环境、改革、适应性等多方面条件和具体情况作多方案比较选择进行分析确定。如果项目占用农业用地,应以这些土地在项目计算期内所放弃的净效益来估测土地影子费用;若占用的是城市用地,则应以其他单位愿意支付的最高财务价格,或参照附近和类似地区的土地财务价格确定;项目占用土地是没有其他用途的荒山野岭,可认为其经济价值为零。对已确定方案有两种处理方式:一是计算占用土地在整个占用期间逐年净效益的现值之和,作为土地费用计入项目建设投资中;二是将逐年净效益的现值换算为年等值效益,作为项目每年的经常费用投入,计入经营费用。如果搬迁费已经计入固定资产投资,则在影子费用计算时不再重复计入。

4) 影子汇率

即外汇的影子价格,是指用本国货币表示的外汇的真实的经济价值。一般发展中国家都存在着外汇短缺,政府制定的官方汇率往往将本国货币定值过高,低估外汇价值,不能正确反映本国货币与外国货币的比率。因此,在对项目进行国民经济评价时,需采用影子汇率来计算外贸货物的收益与费用。应用影子汇率作为外汇计算标准,可以准确衡量项目所使用的外汇的真实代价,以及项目创汇为国民经济所做的真实贡献。

影子汇率的计算方法很多,一般需根据国家一定时期的进出口结构和水平、外汇机会成本及其发展趋势、外汇供需状况等因素确定。联合国工业发展组织出版的《项目评价准则》、《项目评价指南》、《工业项目评价手册》中分别有不同计算方法的介绍,可以根据情况选择应用。影子汇率是项目国民经济评价的重要通用参数,由国家有关主管部门定期测算并发布全国统一的参数值。1990年国家计委和建设部确定的影子汇率为:1美元=5.8元人民币。对于美元以外的其他国家货币,应参照一定时期内该外币对美元的比价,先折算为美元,再用影子汇率换算为人民币。

5）社会折现率

即资金的影子价格，它是指国家或社会对资金时间价值的估计值，体现了资金的机会成本和边际投资内部收益率。社会折现率取决于一定时期内国家能进行投资的资金总额。在该时期内，国家或社会的最后一部分资金，投入按收益水平高低排列的所有可能投资项目中的最后一项投资（边际投资）的报酬率，是该时期所有资金最低限度应该达到的资金报酬率，反映出了社会资金的机会成本，即为该时期的社会折现率。社会折现率是由国家作为国家通用参数制定的，在项目国民经济评价中，用作计算经济净现值的折现率和衡量经济内部收益率的基准值，是项目国民经济评价可行性和方案比选的主要判别标准和依据。社会折现率低，能够满足经济性要求的项目多，投资规模就大，对经济寿命长的项目就有利；社会折现率高，能够满足经济性要求的项目少，投资规模就小，对经济寿命较短的项目就有利。确定适当的社会折现率，有利于调节资金的供求平衡，正确引导投资，控制建设规模，合理分配建设资金。因此，社会折现率由国家统一制定，是国家调节控制投资活动的主要手段之一。

实际中，社会折现率的确定应考虑国家对资金的宏观调控意图、社会资金的供需状况、资金的边际收益率以及社会折现率对长短期项目的影响等多种因素估测。我国1990年调整公布的社会折现率为12%，供各类建设项目评价时统一采用。

6.3.3 国民经济盈利能力分析

项目的国民经济盈利能力分析旨在测度项目的国民经济盈利水平。为此目的需编制全部投资国民经济效益费用流量表，并据此计算全部投资国民经济内部收益率和经济净现值指标；对使用国外贷款的项目，还应编制国内投资国民经济效益费用流量表，并据此计算国内投资经济内部收益率和经济净现值指标。

1. 基础数据的准备

1）财务评价基础上进行国民经济评价

这时可按以下步骤进行评价所需基础数据的准备，并编制成相应的辅助报表。报表格式如表6-10~表6-13所示。

出口（替代进口）产品国内资源流量表（单位：万元）　　　　表6-10

序号	年份　　项目	建设期		投产期		达到设计能力生产期			合计
		1	2	3	4	5	6	... n	
	生产负荷（%）								
1	固定资产投资中国内资产								
2	流动资金中国内资金								
3	经营费用中国内费用								
4	其他国内投入								
5	国内资源流量合计 （1+2+3+4）								
国内资源流量现值（$i_S=$　%）					出口产品中国内投入现值：				

国民经济评价投资调整计算表(单位:万元,万美元)　　表 6-11

序号	项目	财务评价				国民经济评价				国民经济评价比财务评价增减(±)
		合计	外币	折合人民币	人民币	合计	外币	折合人民币	人民币	
1	固定资产投资									
1.1	建筑工程									
1.2	设备									
1.2.1	进口设备									
1.2.2	国内设备									
1.3	安装工程									
1.3.1	进口材料									
1.3.2	国内部分材料及费用									
1.4	其他费用 其中:①土地费用 ②涨价预备费									
2	流动资金									
3	合计									

国民经济评价销售收入调整计算表(单位:元,美元,销售收入单位:万元,万美元)　表 6-12

序号	产品名称	年销售量				财务评价					国民经济评价					
		单位	内销	替代进口	外销	内销		外销		合计	内销		替代进口		外销		合计
						单价	销售收入	单价	销售收入		单价	销售收入	单价	销售收入	单价	销售收入	
1	投产第一年负荷(%)																
2	投产第二年负荷(%)小计																
3	正常生产年份(100%)小计																

国民经济评价经营费用调整计算表(单位:元,万元)　　表 6-13

序号	项目	单位	年耗量	财务评价		国民经济评价	
				单价	年经营成本	单价(或调整系数)	年经营费用
1	外购原材料						
⋮	⋮						
2	外构燃料和动力						
2.1	煤						
2.2	水						
2.3	电						
2.4	汽						
2.5	重油						

续上表

序号	项目	单位	年耗量	财务评价		国民经济评价	
				单价	年经营成本	单价(或调整系数)	年经营费用
⋮	⋮						
3	工资及福利费						
4	修理费						
5	其他费用						
6	合计						

(1)效益和费用范围的调整

①剔除已计入财务效益和费用中的转移支付。

②识别项目的间接效益和间接费用,对能定量的进行定量计算,对不能定量的加以定性描述。

(2)效益和费用数值的调整

①固定效益投资的调整。剔除属于国民经济内部转移支付的引进设备、材料的关税和增值税,并用影子汇率、影子运费和贸易费用对引进设备价值进行调整。对国内设备价值也用相应的影子价格、影子运费和贸易费用进行调整。根据建筑工程消耗的人工、三材、其他大宗材料、电力等,用影子工资、货物和电力的影子价格调整建筑费用,一般情况下也可通过建筑工程影子价格换算系数直接调整建筑费用。目前测算发布的房屋建筑工程影子价格换算系数为1.1,矿山井巷工程影子价格换算系数为1.2。若安装费中的材料费占比重很大,或有进口安装材料时,应按材料的影子价格调整安装费用。用土地的影子费用代替占用土地的财务费用,剔除涨价预备费,调整其他费用项目。

②流动资金的调整。根据流动资金估算基础的变动调整项目流动资金。

③经营费用的调整。用货物影子价格、影子工资等调整相关的费用要素,然后加总求得经营费用。

④销售收入的调整。确定项目产出物的影子价格,按影子价格重新计算销售收入。

⑤外汇借款还本付息的调整。涉及外汇借款时,应用影子汇率重新计算外汇借款本金和利息的偿付额。

2)直接进行项目国民经济评价

这时按以下步骤准备评价所需基础数据,并可参照财务评价辅助报表格式编制成表。

(1)识别和计算项目的直接效益。对为国民经济提供产出物品的项目,按产出物品种类、数量及相应的影子价格计算项目的直接效益;对为国民经济提供服务的项目,根据提供服务的数量及用户的受益计算项目的直接效益。

(2)投资估算。用货物的影子价格、土地的影子费用、影子工资、影子汇率、社会折现率等,参照财务评价的投资估算方法和程序,直接进行投资估算,包括固定资产投资估算和流动资金估算。

(3)计算经营费用。根据生产经营的消耗数据,用货物的影子价格、影子工资、影子汇率等计算项目的经营费用。

(4)项目间接效益和间接费用的识别、计算或分析。对能定量的项目外部效果进行定量计算,对难以定量的作定性描述。

2. 国民经济效益费用流量表的编制及指标的计算与评价

1)国民经济效益费用流量表的编制

全部投资国民经济效益费用流量表是站在项目全部投资的角度,或者说是在假定项目全部投资均为国内投资条件下的项目国民经济效益费用流量系统的报表格式反映,报表格式如表 6-14 所示;国内投资国民经济效益费用流量表是以项目投资作为计算的基础,将国外借款利息和本金的偿付作为费用流出,报表格式如表 6-15 所示。

报表的年序设置及规定与财务评价中现金流量表相同。栏目设置与财务评价的现金流量表相比主要是剔除了反映转移支付的税金等项目,同时增加了项目间接效益和间接费用项。当项目不涉及外资时,项目国内投资等于全部投资。当项目涉及利用外资时,才需编制国内投资国民经济效益费用流量表,并应以据此计算的评价指标作为项目决策的主要依据。

国民经济效益费用流量表(全部投资)(单位:万元) 表 6-14

序 号	年份 / 项目	建设期		投产期		达到设计能力生产期				合计
		1	2	3	4	5	6	…	n	
	生产负荷(%)									
1	效益流量									
1.1	产品销售(营业)收入									
1.2	回收固定资产余值									
1.3	回收流动资金									
1.4	项目间接效益									
2	费用流量									
2.1	固定资产投资									
2.2	流动资金									
2.3	经营费用									
2.4	项目间接费用									
3	净效益流量(1-2)									
计算指标:经济内部收益率: 经济净现值($i_S=$ %)										

注:生产期发生的更新改造投资作为费用流量单独列项或列入固定资产投资项中。

国民经济效益费用流量表(国内投资)(单位:万元) 表 6-15

序 号	年份 / 项目	建设期		投产期		达到设计能力生产期				合计
		1	2	3	4	5	6	…	n	
	生产负荷(%)									
1	效益流量									
1.1	产品销售(营业)收入									
1.2	回收固定资产余值									
1.3	回收流动资金									
1.4	项目间接效益									

续上表

序号	年份\项目	建设期		投产期		达到设计能力生产期				合计
		1	2	3	4	5	6	...	n	
2	费用流量									
2.1	固定资产投资中国内资金									
2.2	流动资金中国内资金									
2.3	经营费用									
2.4	流至国外的资金									
2.4.1	国外借款本金偿还									
2.4.2	国外借款利息支付									
2.4.3	其他									
2.5	项目间接费用									
3	净效益流量(1-2)									

计算指标：经济内部收益率：　　　　　经济净现值($i_S=$　%)

注：同表6-14注。

2) 指标的计算与评价

(1) 经济内部收益率($EIRR$)

经济内部收益率是反映项目对国民经济净贡献的相对指标。它是项目在计算期内各年经济净效益流量的折现值累计等于零时的折现率，其表达式为：

$$\sum_{t=0}^{n}(B-C)_t(1+EIRR)^{-t}=0 \tag{6-26}$$

式中：B——效益流入量；

C——费用流出量；

$(B-C)_t$——第 t 年净效益流量；

n——项目计算期。

$EIRR > i_S$，表明项目对国民经济的净贡献超过或达到了要求的水平，可以考虑接受项目。

(2) 经济净现值($ENPV$)

经济净现值是反映项目对国民经济净贡献的绝对指标。它是用社会折现率(i_S)将项目计算期内各年的净效益流量折现到建设期初的现值之和，其表达式为：

$$ENPV=\sum_{t=0}^{n}(B-C)_t(1+i_S)^{-t} \tag{6-27}$$

当 $ENPV \geqslant 0$ 时，表示国家为拟建项目付出代价后，可以得到超过或符合社会折现率的社会盈余，故可以考虑接受项目。

6.3.4 公路工程项目国民经济评价

1. 公路工程项目经济效益的识别与计算

公路建设项目的经济效益是指项目对国民经济所作的贡献，分为直接效益和间接效益。

一般只计算直接效益,并通过"有无对比法"来确定。直接效益(B)包括公路使用者费用节约和原有相关公路维护费用节约,其中公路使用者费用节约主要有拟建项目和原有相关公路的降低营运成本效益(B_1)、旅客在途时间节约效益(B_2)和拟建项目减少交通事故效益(B_3)。

计算公路项目经济效益可以采用相关路线法、路网费用法和 OD 矩阵法。计算中对车型不做要求,但要注意保持各参数之间的一致性。

1)相关路线法

相关路线法是在确定与拟建项目相关的原有公路路线基础上,通过公路使用者在"无项目"情况下使用原有相关公路和在"有项目"情况下使用拟建项目费用的比较,计算项目产生的经济效益。

下述公式是按照不分车型计算设计的。当分车型进行计算时,将各车型的计算结果汇总即可。

具体计算公式如下:

(1)降低营运成本的效益(B_1)的计算公式为

$$B_1 = B_{11} + B_{12} \tag{6-28}$$

式中:B_{11}——拟建项目降低营运成本的效益(元);

B_{12}——原有相关公路降低营运成本的效益(元)。

① B_{11} 的计算公式为

$$B_{11} = 0.5 \times (T_{1p} + T_{2p})(VOC'_{1b} \times L' - VOC_{2p} \times L) \times 365 \tag{6-29}$$

式中:T_{1p}——"有项目"情况下,拟建项目的趋势交通量(自然数,辆/日);

T_{2p}——"有项目"情况下,拟建项目的总交通量(自然数,辆/日);

VOC'_{1b}——"无项目"情况下,原有相关公路在趋势交通量条件下各种车型车辆加权平均单位营运成本(元/车公里);

VOC_{2p}——"有项目"情况下,拟建项目在总交通量条件下各种车型车辆加权平均单位营运成本(元/车公里);

L'——原有相关公路的路段里程(km);

L——拟建项目的路段里程(km)。

② B_{12} 的计算公式为

$$B_{12} = 0.5 \times L' \times (T'_{1p} + T'_{2p})(VOC'_{1b} - VOC'_{2p}) \times 365 \tag{6-30}$$

式中:T'_{1p}——"有项目"情况下,原有相关公路的趋势交通量(自然数,辆/日);

T'_{2p}——"有项目"情况下,原有相关公路的总交通量(自然数,辆/日);

VOC'_{2p}——"有项目"情况下,原有相关公路在总交通量条件下各种车型车辆加权平均单位营运成本(元/车公里)。

(2)旅客时间节约效益(B_2)的计算公式为

$$B_2 = B_{21} + B_{22} \tag{6-31}$$

式中:B_{21}——拟建项目旅客节约时间效益(元);

B_{22}——原有相关公路旅客节约时间效益(元)。

① B_{21} 的计算公式为

$$B_{21} = 0.5 \times W \times E \times (T_{1PP} + T_{2PP})(L'/S'_{1b} - L/S_{2P}) \times 365 \tag{6-32}$$

式中：W——旅客单位时间价值(元/人小时)；

E——客车平均载运系数(人/辆)；

S'_{1b}——"无项目"情况下原有相关公路在趋势交通量条件下的各种车型客车加权平均行驶速度(km/h)；

S_{2P}——"有项目"情况下，拟建项目在总交通量条件下的各种车型客车加权平均行驶速度(km/h)；

T_{1PP}——"有项目"情况下，拟建项目客车趋势交通量(自然数，辆/日)；

T_{2PP}——"有项目"情况下，拟建项目客车总交通量(自然数，辆/日)。

②B_{22}的计算公式为

$$B_{22} = 0.5 \times W \times E \times L' \times (T'_{1PP} + T'_{2PP})(1/S'_{1b} - 1/S'_{2P}) \times 365 \qquad (6-33)$$

式中：S'_{1b}——"无项目"情况下，原有相关公路在趋势交通量条件下各种车型客车加权平均行驶速度(km/h)；

S'_{2P}——"有项目"情况下，原有相关公路在总交通量条件下的各种车型客车的平均行驶速度(km/h)；

T'_{1PP}——"有项目"情况下，原有相关公路客车趋势交通量(自然数，辆/日)；

T'_{2PP}——"有项目"情况下，拟建项目客车总交通量(自然数，辆/日)。

③旅客单位时间价值的测算应同时考虑工作时间价值和闲暇时间价值。客车平均载运系数应以各种车型客车交通量为权数，计算其加权平均数。

(3)减少交通事故效益(B_3)的计算公式为

$$B_3 = B_{31} + B_{32} \qquad (6-34)$$

式中：B_{31}——拟建项目减少交通事故效益(元)；

B_{32}——原有相关公路减少交通事故效益(元)。

①B_{31}的计算公式为

$$B_{31} = 0.5 \times (T_{1P} + T_{2P})(r'_{1b} \times L' \times C'_b - r_{2p} \times L \times C_p) \times 365 \times 10^8 \qquad (6-35)$$

式中：C'_b——"无项目"情况下，原有相关公路单位事故平均经济损失费(元/次)；

C_p——"有项目"情况下，拟建项目单位事故平均经济损失费(元/次)；

r'_{1b}——"无项目"情况下，原有相关公路在趋势交通量条件下的事故率(次/亿车公里)；

r_{2p}——"有项目"情况下，拟建项目在总交通量条件下的事故率(次/亿车公里)。

②B_{32}的计算公式为

$$B_{32} = 0.5 \times L' \times (T'_{1P} + T'_{2P})(r'_{1b} \times C'_b - r'_{2p} \times C'_p) \times 365 \times 10^8 \qquad (6-36)$$

式中：C'_p——"有项目"情况下，原有相关公路单位事故平均经济损失费(元/次)；

r'_{2p}——"有项目"情况下，原有相关公路在总交通量条件下的事故率(次/亿车公里)。

2)路段费用法

路段费用法是通过公路使用者在"无项目"和"有项目"情况下使用影响区域路网费用的比较，计算项目产生的经济效益，其具体计算是针对路网逐个路段计算并汇总。

下述公式是按照分车型计算设计的。当不分车型进行计算时，式中的车辆运行成本、客车载运系数、客车行驶速度等应根据交通量车型结构计算其加权平均值。

具体计算公式如下：

(1) 降低营运成本的效益（B_1）的计算公式为
$$B_1 = B_{1b} + B_{1p} \tag{6-37}$$
式中：B_{1b}——趋势交通量在影响区路网上的运营费用节约（元）；
B_{1p}——诱增交通量在影响区路网上的运营费用节约（元）。

① B_{1b}的计算公式为
$$B_{1b} = \sum_{i=1}^{n}\sum_{j=1}^{m}(T'_{bij} \times VOC'_{bij} - T_{bij} \times VOC_{pij}) \times L_i \times 365 \tag{6-38}$$
式中：T'_{bij}——"无项目"情况，趋势交通量条件下，i路段j车型的交通量（自然数，辆/日），对于拟建项目路段该项数值为"0"；

VOC'_{bij}——"无项目"情况，趋势交通量条件下，i路段j车型的单位运营成本（元/车公里），对于拟建项目路段该项数值为"0"；

T_{bij}——"有项目"情况，i路段j车型的趋势交通量（自然数，辆/日）；

VOC_{pij}——"有项目"情况，总交通量条件下，i路段j车型的单位运营成本（元/车公里）；

L_i——i路段长度（km）；

i——路段序号；

j——车型序号；

m——车型总数；

n——路网的路段总数。

② B_{1p}的计算公式为
$$B_{1p} = \sum_{i=1}^{n}\sum_{j=1}^{m}0.5 \times [(T'_{pij} - T'_{bij}) \times VOC'_{bij} - (T_{pij} - T_{bij}) \times VOC_{pij}] \times L_i \times 365 \tag{6-39}$$
式中：T'_{pij}——"无项目"情况，总交通量条件下，i路段j车型的交通量（自然数，辆/日）；

T_{pij}——"有项目"情况，i路段j车型的总交通量（自然数，辆/日）。

(2) 旅客时间节约效益（B_2）的计算公式为
$$B_2 = B_{2b} + B_{2p} \tag{6-40}$$
式中：B_{2b}——趋势交通量旅客时间节约效益（元）；
B_{2p}——诱增交通量旅客时间节约效益（元）。

① B_{2b}的计算公式为
$$B_{2b} = \sum_{i=1}^{n}\sum_{j=1}^{m_1} W \times E_j \times (T'_{bij} \div S'_{bij} - T_{bij} \div S_{pij}) \times L_i \times 365 \tag{6-41}$$
式中：W——旅客单位时间价值（元/人小时）；

E_j——j型客车平均载运系数（人/辆）；

T'_{bij}——"无项目"情况，趋势交通量条件下，i路段j车型的交通量（自然数，辆/日），对于拟建项目路段该项数值为"0"；

S'_{bij}——"无项目"情况，趋势交通量条件下，i路段j型客车的平均车速（km/h）；

T_{bij}——"有项目"情况，i路段j型客车的趋势交通量（自然数，辆/日）；

S_{pij}——"有项目"情况，总交通量条件下，i路段j型客车的平均车速（km/h）；

m_1——客车车型总数。

② B_{2p}的计算公式为

$$B_{2p} = \sum_{i=1}^{n}\sum_{j=1}^{m_1} 0.5 \times W \times E_j \times [(T'_{pij} - T'_{bij}) \div S'_{bij} - (T_{pij} - T_{bij}) \div S_{pij}] \times L_i \times 365$$

(6-42)

式中：T'_{pij}——"无项目"情况，总交通量条件下，i 路段 j 车型的交通量（自然数，辆/日）；

T_{pij}——"有项目"情况，i 路段 j 型客车的总交通量（自然数，辆/日）。

(3) 减少交通事故效益（B_3）的计算公式为

$$B_3 = B_{3b} + B_{3p}$$

(6-43)

式中：B_{3b}——趋势交通量减少交通事故效益（元）；

B_{3p}——诱增交通量减少交通事故效益（元）。

① B_{3b} 的计算公式为

$$B_{3b} = \sum_{i=1}^{n}(T'_{bi} \times r'_{bi} \times C'_{bi} - T_{bi} \times r_{pi} \times C_{pi}) \times L_i \times 10^8 \times 365$$

(6-44)

式中：T'_{bi}——"无项目"情况，趋势交通量条件下，i 路段的交通量（自然数，辆/日），对于拟建项目路段该项数值为"0"；

T_{bi}——"有项目"情况下，i 路段的趋势交通量（自然数，辆/日）；

r'_{bi}——"无项目"情况，趋势交通量条件下，i 路段的交通事故率（次/亿车公里）；

r_{pi}——"有项目"情况，总交通量条件下，i 路段的交通事故率（次/亿车公里）；

C'_{bi}——"无项目"情况，趋势交通量条件下，i 路段单位交通事故平均经济损失费（元/次）；

C_{pi}——"有项目"情况，总交通量条件下，i 路段单位交通事故平均经济损失费（元/次）。

② B_{3p} 的计算公式为

$$B_{3p} = \sum_{i=1}^{n} 0.5 \times [(T'_{pi} - T_{bi}) \times r'_{bi} \times C'_{bi} - (T_{pi} - T_{bi}) \times r_{pi} \times C_{pi}] \times L_i \times 10^8 \times 365$$

(6-45)

式中：T'_{pi}——"无项目"情况，总交通量条件下，i 路段的交通量（自然数，辆/日），对于拟建项目路段该项数值为"0"；

T_{pi}——"有项目"情况下，i 路段的总交通量（自然数，辆/日）。

3) OD 矩阵法

OD 矩阵法是以"无项目"和"有项目"情况下路网的汽车运营费用、运行时间距阵和交通量矩阵为基础，计算项目产生的经济效益。其中汽车运营费用和运行时间采用全部交通量分配到路网上之后的数据。OD 矩阵法可以计算汽车运营成本节约效益和旅客节约时间效益，但是减少交通事故效益还需要用相关路线法或路段费用法来计算。

下述公式是按照不分车型计算设计的。当分车型进行计算时，将各车型的计算结果汇总即可。

具体计算公式如下：

(1) 降低营运成本的效益（B_1）的计算公式为

$$B_1 = B_{1b} + B_{1p}$$

(6-46)

式中：B_{1b}——趋势交通量在影响区路网上的运营费用节约（元）；

B_{1p}——诱增交通量在影响区路网上的运营费用节约（元）。

①B_{1b}的计算公式为

$$B_{1b} = \sum_{j=1}^{n}\sum_{i=1}^{n}(C'_{bij} - C_{pij}) \times T'_{ij} \times 365 \qquad (6-47)$$

式中:C'_{bij}——"无项目"情况,趋势交通量条件下,路网加载交通量后,i交通小区到j交通小区各种车型的加权平均费用(元);

C_{pij}——"有项目"情况,总交通量条件下,路网加载交通量后,i交通小区到j交通小区各种车型的加权平均费用(元);

T'_{ij}——i交通小区到j交通小区的趋势交通量(自然数,辆/日);

i、j——交通小区序号;

n——交通小区数量。

②B_{1p}的计算公式为

$$B_{1p} = \sum_{j=1}^{n}\sum_{i=1}^{n} 0.5 \times (C'_{bij} - C_{pij}) \times (T_{ij} - T'_{ij}) \times 365 \qquad (6-48)$$

式中:T'_{ij}——i交通小区到j交通小区的趋势交通量(自然数,辆/日);

T_{ij}——i交通小区到j交通小区的总交通量(自然数,辆/日)。

(2)旅客时间节约效益(B_2)的计算公式为

$$B_2 = B_{2b} + B_{2p} \qquad (6-49)$$

式中:B_{2b}——趋势交通量旅客时间节约效益(元);

B_{2p}——诱增交通量旅客时间节约效益(元)。

①B_{2b}的计算公式为

$$B_{2b} = \sum_{j=1}^{n}\sum_{i=1}^{n} W \times E \times (VOT'_{bij} - VOT_{pij}) \times T'_{kij} \times 365 \qquad (6-50)$$

式中:W——旅客单位时间价值(元/人小时);

E——客车各车型加权平均载运系数(人/辆);

VOT'_{bij}——"无项目"情况,趋势交通量条件下,路网加载交通量后,i交通小区到j交通小区客车各种车型的加权平均运行时间(h);

VOT_{pij}——"有项目"情况,总交通量条件下,路网加载交通量后,i交通小区到j交通小区客车各种车型的加权平均运行时间(h);

T'_{kij}——i交通小区到j交通小区的客车趋势交通量(自然数,辆/日)。

②B_{2p}的计算公式为

$$B_{2p} = \sum_{j=1}^{n}\sum_{i=1}^{n} 0.5 \times W \times E \times (VOT'_{bij} - VOT_{pij}) \times (T_{kij} - T'_{kij}) \times 365 \qquad (6-51)$$

式中:T_{kij}——i交通小区到j交通小区的客车总交通量(自然数,辆/日)。

对于跨越江(河、海)的独立工程项目(如大桥、隧道等),其产生的效益可分为两部分:一部分是"无项目"情况下,为满足日益增长的过江(河、海)交通需求,需对现有过江(河、海)设施进行改造和维护所需的投资和费用,而在"有项目"情况下,这些投资和费用则可以节约,即作为拟建项目所产生的效益,具体包括渡轮和装卸作业区建造费用的节约、渡轮和装卸作业区营运维护费用的节约以及养河费的节约。另一部分是原来绕行的过江(河、海)交通在"有项目"情况下,节约车辆营运成本和旅客在途时间所产生的效益。具体分析如下:

a.渡轮和装卸作业区购置、建造费用的节约。这类费用包括渡轮购置费、泊位费(两岸,包括码头工程、附属构造物的投资)、两端的引道进行改造或新建的投资。

b. 渡轮及装卸作业区营运、维护费用的节约。这类费用包括渡轮营运费用、码头维护费用。

c. 养河费的节约。

以上三类费用应根据未来交通量发展水平预测和有关估算标准按基年价格进行估算。

d. 过江(河、海)车辆营运成本节约的效益(B_4)。拟建项目建成后,将吸引部分原来走邻近桥梁(隧道)、渡口的交通,从而缩短了运输距离,节约营运成本;与此同时,由于交通条件的改善将产生诱增交通量。为简化计算,过江(河、海)独立工程项目只计算其本身产生的车辆营运费用节约,不考虑原有相关公路(桥、隧道)因减少拥挤而产生的车辆营运费用节约。B_4 的具体计算公式同 B_{11}(见式 6-29)。在计算过江(河、海)交通的营运成本和时间节约效益时,必须注意:第一,确定 L 和 L' 的值时,应分别根据"有项目"和"无项目"情况下主要相同起迄点间最有可能选择或习惯线路的距离,计算其平均值;第二,VOC'_{1b} 与 VOC_{2p}、S'_{1b} 与 S_{2p} 的差别主要是由于交通量水平的不同引起的,而非道路条件的不同所致。确定其值时,应分别先根据"有项目"和"无项目"情况下主要相同起迄点间同等道路条件下、不同交通量水平进行计算,然后以各条线路的行驶量(车公里)为权数,确定其加权平均值。

2. 公路工程项目经济评价中费用的识别与计算

公路工程项目的费用是指国民经济为项目所付出的代价,分为直接费用和间接费用。为了与效益计算的口径一致,这里仅讨论直接费用的计算问题。

直接费用是指用影子价格计算的项目投入物(固定资产投资和经常性投入)的经济价值。一般表现为:其他部门为供应本项目投入物扩大生产规模所消耗的资源费用;挤占其他项目(原用户或最终消费者)投入物的供应量而放弃的效益;增加进口(或减少出口)所耗用(或减收)的外汇等。直接费用是项目和国家都要付出的代价。公路项目费用计算的具体范围表现在以下几个方面:

(1)公路建设费;

(2)公路大修费;

(3)公路养护费;

(4)交通管理费;

(5)残值(负值)。

公路工程项目经济投资费用的计算是在工程投资估算的基础上进行调整,具体包括:

(1)对项目建筑安装工程费用中的人工费,原木、钢材、沥青、水泥等主要材料作影子价格调整。

(2)对其他费用中的土地占用费作影子价格调整,换算成为经济价值,并扣除其中的供电、供水补贴。

(3)车辆营运成本按影子价格调整,包括司乘人员人工、燃料、轮胎、保修人工及零配件、折旧等。

(4)剔除预留费用中的价差、税差及物价上涨费等转移支付。

(5)剔除建筑安装工程费中的税金。

项目投资估算总额中扣除上述 5 项调整费用后,即为项目国民经济评价中的直接费用。

6.4 敏感性分析

敏感性分析是指在经济评价过程中,从众多不确定性因素中找出对工程项目经济效益指标有重要影响的敏感因素,并分析、测算其对项目经济效益指标的影响程度和敏感程度的一种分析方法。

在工程项目的可行性研究和项目评估中,最有说服力的依据是各种投资效益指标,但是这些效益指标都是通过预测的数据计算出来的,因此,它们的可靠性和稳定性如何成为项目投资者和项目审批者进行项目投资决策共同关心的问题,即实际情况与预测情况是否会有偏差?这种偏差发生时对项目的效益指标会有什么样的影响?项目所能承受这种影响的最大限度是多大等问题,而所有这些都有赖于进行敏感性分析。

敏感性分析的任务就是要建立起主要变量因素与经济效益指标之间的对应关系,并预测项目经济效益指标变化的临界值。同时进行敏感性分析的目的是要通过寻找敏感性因素,并分析其对项目的影响程度,了解项目可能出现的风险程度和抗风险能力,以便项目投资者集中注意力,重点研究敏感性因素发生变化的可能性,并采取相应的措施和对策,降低投资项目的风险,提高项目决策的可靠性,使项目能在投产后达到预期的投资经济效果。

敏感性分析直接涉及的因素分为单因素敏感性分析和双因素敏感性分析。单因素敏感性分析是分析某一因素发生变化时(假定其他因素不变)对投资项目经济效益指标的影响程度,而双因素敏感性分析则是分析、测算两个因素同时变化对投资项目经济效益指标的影响程度。

1. 敏感性分析的步骤

1) 确定敏感性分析的研究对象

敏感性分析的研究对象就是工程项目的投资效果指标,即是指工程项目的静态分析指标和动态分析指标。当然,在对具体投资项目进行分析时,应根据项目所处的阶段和指标的重要程度选取不同的效益指标。一般地,在项目的建议书阶段(或是投资项目的初步可行性阶段)可选取投资收益率和投资回收期等指标作为分析对象;而在可行性研究阶段,可选用净现值(财务净现值、经济净现值)和内部收益率(财务内部收益率、经济内部收益率)等指标作为分析对象。

2) 选定进行分析的不确定性因素

影响工程项目经济效益指标的不确定性因素有很多,但我们不可能对所有的因素都一一作敏感性分析,而是选取那些对投资效益指标影响较大的不确定性因素来进行。一般地,对工程项目经济效益指标有较大影响的不确定性因素主要有:投资支出、固定成本和变动成本、产品的销售单价、产品的生产产量、建设期和项目生产经营期等。

3) 计算分析变量因素对投资项目的效益指标的影响程度

变量因素对投资项目的效益指标的影响程度可用绝对值和相对值来表示。用绝对值来表示就是变量因素以相同的变化率对项目效益指标的影响值,相对值就是用效益指标的变化值与因素变化的变化率之比来表示。

4) 绘制敏感性曲线图,找出敏感性因素

将上述因素变化对项目投资效益指标的影响程度绘制成敏感性曲线图或列表,并通过计算出的效益指标变化的绝对值和相对值来寻找敏感性因素。一般地,效益指标变化的绝对值和相对值数值越大,此影响因素就越敏感。敏感性曲线图的绘制如图6-1和图6-2所示。

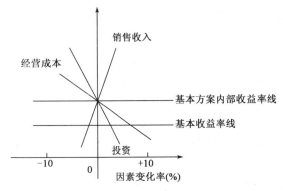

图6-1 敏感性分析图(以财务内部收益率为研究对象)

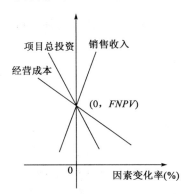

图6-2 敏感性分析图(以财务净现值为研究对象)

5)计算敏感度系数和临界点

敏感度系数:单因素敏感性分析可用敏感度系数表示项目评价指标对不确定因素的敏感程度。计算公式为

$$E = \Delta A/\Delta F \tag{6-52}$$

式中:ΔF——不确定因素F的变化率,以百分率表示;

ΔA——不确定因素F发生ΔF变化率时,评价指标A的相应变化率,以百分率表示;

E——评价指标A对于不确定因素F的敏感度系数。

敏感性分析还应求出导致项目由可行变为不可行的不确定因素变化的临界值,即临界点。临界点是指项目允许不确定因素不利变化的极限值。超过极限,项目的效益指标将不可行。例如当产品价格下降到某值时,财务内部收益率将刚好等于基准收益率,即称为产品价格下降的临界点。临界点可用临界点百分比或临界值,分别表示某一变量的变化达到一定的百分比或一定数值时,项目的效益指标将从可行转变为不可行。

临界点可用计算机以数值解法求解,也可用敏感性分析图采用线性差值法公式近似计算,还可以由敏感性分析图直接求得近似值。具体做法是:将不确定因素作为纵坐标,以某个评价指标,如内部收益率为纵坐标作图,由每种不确定因素的变化可以得到内部收益率随之变化的曲线(区点范围小时近似为直线)。每条曲线与基准收益率线的交点称为该不确定因素变化的临界点,该点对应的横坐标为不确定因素变化的临界值,即该不确定因素允许变化的最大幅度,或称极限变化。将这个幅度与估计可能发生的变化幅度比较,若前者大于后者,则表明项目经济效益对该因素不敏感,项目承担的风险不大。

6)明确敏感性因素变化的最大极限值

敏感性因素可能发生最大变化的终极点(即使项目的效益指标值由可行开始变为不可行时)就称为最大极限值。与因素变化的最大极限值所对应的是效益指标的临界值。在确定了项目因素变化的最大极限值(或最大允许极限值)和项目效益指标的临界点后,一方面可很快地找出敏感性因素;另一方面也便于投资者可在投资项目投产后的正常生产经营过程中采取必要的防范措施,限制其超过最大允许极限值。

2. 敏感性分析的局限性

通过敏感性分析不仅可以了解不确定因素对投资项目经济效益的影响程度的大小,有助于找出敏感性因素,而且还可以测定项目效益临界点时敏感因素的最大允许变动幅度。但敏感性分析实际上还是一种定性分析,它仍无法测定不确定性因素发生的可能性有多大,更不能对项目效益指标的影响程度作出定量分析结果。其局限性还必须通过概率分析来加以解决。

3. 敏感性分析在公路工程项目评价中的应用

公路建设项目敏感性分析一般是在现值法基础上进行,适用于国民经济评价和财务评价。

例 6-10 修建一条一级收费公路,投资 9.76 亿元,根据前述经济效益计算方法,采用社会折现率为 10%,经济评价结果如表 6-16 所示。

经济评价指标表　　　　　　　　　　表 6-16

累计净现值(万元)	效益费用比	内部收益率(%)	投资回收期(年)
119 951.2	2.02	16.9	14.5

按投资费用增加 10%;效益降低 10%;投资费用增加 10%,效益同时降低 10%;投资费用增加 20%,效益同时降低 20% 等几种情况进行敏感性分析,则项目评价指标的变化幅度如表 6-17 所示,财务指标的分析方法是一样的。

敏感性分析指标汇总表　　　　　　　　表 6-17

项　　目	累计净现值(万元)	效益费用比	内部收益率(%)	投资回收期(年)
投资费用增加 10%	108 709.2	1.84	15.85	15.62
效益降低 10%	96 157.58	1.81	15.8	15.82
投资增加 10%,效益降低 10%	84 915.58	1.66	14.77	16.99
投资增加 20%,效益降低 20%	49 879.88	1.36	12.87	20.03

本 章 要 点

本章主要讲述了工程项目财务评价中的盈利能力分析和偿债能力分析,并给出了财务评价的动态指标和静态指标。此外,还介绍了公路工程项目国民经济评价中效益和费用的识别与计算,以及非盈利性项目财务评价。工程项目经济评价中常用到的方法是敏感性分析,本章介绍了敏感性分析的概念和步骤。

财务评价的基本报表有现金流量表、损益表、资金来源与运用表、资产负债表及外汇平衡表。偿债能力分析是通过编制相关报表,计算利息备付率、偿债备付率等比率指标,考察项目借款的偿还能力。非盈利性项目进行财务评价的目的不一定是为了作为投资决策的依据,而是为了考察项目的财务状况,了解是盈利还是亏损,以便采取措施使其能维持运营,发挥功能。项目的国民经济盈利能力分析旨在测度项目的国民经济盈利水平。

敏感性分析是指在经济评价过程中,从众多不确定性因素中找出对工程项目经济效益指标有重要影响的敏感因素,并分析、测算其对项目经济效益指标的影响程度和敏感程度的一种分析方法。

本章思考题

1. 项目财务评价的基本报表有哪些?
2. 判断一个工程项目财务状况的指标都有什么?
3. 公路工程项目财务来源有哪些?
4. 简述非盈利性项目财务评价的意义。
5. 如何区别工程项目国民经济评价和财务评价?
6. 什么是影子价格,与市场价格有何区别?
7. 简述敏感性分析的步骤及其应用。

第7章 工程项目后评估

学习目标
1. 掌握工程项目后评估的原则
2. 掌握工程项目后评估的常用方法
3. 掌握工程项目后评估的内容

学习准备
学习本章知识,应建立在对项目前评估知识充分理解的前提下,并重点在学习中把握后评估和前评估的区别,包括方法上的区别和内容上的不同,从而对后评估的意义加深理解。

7.1 工程项目后评估概述

7.1.1 项目后评估概念

项目后评价是指在项目建成投产运营(使用)一段时间后,对项目的立项决策、建设目标、设计施工、竣工验收以及生产经营全过程所进行的系统综合分析,并对项目产生的财务、经济、社会和环境等方面的效益及其持续性和影响进行客观全面的再评价。项目后评价的基本目的是通过将项目的实际情况与预期目标的对照,考察项目投资决策的正确性和预期目标的实现程度;通过对项目的建设程序各阶段工作的回顾,查明项目成败的原因,总结投资项目管理的经验教训,并反馈到未来项目中去,改进和提高项目实施的管理水平、决策水平和投资效益,为宏观投资计划和投资政策的制定和调整提供科学依据。总之,从已完成项目中总结正反两方面经验教训,提出改进建议,不仅可提高项目投资效益和决策管理水平,以利于完善已建项目,改进在建项目,指导新建项目,而且通过后评价成果的反馈,总结成功经验和失败教训,有助于国家、部门(行业)与地方政府改进投资决策管理,完善和调整相关投资政策,增强对项目投资的法制管理,以达到国家资源的优化配置利用和提高国民经济效益的目的。

7.1.2 项目后评价与前评估的区别

由于在项目建设全过程中所处的工作阶段不同,项目后评价与前评估有较大差别,主要表现为以下几个方面。

1. 评估主体不同

前评估主要由投资主体(企业、部门或银行)及其主管部门组织实施;而后评价则是由投资运行的监督管理机构或后评价权威机构或上一层的决策机构为主,组织主管部门会同计划、财政、审计、银行、设计、质量、司法等有关部门进行,按照项目单位自我评估、行业主管部门评估和国家评估三个层次组织实施,以确保后评价的公正性和客观性。

2. 评估的性质不同

前评估是以定量指标为主,侧重于经济效益的评估,直接作为项目投资决策的重要依据;而后评估要结合行政和法律、经济和社会、建设和生产、决策和实施等各方面进行综合性评估。它以实际事实为依据,以提高效益为目的,以法律为准绳,对项目实施结果进行鉴定,并间接作用于未来项目的投资决策,为其提供反馈信息。

3. 评估的内容不同

前评估主要通过项目建设的必要性、可行性和技术方案与建设条件等评估,对项目未来经济和社会效益进行科学预测;而后评价除了对上述内容进行再评估外,还要对项目立项决策和实施效率进行评估,对项目实际运行状况进行深入的分析。

4. 评估的依据不同

前评估主要依据历史资料和经验性资料,以及国家和部门颁发的政策、规定和参数等文件为依据;而后评价则主要依据建成投产后项目实施的现实资料,结合历史资料和现实资料进行对比分析,要求准确程度较高。

5. 评估的阶段不同

前评估是在项目决策前的前期工作阶段进行,作为投资决策依据的评估;而后评价则是在项目投产运营一段时间内,对项目全过程(包括建设期和生产期)的效益进行评估。

综上所述,项目后评价并不是对前评估的简单重复,而是依据国家政策和制度,对投资项目的立项决策水平和实施结果进行严格的检验和评估,总结经验教训,提出补救措施,促进企业更快地提高和发挥投资效益。

7.1.3 项目后评估的原则、作用

为了充分实现和发挥项目后评价的作用和职能,项目后评价工作必须遵循以下基本原则。

1. 客观性和公正性

要求项目后评价工作必须从实际出发,尊重客观事实,依据项目建成后的实际情况、成果和已达到的各项指标,实事求是地衡量和评估项目的效果。在分析论证时要坚持公正、科学的态度,从客观角度,历史地、唯物辩证地全面看待问题,既不脱离当时当地客观环境和条件来评估当时的工作,又站在发展变化的高度评估项目的成功和问题,分析原因,总结经验教训,独立地对项目决策、实施及其结果作出评论。对每个项目的评估要邀集与项目有关的专家、项目业主和投资执行者参加,客观公正地进行审核。

2. 独立性

独立性可保证后评价的合法性和公正性,即后评价工作应由投资者和受益者以外的第三者来执行,避免项目决策者和管理者自己评估自己。同时,后评价工作机构也必须从各级管理部门中独立出来,由专门的独立的后评估机构来执行。独立性和公正性原则应贯穿于后评价工作的全过程,即从后评价计划的制定、任务的委托到后评价小组人员的配置以及后评价报告的处理。

3. 科学性

后评价工作必须具有科学的评估方法、工作程序、组织管理以及科学的评价结论。首先要求评价所依据的资料数据必须真实可靠,应以对项目实施监测的实际资料为依据,建立全面系统的资料信息库,以保证资料的现实性;针对存在问题提出的改进建议要切实可行;评价的结论和总结的经验教训要经得起实践的检验和推敲,并有益于指导今后的项目决策和建设工作。

4. 有用性

为了使后评价成果能对决策发挥作用,后评价报告应紧密结合实际问题,有针对性地作出分析和结论。为此要求后评价报告要简洁、明了,突出重点。项目后评估结论应具有一定的使用价值。

5. 可信性

后评价的可信性取决于评价者的专业素质和经验水平,取决于采用方法的精确性和评价过程的透明度,还取决于所用资料信息的可靠性和真实性。可信性的一个重要标志是要同时反映出被评估项目的成功与失败之处。因此,后评价人员必须由精通各方面专业知识和经验丰富的专业评价人员组成,还应有项目的建设人员、管理人员、投资者和受益者参与。评价人员的专业化主要是指从事后评价的工作人员,应懂得项目建设各阶段和全过程的业务知识,并经过后评价的专业培训。

工程项目后评估是一种在项目实施运行后,根据现实数据或变化了的情况,重新对项目的建设合理性及建设、运营效果进行考核、检验、分析论证,从而作出科学、准确的评价结论的技术经济活动。它是提高项目投资决策和管理水平,提供项目评估工作质量的有效手段。具体来说,项目后评估的作用主要体现在以下几个方面。

(1)总结项目管理的经验教训,提高项目管理水平。后评估通过对已经完成项目的实际情况进行分析研究,总结项目管理经验,指导未来项目管理活动,提高项目管理水平。

(2)提高项目决策的科学性。建立完善的项目后评估内容、指标和方法体系,可以增强评估人员的责任感,促使评估人员努力做好评估工作,提高项目预测决策水平;同时,通过后评估的反馈信息,及时纠正项目运营管理中存在的问题,从而提高未来项目运营管理的科学性。

(3)为国家投资计划的制订及经济参数的完善提供依据,根据后评估反馈的信息,能够发现宏观投资管理中的不足,使国家能够及时地修正某些不适合经济发展的技术经济政策,修订某些过时的指标参数,为项目评价所涉及的评价方法及有关经济参数的制订及不断完善提供依据和建议,对改进宏观决策起到重要的促进作用。

(4)促进项目投资效果的提高。开展后评估工作可以及时发现项目建设资金使用过程中的问题,分析贷款项目成功或失败的原因,使投资主体能合理确定投资规模、投资流向,并及时调整投资政策,确保资金的按时按量回收;国家也可以运用法律、经济、行政手段,建立必要的法令、法规和制度来促进投资管理的良性循环。项目后评估总结的经验教训,可为今后类似项目的投资决策和管理提供借鉴的模式并起到参考作用。

(5)对项目监督和改进,促使项目运营状态正常。后评估通过分析和评价项目投产时和运营期的实际情况,对比实际情况和预测情况之间的偏离,分析其原因,提出切实可行的建议和措施,使项目运营状态达到预期状况,提高项目的经济效益和社会效益。

7.1.4 项目后评估的程序

1. 项目后评价的调查

1)明确调查的目的

项目调查的目的就是为项目后评价提供素材。项目后评价调查是项目后评价的基础工作,是分析问题、总结经验教训和编写项目后评价报告的主要依据,对提高项目后评价报告质量,准确客观评价项目起着至关重要的作用。

所有项目调查者,必须根据项目后评价所处层次、阶段以及项目后评价的内容、目的、范围,确定调查目的与所需调查的信息。所有项目调查者必须首先明确了解所作项目后评价的目的与评价的内容、范围,针对评价需要的内容确定项目调查的内容。

2)确定调查的内容

对于一个建设项目来说,可以按时间先后顺序,分别对项目筹建、项目建设、项目运营和项目效益等4个方面的情况进行调查。

(1)项目前期筹建及审批情况调查

①项目提出的背景。主要调查了解提出建设项目是出于什么考虑,预计要实现的目标等。例如为了扩大市场占有份额,降低成本,充分利用地理环境或自然资源等优势,合理利用产业经济等政策和实现长远发展战略目标。

②项目审批情况。主要调查了解项目建议书、项目可行性研究报告、项目初步设计。项目建设开工报告、项目建设概算及调整概算报告等研究设计相关内容情况,项目审批情况(即批准过程、批准内容等),有关部门评估审查报告及相关意见,有关计划部门投资建设下达计划书、银行信贷计划下达报告等。

③项目基本情况。主要调查了解项目名称、项目建设性质、项目类型、项目生产设计纲领、项目总投资、资金来源构成、项目计划工期、项目建设开工日期、预计实现社会经济效益、项目建设可行性和必要性论证结论,以及项目存在的有待解决的遗留问题和有关方面的建议等。

④公司(企业)基本情况。主要调查了解项目建设前原有公司(企业)的名称、组织形式、隶属关系、地理位置、建立时间、主要财务状况、生产经营情况、资信状况、技术经济实力、领导者素质、员工知识文化水平、技术人员构成、经营管理水平、经营业绩以及曾发生的不良记录、法律纠纷、法律诉讼记录等。

(2)项目建设实施情况调查

①项目法人组建情况。主要调查了解新建项目合伙人之间签定的意向书内容、合资企业章程、向当局报送的申请注册报告、企业营业执照、注册资本金、注册地点、经营范围等。

②工程承包和技术设备引进和转让情况。主要调查了解在工程承包中发标、招标、评标、定标的过程和内容、施工图预算、施工合同、技术设备引进和转让的询价、报价、考察、技术谈判、商务谈判、签约的过程和合同内容、引进转让合同价格、信用担保、设备到货履约情况、技术资料提供情况以及人员技术培训情况。

③投资计划完成与资金到位情况。主要调查了解国家发展计划部门(包括各级发展计划委员会、经济贸易委员会等综合计划部门以及企业主管部门等)每年年初下达的投资计划和年中下达的调整计划,银行各年下达的信贷计划和资金安排计划,项目各年实际完成投资和各项

资金到位时间和数额,资金需求变化数额,资金缺口数额,投资超支或节省投资的数额和原因,项目资金有否被挪用及其数额,审计、司法等有关部门或企业主管部门查处的涉及工程资金的违规行为或经济案件金额等。

④项目竣工验收情况。主要调查了解项目实际竣工投资,工程质量,建设工期,设备调试及技术工艺生产线试运行效果,交付验收中的问题,铺底流动资金到位情况,生产销售筹备情况,试生产收入及各项费用支出,实际可达到最高生产能力,交付使用财产及其构成,工程验收报告,工程建设过程大事记等。

(3)项目生产运营情况调查

①项目生产情况。主要调查了解项目建成投产交付使用后,项目工艺流程,设备选型,技术方案的先进性、适用性、经济性、安全性,生产所需原材料、燃料动力供应的可靠性及交通运输条件,各项相关配套、流动资金供应等实际状况,生产产量,生产能力利用率,产品性能、寿命、可靠性、安全性、经济适用性,产品合格率、一级品率、优等品率,以及生产过程中存在的问题等。

②项目产品市场销售情况。主要调查了解项目产品市场现状,产品畅销或滞销的原因,产品品种、规格对销售的影响,产品在市场上的竞争实力,企业所采取的措施和促销手段,企业销售机构与销售网络建设,销售人员配备等。

(4)项目效益情况调查

①项目财务效益情况。主要调查了解企业相关年的资产负债表、现金流量表、损益表的有关内容,项目实现销售收入、盈利(亏损)、税金、创汇,出现亏损或盈利的原因,成本构成,原材料能源动力消耗水平,主要财务指标同行业水平,项目为社会带来的直接或间接的经济效益等。

②社会效益情况。主要调查了解项目对国家(或地方)社会发展目标的贡献和影响。即对社会就业、地区收入分配、居民的生活条件和生活质量、地方社区发展、妇女、民族、宗教信仰等的影响。

③项目环境影响情况。主要调查了解项目废气、废水和废渣的排放总量和浓度,噪声或光污染程度,监测治理控制措施及效果;项目对水、海洋、土地、森林、草原、矿产、渔业、野生动植物等,以及对自然界中人类有用的一切物质和能量的合理开发、综合利用、保护和再生增值;项目对人类、动植物、地质、气候、自然人文景观、植被、自然灾害等自然环境生态平衡的影响。

3)设计调查方案

调查方案是整个调查工作的行动纲领,它对于保证调查工作的顺利进行具有重要的指导作用。一个设计良好的社会调查方案应包括以下基本内容:

(1)设计指标体系。调查内容是通过调查指标反映出来的,因此,科学地设计调查指标和指标体系,是调查结果有效和可信的基础与前提。

(2)安排调查时间。即项目调查在什么时间进行,需要多少时间。项目调查时间安排必须服从于项目评价的总体时间安排。由于不同的项目调查内容有不同的最佳调查时间,调查类型和方法不同,调查历时也不相同,所以,对于项目调查时间事先应科学合理地安排。

(3)选择调查方法。由于同一调查内容往往可以采取不同的调查方法,同一调查方法也可能适用于不同的调查内容。因此,设计调查方案的一个重要内容就是如何选择最适合、最有效、历时短、费用少的调查方法。实际调查时往往还需同时采用几种方法,如既查阅有关文献,又做现场观察。

(4)准备调查经费。任何项目调查都需要一定的经费。设计调查方案时必须解决的一个重要问题是,如何合理地使用有限的经费或如何用最少的经费取得最大的调查成果。

此外,调查方案还应包括调查地区的选择、调查对象的确定和调查人员的组织等内容。

4)实施项目调查

实施项目调查的主要任务就是按照调查方案的要求完成资料收集的工作。要注意在整个社会调查过程中,把注意力一直集中在与项目分析评价有关的资料和信息上。项目评价者可以根据所评项目的属性、评价工作所要达到的目的,选用一种或几种评价方法。

5)提交调查报告

后评价调查报告是调查、研究成果的集中体现,是对整个项目调查工作的全面、系统的总结,不要将调查报告写成简单的记叙文或仅仅是众多资料与信息的罗列,此外,撰写报告时还应听取评价人员或项目决策者的意见,最好按事先设计的格式提交调查成果。

调查报告的主要内容应包括摘要、项目概况、评价内容、主要问题与原因分析、经验教训、综合结论和建议以及评价方法说明。

2. 项目后评价报告

1)项目后评价报告的总体任务

(1)对后评价项目结果的分析

对项目结果或成果的后评价应进行以下三个方面的分析。

①宏观分析

评价者要从项目目标相关的各个方面进行分析,特别是国家和行业产业政策、发展方向等,评价项目目标是否符合这些方针政策,对其有什么贡献和影响。对世行、亚行项目还需要结合银行的扶贫、环保、人力资源开发和鼓励行业发展等策略进行必要的分析。

②效应分析

评价者要对照项目目标,从建设内容、项目财务、机构发展及其他相关政策等方面分析项目的实际作用和后果。

③效益分析

评价者要结合项目的投入、建设成本、实施内容和项目的财务经济结果分析评价项目的实际成果。按照世行的规定,要重新测算项目的经济内部收益率,看其是否大于10%。

(2)总体评价的主要指标

①总体结果(成功度)。用"成功"、"部分成功"和"不成功"来表示。项目"成功"表示已经或将要实现建设的主要目标,几乎没有什么明显的失误。

②可持续性。用"可持续"、"不可持续"和"待定"来表示,以此来评价已经或可能沿着项目既定目标运营下去的持续性。

③机构和体制评价。不少项目的成果、效益和可持续性是与体制形式、机构设置和管理者能力相关,包括政策制度的改革完善、法制的加强、人员的培训以及机构能力的增强等。

(3)对项目实施管理的评价

项目执行结果与各个方面的管理能力和水平密切相关,评价者要对在项目周期中各个层次的管理进行分析评价。项目实施管理的评价包括以下几个方面。

①投资者的表现。评价者要从项目立项、准备、评估、决策和监督等方面来评价投资者和投资决策者在项目实施过程中的作用和表现。

②借款人的表现。评价者要分析评价借款者的投资环境和条件,包括执行协议能力、资格和资信以及机构设置、管理程序和决策质量等。世行、亚行贷款项目还要分析评价协议承诺兑现情况、政策环境、国内配套资金等。

③项目执行机构的表现。评价者要分析评价项目执行机构的管理能力和管理者的水平,包括合同管理、人员管理和培训以及与项目受益者的合作等。世行、亚行贷款项目还要对项目技术援助、咨询专家使用、项目的监测评价系统等进行评价。

④外部因素的分析。影响到项目成果还有许多外部的制约因素,例如价格的变化、国际国内市场条件的变化、自然灾害、内部形势不安定以及项目其他相关管理机构的因素(例如联合融资者、合同商和供货商)等。评价者要对这些因素进行必要的分析评价。

2)项目后评价报告的内容

由于项目后评价从内容上讲,在时间、空间上比较完整,为了说明项目后评价报告的内容、格式和表格,请看以下分析。一般项目评价报告的内容包括项目背景、实施评价、效果评价和结论建议等几个部分。

(1)项目背景

①项目的目标和目的。简单描述立项时社会和经济发展对本项目的需求情况和立项的必要性,项目的宏观目标,与国家、部门或地方产业政策、规划布局和发展策略的相关性,建设项目的具体目标和目的,市场前景预测等。

②项目建设内容。项目可行性研究报告和评估提出主要产品、运营或服务的规模、品种、内容、项目的主要投入和产出、投资总额、效益测算情况和风险分析等。

③项目工期。项目原计划工期,实际发生的立项、开工、完工、投产、竣工验收、达到设计能力时间。

④资金来源与安排。项目批复时所安排的主要资金来源、贷款条件、资本金比例以及项目全投资加权综合贷款利率等。

⑤项目评价。项目评价的任务来源和要求,项目自我评价报告完成时间、评价时间程序、评价执行者、评价的依据、方法和评价时点。

(2)项目实施评价

项目实施评价应简单说明项目实施的基本特点。对照可研评估找出主要变化,分析变化的原因,讨论和评价这些因素变化对项目效益影响的影响。世行、亚行项目还要就变化所引起的对其主要政策可能产生的影响进行分析,如环保、扶贫、妇女等。

①设计。评价设计的水平、项目选用的技术装备水平,特别是规模的合理性。对照可研和评估,找出并分析项目设计重大变更的原因及其影响,并提出今后如何在其他项目可研阶段预防这些变更的措施。

②合同。评价项目的招投标、合同签约、合同执行和合同管理方面的实施情况,包括工程承包商、设备材料供货商、工程咨询专家和监理工程师的选择等。对照合同承诺条款,分析和评价项目实施中的变化和违约及其对项目的影响。

③组织管理。对组织管理的评价包括对项目执行机构、借款单位和投资者三方在项目实施过程中的表现和作用的评价。如果项目执行得不好,评价要认真分析相关的组织机构、运作机制、管理信息系统、决策程序、管理人员能力、监督检查机制等因素。

④投资和融资。分析项目总投资的变化,找出变化的原因,分清内部原因还是外部原因,如是汇率变化、通货膨胀等政策性因素,还是项目管理的问题,以及投资变化对项目效益的影响程度。评价要认真分析项目主要资金来源和融资成本的变化,讨论原因及影响,重新测算项目的全投资加权综合利率,作为项目实际财务效益的对比指标。如果政策性因素占主导,应对这些政策的变化提出意见和为今后的其他项目提供可借鉴的对策建议。

⑤项目进度。对比项目计划工期与实际工期的差别,包括项目准备期、施工建设期和投产达产期。分析工期提前或延误的主要原因,及其对项目总投资、财务效益、借款偿还和产品市场占有率的影响。同时还要提出为今后的其他项目避免进度延误可借鉴的措施建议。

⑥其他。包括银行资金的到位和使用,世行、亚行安排的技术援助,贷款协议的承诺和违约,借款人和担保者的资信等。

(3) 效果评价

效果评价应分析项目所达到和实现的实际结果,根据项目运营和未来发展以及可能实现的效益、作用和影响,评价项目的成果和作用。

①项目运营和管理评价。根据项目评价时的运营情况,预测出未来项目的发展,包括产量与销量、运营量等。对照可研和评估的目标,找出差别,分析原因。分析评价项目内部和外部条件的变化及制约条件,如市场变化、体制变化、政策变化、设备设施的维护保养、管理制度、管理者水平、技术人员和熟练工的短缺、原材料供应以及产品运输等。

②财务状况分析。根据上述项目运营及预测情况,按照财务程序和财务分析标准,分析项目的财务状况。主要应评价项目债务的偿还能力和维持日常运营的财务能力。在可能的情况下,要分析项目的资本构成、债务比例,需要投资者、政府和其他方面提供的政策和资金,如资本重组、税收优惠、增加流动资金等。

③财务和经济效益的重新评价。一般的项目在评价阶段都必须对项目的财务效益和经济效益进行重新测算。要用重新测算得出的 $FIRR$ 和 $EIRR$ 与项目可研和评估时的指标进行对比分析,找出差别和原因。还要与评价计算的项目全投资加权综合利率相比,确定其财务清偿能力。同时,评价根据未来市场、价格等条件,进行风险分析和敏感性分析。

④环境和社会效果评价。环境和社会效果及影响评价的关键是项目受益者,即项目对受益者产生了什么样影响。一般应评价项目的社会经济、社会文化、环境影响和污染防治等,具体包括人均收入、就业机会、移民安置、社区发展、妇女地位、卫生与健康、扶贫作用、自然资源利用、环境质量、生态平衡和污染治理等。

⑤可持续性评价。对项目可持续性评价主要是指项目固定资产、人力资源和组织机构在外部投入结束之后持续发展的可能性。评价应考虑以下几个方面:

a. 技术装备与当地条件的适用性;

b. 项目与当地受益者及社会文化环境的一致性;

c. 项目组织机构、管理水平、受益者参与的充分性;

d. 维持项目正常运营、资产折旧等方面的资金来源;

e. 政府为实现项目目标所承诺提供的政策措施是否得力；

f. 防止环境质量下降的管理措施和控制手段的可靠性；

g. 对项目外部地质、经济及其他不利因素的防范对策措施。

(4) 结论和经验教训

项目评价报告的最后一部分内容，包括项目的综合评价、结论、经验教训、建议对策等。

① 项目的综合评价和评价结论。综合评价应汇总以上报告内容，以便得出项目实施和成果的定性结论。综合评价要做出项目的逻辑框架（见表7-3），以评定项目的目标合理性、实现程度及其外部条件。同时，评价还要列出项目主要效益指标，评定项目的投入、产出和结果。在此评定的基础上，综合评价采取分项打分的办法，即成功度评价（见表7-5）。一般项目评价的定性结论是以上述两张表为依据，分为成功、部分成功和不成功三个等级。

② 主要经验教训。经验教训主要是两个方面的，一是项目具有本身特点的重要的收获和教训，另一方面是可供其他项目借鉴的经验教训，特别是可供项目决策者、投资者、借款者和执行者在项目决策、程序、管理和实施中借鉴的经验教训，目的是为决策和新项目服务。

③ 建议和措施。根据项目评价结论、问题与经验教训，提出相对应的建议和措施。

7.2 工程项目后评估的方法

项目后评估包括了对项目已经发生事实的总结，以及项目未来发展的预测。在后评价情况下，只有具有统计意义的数据才是可比的，后评价时点前的统计数据是评价对比的基础，后评价时点的数据是对比的对象，后评价时点以后的数据是预测分析的依据。因此，项目后评价的总结和预测是以统计学原理和预测学原理为基础的，项目后评价的常用方法如下。

7.2.1 逻辑框架法

1. 逻辑框架（LFA）的概念

LFA 是一种概念化论述项目的方法，即用一张简单的框图来清晰地分析一个复杂项目的内涵和关系，使之更易理解。LFA 是将几个内容相关、必须同步考虑的动态因素组合起来，通过分析其间的关系，从设计策划到目的目标等方面来评价一项活动或工作。LFA 为项目计划者和评价者提供一种分析框架，用以确定工作的范围和任务，并通过对项目目标和达到目标所需的手段进行逻辑关系的分析。

LFA 的核心概念是事物的因果逻辑关系，即"如果"提供了某种条件，"那么"就会产生某种结果，这些条件包括事物内在的因素和事物所需要的外部因素。

LFA 的模式是一个 4×4 的矩阵，基本模式如表 7-1 所示。

逻辑框架法的模式 表 7-1

层次描述	客观验证指标	验证方法	重要外部条件
目标	目标指标	监测和监督手段及方法	实现目标的主要条件
目的	目的指标	监测和监督手段及方法	实现目的的主要条件
产出	产出物定量指标	监测和监督手段及方法	实现产出的主要条件
投入	投入物定量指标	监测和监督手段及方法	实现投入的主要条件

应用LFA进行计划和评价时的一项主要任务是对项目最初确定的目标必须作出清晰的定义。因此，在架构逻辑框架时应清楚地描述以下内容：

(1)清晰并可度量的目标；
(2)不同层次的目标和最终目标之间的联系；
(3)确定项目成功与否的测量指标；
(4)项目的主要内容；
(5)计划和设计时的主要假设条件；
(6)检查项目进度的办法；
(7)项目实施中要求的资源投入。

2.逻辑框架的层次和逻辑关系

LFA把目标及因果关系划分为以下四个层次。

1)目标

通常是指高层次的目标，即宏观计划、规划、政策和方针，该目标可由几个方面的因素来实现。宏观目标一般超越了项目的范畴，是指国家、地区、部门或投资组织的整体目标。这个层次目标的确定和指标的选择一般由国家或行业部门负责。

2)目的

目的是指"为什么"要实施这个项目，即项目直接的效果和作用。一般应考虑项目为受益目标群带来什么，主要是社会和经济方面的成果和作用。这个层次的目的由项目和独立的评价机构来确定，指标由项目确定。

3)产出

这里的"产出"是指项目"干了些什么"，即项目的建设内容或投入的产出物。一般要提供项目可计量的直接结果。

4)投入和活动

该层次是指项目的实施过程及内容，主要包括资源的投入量和时间等。

以上四个层次由下而上形成了三个逻辑关系。第一级是如果保证一定的资源投入，并加以很好地管理，则预计有怎样的产出；第二级是项目的产出与社会或经济的变化之间的关系；第三级是项目的目的对整个地区或甚至整个国家更高层次目标的贡献关联性。

这在LFA中称为"垂直逻辑"，可用来阐述各层次的目标内容及其上下间的因果关系，如图7-1所示。

LFA的垂直逻辑分清了评价项目的层次关系。每个层次的目标水平方向的逻辑关系则由验证指标、验证方法和重要的假定条件所构成，从而形成了LFA的"4×4"的逻辑框架。水平逻辑的三项内容主要包括：

(1)客观验证指标。各层次目标应尽可能地有客观的可度量的验证指标，包括数量、质量、时间及人员。在后评价时，一般每项指标应具有三个数据，即原来预测值、实际完成值、预测和实际之间的变化和差距值。

(2)验证方法。包括主要资料来源(监测和监督)和验证所采用的方法。

(3)重要的假定条件。重要的假定条件主要是指可能对项目的进展或成果产生影响，而项目管理者又无法控制的外部条件,即风险。这种失控的发生有多方面原因,首先是项目所在地的特定自然环境及其变化;其次,政府在政策、计划、发展战略等方面的失误或变化给项目带来严重的影响;再者不确定因素是管理部门体制所造成的问题,使项目的投入产出与项目的目标分离。

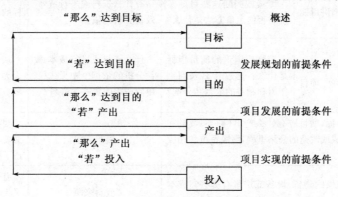

图 7-1　垂直逻辑中的因果关系图

项目的假定条件很多,一般应选定其中几个最主要的因素作为假定的前提条件。通常项目的原始背景和投入/产出层次的假定条件较少;而产出/目的层次间所提出的不确定因素往往会对目的/目标层次产生重要影响;由于宏观目标的成败取决于一个或多个项目的成败,因此最高层次的前提条件是十分重要的。

3.逻辑框架法的应用

逻辑框架法已广泛运用于各种活动的规划、计划和策划之中。在投资项目管理中,逻辑框架法通常用于规划设计、项目建议书、可行性研究及评估、项目管理信息系统、项目监测与评价、项目中间评价、项目后评价、影响评价和风险分析、可持续性分析以及社会评价等。

1)逻辑框架在项目评估和后评价中的应用

项目可行性研究及其评估,是项目前期准备阶段的最主要的工作之一,是投资高层管理者进行项目决策的主要依据。项目的可研和评估应该向投资决策者重点说明三个问题:

(1)项目的目的和预期目标。即为什么要上这个项目?要解决什么问题?各层次的目标是什么?怎样实现?

(2)项目预期的效益和效果。即项目预期的最终结果是什么?经济、环境和社会的效益如何?项目会产生什么效果和作用?

(3)项目的风险。即项目有多大风险?主要风险是什么?如何处理?

由此可见,项目可研和评估需要解决的主要问题正是逻辑框架可以分析推断的内容。对于项目的目的和目标,垂直逻辑可以分层次加以分解说明,建立起目标树;对于效益和效果,水平逻辑可用量化指标加以明确,并选用合理的方法和信息;对于风险,正是逻辑框架可以通过"外部限制条件"进行分析得到较为可信的结论。

因此,在项目准备阶段,采用逻辑框架法可以明确项目的目的和目标,确定考核项目实施结果的主要指标,分析项目实施和运营中的主要风险,从而加强项目的实施和监督管理。国际上已普遍应用到项目的可研评估中去。例如,英国的海外开发署规定,其所有海外投资项目在可研评估时,评估人员必须填报项目的逻辑框架,该逻辑框架格式如表7-2所示。

项目可研评估逻辑框架 表7-2

项目目标层次	成果和评价指标	指标如何界定和评价	成功的重要外部条件
总目标(部门或国家):什么是项目的总目标?从字义上讲可能解决什么问题?	衡量或判断这些目标实现与否的定量方法是什么?	有什么资料或进行成本-效益分析的依据	若项目目标是规划总目标的一部分,项目必要的外部条件是什么?
中层次目标,即项目目标:对项目区和目标群的预期作用是什么?预测的损益的承受者?项目将带来什么改进或变化?	定性或定量的衡量指标是什么?通过什么来判别作用和利益的取得和分配?	什么资料或进行成本-效益分析的依据?在投入-产出阶段需收集哪些资料?	从中层目标看,项目负责人无法控制的哪些因素对项目有制约作用?
产出:为实现中层次目标,项目应有什么产出(种类、数量和时间)?如培训学院,建成或改造的公路里程,灌溉系统和相应的管理系统等	资料来源		要按期达到计划产出的必要外部条件是什么?考虑了哪些风险?
投入:在各阶段需要提供的物资、设备或房屋有哪些?成本是多少?如:其他投资者?业主	资料来源		有哪些影响项目而ODA又无法控制的外部决策或措施?考虑了哪些风险?

2)逻辑框架在项目后评价中的应用

如前所述,项目后评价与项目评估一样都是为投资决策服务的依据。项目后评价主要需要解决3个问题:

(1)项目的原定目标和目的是否可能达到,目标是否需要调整?

(2)项目的原定效益是否可能实现以及实现程度?

(3)项目下一步会有什么风险,有多大的风险?

因而,项目后评价也要回答3个问题:

(1)项目的原定目标和目的是否已经达到以及达到的程度、原定的项目目的和目标是否合理?

(2)项目原定的效益是否已经实现以及实现程度,项目有哪些经验教训?

(3)项目是否具有可持续性?

由此可见,逻辑框架不仅可以应用于项目评估,而且是项目后评价十分重要的方法之一。项目后评价的逻辑框架基本格式如表7-3所示。

项目后评价的逻辑框架 表7-3

目标层次	验证对比指标			原因分析		可持续性(风险)
	项目原定指标	实际实现指标	差别或变化	主要内部原因	主要外部条件	
宏观目标(影响)						
项目目的(作用)						
项目产出(实施结果)						
项目投入(建设条件)						

4.逻辑框架法的优点与局限性

优点主要有:

(1)能确保提出主要的问题,分析主要的缺陷,为决策者提供更为客观、科学的信息;

(2)能系统而又符合逻辑地全面分析事物的各个方面,形成良好的项目策划方案;

(3)通过推理技巧,强调环境作用,提高规划设计水平;

(4)是沟通项目决策、管理和其他方面的重要联络手段,可增加各方面的相互理解,改善项目管理;

(5)通过连续系统的日常监测,保证在管理人员变更后管理方法和程序得以继续;

(6)方便政府与项目多个投资方的联络;

(7)有利于行业部门的对比和研究,进行高层次和全方位的总结。

局限性主要有:

(1)在项目开始时如果过分强调目标和外部因素,可能造成管理的僵化,应该通过对关键指标和因素的定期检查总结,重新评价和对其调整;

(2)作为总体分析的工具,逻辑框架法对政策问题只能做一般分析,如收入分配、就业机会、资源途径、地方参与、成本和策略可行性以及项目因素与外部条件的关系等;

(3)逻辑框架是项目准备、实施和评价过程中的一种思维模式,不能代替效益分析、进度计划、经济和财务分析、成本与效益分析、环境影响评价等具体方法。

7.2.2 对比分析法

后评价方法要定量和定性相结合,与前评估基本相同。然而,后评价方法论的一条基本原则是对比法则,包括前后对比、预测和实际发生值的对比、有无项目的对比等比较法。对比的目的是要找出变化和差距,以提出问题并分析原因。

1. 前后对比和有无对比

在一般情况下,投资活动的"前后对比"是指将项目实施之前与项目完成之后的情况加以对比,以确定项目效益的一种方法。在项目后评价中则是指将项目前期的可行性研究和评估的预测结论与项目的实际运行结果相比较,以发现变化和分析原因。这种对比用于揭示计划、决策和实施的质量,是项目过程评价应遵循的原则。

"有无对比"是指将项目实际发生的情况与若无项目可能发生的情况进行对比,以度量项目的真实效益、影响和作用。对比的重点是要分清项目作用的影响与项目以外作用的影响。这种对比用于项目的效益评价和影响评价,是项目后评价的一个重要方法论原则。这里说的"有"与"无"指的是评价的对象,即计划、规划或项目。评价是通过对比实施项目所付出的资源代价与项目实施后产生的效果得出项目的好坏。方法论的关键是要求投入的代价与产品的效果口径一致。也就是说,所度量的效果要真正归因于项目。但是,很多项目,特别是大型社会经济项目,实施后的效果不仅仅是项目的效果和作用,还有项目以外多种因素的影响,因此,简单的前后对比不能得出项目真正的效果。

2. 有无对比的方法

综上所述,后评价中的效益评价任务就是要剔除那些非项目因素,而对归因于项目的效果加以正确的定义和度量。由于无项目时可能发生的情况往往无法确定地描述,故项目后评价中只能用一些方法去近似地度量项目的作用。理想的做法是在该受益范围之外找一个类似的"对照区"进行比较和评价。

通常项目后评价的效益和影响评价要分析的数据和资料包括项目前的情况、项目前预测的效果、项目实际实现的效果、无项目时可能实现的效果、无项目的实际效果等。在项目后评估中,进行"有无对比"的综合分析时,可以采用表7-4所示的分析模式。

有无对比综合分析的模式 表7-4

	有 项 目	无 项 目	差 别	分 析
财务效益				
经济效益				
环境效益				
社会效益				
综合				

7.2.3 其他项目后评估方法

1. 项目成功度评价方法

1)成功度评价的概念

项目后评价,特别是项目事后评价是需要对项目的总体成功度进行评价,得出可信的结论。项目成功度评价需对照项目立项阶段所确定的目标和计划,分析实际实现结果与其差别,以评价项目目标的实现程度。另一方面,在做项目成功度评价时,要十分注意项目原定目标合理性、实际性以及条件环境变化带来的影响,并进行分析,以便根据实际情况评价项目的成功度。成功度评价是依靠评价专家或专家组的经验,综合各项指标的评价结果,对项目的成功程度做出定性的结论,也就是通常所称的打分方法。成功度评价是以用逻辑框架法分析的项目目标的实现程度和经济效益分析的评价结论为基础,以项目的目标和效益为核心所进行的全面系统的评价。

2)项目成功度的标准

项目评价的成功度可分为以下5个等级。

(1)完全成功。项目的各项目标都已全面实现或超过;相对成本而言,项目取得巨大的效益和影响。

(2)基本成功。项目的大部分目标已经实现;相对成本而言,项目达到了预期的效益和影响。

(3)部分成功。项目实现了原定的部分目标;相对成本而言,项目只取得了一定的效益和影响。

(4)不成功。项目实现的目标非常有限;相对成本而言,项目几乎没有产生什么正效益和影响。

(5)失败。项目的目标是不现实的,无法实现;相对成本而言,项目不得不终止。

3)项目成功度的测定

项目成功度表设置了评价项目的主要指标。在评定具体项目的成功度时,并不一定要测定表中所有的指标。评价人员首先要根据具体项目的类型和特点,确定表中指标与项目相关的程度,把它们分为"重要"、"次重要"和"不重要"三类,在表中第二栏里(相关重要性)填注。

对"不重要"的指标就不用测定,只需测定重要和次重要的项目内容,一般的项目实际需测定的指标在 10 项左右。

在测定各项指标时,采用打分制,即按上述评定标准的第 2～第 5 的四个级别分别用 A、B、C、D 表示。通过指标重要性分析和单项成功度结论的综合,可得到整个项目的成功度指标,也用 A、B、C、D 表示,填在表的最底一行(总成功度)的成功度栏内。

在具体操作时,项目评价组成员每人各自填好表后,对各项指标的取舍和等级进行内部讨论,或经必要的数据处理,形成评价组的成功度表,再把结论写入评价报告。

项目成功度评价表格是根据评价任务的目的和性质决定的,我国与国际上各个组织和机构的表格设计各不相同,国内典型的项目成功度评价分析如表 7-5 所示。

国内项目成功度评定　　　　　表 7-5

序　号	评定项目指标	相关重要性	评 定 等 级	备　注
1	宏观目标和产业政策			
2	决策及其程序			
3	布局与规模			
4	项目目标及市场			
5	设计与技术装备水平			
6	资源和建设条件			
7	资金来源和融资			
8	项目进度及其控制			
9	项目质量及其控制			
10	项目投资及控制			
11	项目经营			
12	机构和管理			
13	项目财务效益			
14	项目经济效益和影响			
15	社会和环境影响			
16	项目可持续性			
	项目总评			

2.决策树法

项目的输入和对项目前评估的反馈最终落实在项目决策上。选择投资方案,凭经验并不能做出正确决策,需要运用合乎逻辑的方法进行辅助。风险型决策问题的描述,简单直观地将风险型决策问题的所有基本要素,包括自然状态、行动方案、后果和效用以及关系表示出来。因此,决策树法可以应用到投资项目后评估的反馈控制中。

7.3 工程项目后评估的内容

7.3.1 工程项目过程后评价

我国后评价工作的重点是国外贷款项目、国家建造贷款项目、国家开发银行筹款项目和地方重点建设项目。投资项目后评价的内容可以分为两大类:一类是常用的,有工程过程后评价、经济后评价以及影响后评价;另一类是改进型的,有持续性后评价和管理后评价,并进行综合后评价。由于管理过程是与工程过程紧密联系的,本书在工程过程部分研究管理后评价。

根据项目周期的划分,项目实施过程评价范围包括项目前期决策、工程准备、建设实施、竣工投产等方面。项目实施评价的目的在于提示项目决策、管理组织机构、前期准备、开工准备、招标、投标、施工监理等方面的经验与教训。程度一般包括设计、实施和报告。

1. 投资项目目标后评价

投资项目目标后评价的目的是对照项目可行性研究和评估中关于项目目标的论述,找出变化并分析其实现程度及成败的原因,同时讨论项目目标的确定正确与否,是否符合发展的要求。

1)宏观目标

(1)满足国民经济或当地经济发展对项目的产品或提供服务的需求,推动相关产业发展,从而达到促进全国或地区 GDP 增长。

(2)能推动国民经济或地区经济产业结构调整,提高现有类似产品或服务的功能、质量,增加高附加值产品比例,增加对外出口商品的国民经济效益。

(3)增加居民收入,改善居民的生活质量,提高居民的健康、教育和生活水平,增加就业,改善环境质量,减少环境污染,提高职工生产安全程度,防止和减少事故发生的可能性,扶持少数民族和边远地区经济发展,稳定社会政治、经济秩序。

2)建设目的

(1)提高产品或服务的数量和质量,增加品种,改善产品结构,扩大规模。

(2)降低原材料和能源消耗,降低产品成本,为降低产品或服务价格创造条件。

(3)通过提高产品质量和性能,合理的价格政策及良好的售后服务,创立产品在市场上的知名度,达到市场竞争能力和市场占有率,提高获利能力。

(4)通过较高的财务或经济效益,满足资源投入的产出要求,合理配置资源。

3)项目变化及其原因探析

国家及地区宏观经济条件、市场供需情况和项目建设的外部条件变化,可能使项目预定的建设目标和目的难以继续执行或最终实现,或即使勉强实现也未必合理。因此,在项目实施过程中,对预定的项目建设目标和目的进行修改和调整,确定其在技术、经济上是否可行,对投资者是否仍有吸引力。项目后评价时应对修改和调整的原因、调整情况、因修改和调整而需补做的工程、增加或减少的投资和调整后项目建设的财务状况、经济效益和社会效益等进行分析。通过变化原因及合理性分析,及时总结经验教训,为项目决策、管理、建设实施信息反馈,以便适时调整政策、修改计划,为续建和新建项目提供参考和借鉴。同时可根据分析,为宏观发展方针、产业政策、价格政策、投资和金融政策的调整和完善提供参考依据。

2. 投资项目前期决策后评价

重点是对项目可行性研究报告、项目前评估报告和项目批复批准文件的评价。根据项目实际的产出、效果、影响,分析评价项目的决策内容,检查项目的决策程序,分析决策成败的原因,探讨决策的方法和模式,总结经验教训。

1) 可行性研究后评价

重点是项目目的和目标是否正确、合理;项目是否进行了多方案比较,是否选择了正确的方案;项目效果和效益是否可能实更;项目是否可能产生预期的作用和影响。主要内容包括以下几个方面。

(1) 可行性研究阶段对国内外市场上供求状况分析、所作市场预测正确与否。

(2) 项目是否按照预定的内容和规模进行建设,发生偏差的原因,预定的建设规模和能力、设备选型和采购方案是否合理,是否符合规模经济与地区特点。

(3) 建设项目的技术状况与国家产业技术经济政策及国内外同类项目的技术水平相比,评价其先进性、合理性、经济适用性、高效可靠性,评价生产工艺、设备标准、技术堆积的成熟程度及工艺设计和设备制造的水平。

(4) 原辅材料、燃料和动力等的供应地、供应数量和质量选择是否正确,有无保障,项目地点和地址选择是否正确,项目与环境的相互影响,环境保护和污染防治措施及工程是否按国家规定作到同时设计、同时施工、同时投产。

(5) 分析项目的配套设施和基础条件。

(6) 分析项目的投资估算、资金筹集和融资方案是否可行、合理,资金是否按时到位,有无影响工程建设的进度和计划的实施。

(7) 分析项目的财务分析和国民经济评价的基础数据。

2) 项目前评估后评价

项目前评估报告是项目决策的最主要依据,投资决策者按照评估意见批复的项目可行性研究报告是项目后评价对比评价的根本依据。因此,后评价应根据实际项目产生的结果和效益,对照项目评估报告的主要参数指标进行分析评价,重点是项目的目标、效益和风险。

(1) 评估报告目标分析

通过对项目投入、产出、效益、影响的逻辑分析,分析项目达到或实现原定目的和目标的程度,找出变化和差别,分析其原因;同时对评估所确定项目目标的正确性、合理性进行评价。

(2) 效益指标分析评价

包括技术、经济、环境、社会等方面,评价的重点取决于项目的特点。根据项目实绩对照评估报告重点分析项目的投资估算、项目能力、财务效益、经济效益等指标,以及相关的技术、环境、社会等指标,重点是指标的变化及其原因。通过评价来鉴定项目评估的质量,改进评估方法,提高评估水平。

(3) 风险分析评价

根据项目实绩,评价评估报告的风险分析结论,重点分析风险识别、风险预测和风险对策,关键是市场风险和信用风险。

3) 项目决策后评价

包括决策程度和决策内容用决策方法分析。

(1) 决策程序分析

分析项目立项决策的依据和程度是否正确,是否存在先决策后立项、再评估,是否违背项目建设客观规律,执行错误的决策程序等。

(2) 决策内容评价分析

对照项目决策批复的意见和要求,根据项目实际完成或进展情况,从投资决策者角度分析投入产出关系,评价决策的内容是否正确、实现程度、差别及其原因。

(3)决策方法分析

包括决策方法的科学性、客观性,有无主观臆断,是否实事求是。

3.投资项目准备阶段后评价

包括项目勘察设计、投资融资、采购招投标和开工准备等方面。

1)勘察设计后评价

对勘察设计的质量、技术水平和服务进行分析评价。还应进行两个对比,一是项目内容与前期立项所发生的变化;二是项目实际实现结果与勘察设计时的变化和差别,分析变化的原因,重点是项目建设内容、投资概算、设计变更等。

(1)对勘察设计单位的选定方式和程序、能力和资信情况以及效果进行分析评价。

(2)对项目勘测工作质量进行评价,结合工程实际分析,工程测绘和勘测深度及资料对工程设计和建设的满足程度与原因。

(3)对项目设计方案的评价,包括设计指导思想、方案比选、设计更改等及其原因分析。

(4)对项目设计水平的评价,包括总体技术水平、主要设计技术指标的先进性和实用性、新技术装备的采用、设计工作质量和设计服务质量等。

2)投、融资方案后评价

主要分析项目的投资结构、融资模式、资金选择、项目担保和风险管理等。评价的重点是根据项目准备阶段所确定的投、融资方案,对照实际实现的融资方案,找出差别和问题分析利弊。同时还要分析实际融资方案对项目原定目标和效益指标的作用和影响,尤其是融资成本的变化,评价融资与项目债务的关系和今后的影响。项目是否可以采取更加经济合理的投、融资方案。此外,项目贷款谈判也是融资的重要环节,谈判中各种承诺关系重大的是后评价应该关注的方面。

3)采购、招投标工作后评价

包括招投标公开性、公平性和公正性的评价。对采购、招投标的资格、程度、法规、规范等事项进行评价。同时,要分析项目的采购、招投标是否有更加经济合理的办法。工程项目的建设以招标方式来选择实施单位,是符合建设市场经济规律的管理模式。主要招标方式包括公开招标,即无限竞争性招标;邀请招标,即有限竞争性招标;议标方式等。项目采购招标的主要内容有建设工程、设备物资、咨询服务等3项采购。

4)开工准备后评价

项目建设内容、厂址、引进技术方案、融资条件等重大变化可能在此时发生,应注意这些变化及其可能产生对项目目标、效益、风险的影响。需进行评价的内容有:项目组织机构(项目法人)的建立,通过招标选择项目代理单位及代理人,通过招标选择项目施工单位和工程咨询服务,土地征购及拆迁安置工作,按照批准的施工组织设计和工业广场总图组织"四通一平",工程进度计划和资金使用计划的编制,编制并报批开工报告。主要分析是否适应项目建设、施工的需要,能否保证项目能按时、按质、按量,并不超过预定的工程造价的限额。

4.投资项目建设实施阶段后评价

项目建设实施的后评价包括项目的合同执行情况分析、工程实施及管理、资金来源及使用情况分析与评价等。应注意前后两方面的对比,一方面要与开工前的工程计划对比;另一方面还应把该阶段的实施情况可能产生的结果和影响与项目决策时所预期的效果进行对比,分析偏离度。在此基础上找出原因,提出对策,总结经验教训。应该注意的是,由于对比的时间不同,对比数据的可比性需要统一。

1) 合同执行的分析评价

合同是项目业主(法人)依法为确定与承包商、供货商、制造商、咨询者之间的经济权利和义务关系,签订的有关协议或有法律效应的文件。执行合同是项目实施阶段的核心工作,包括勘察设计、设备物资采购、工程施工、工程监理、咨询服务和合同管理等。项目后评价的合同分析一方面要评价合同依据的法律规范和程序等;另一方面要分析合同的履行情况和违约责任及其原因分析。工程项目合同后评价中,对工程监理的评价十分重要。后评价应根据合同条款内容,对照项目实绩,找出问题或差别,分析差别的利弊,分清责任。同时,要对工程监理发生的问题可能对项目总体目标产生的影响加以分析并得出结论。

2) 工程实施及管理后评价

建设实施阶段是项目建设从书面的设计和计划转变为实施的全过程,是项目建设的关键。项目单位应根据批准的施工计划组织设计,按照图纸、质量、进度和造价的要求,合理组织施工,做到计划、设计、施工三个环节互相衔接,资金、器材、图纸、施工力量按时落实。施工中如需变更设计,应取得项目监理和设计单位同意,并填写设计变更、工程更改、材料代用报告,做好原始记录。对项目实施管理的评价主要是对工程的造价、质量和进度的分析评价,工程管理评价是指管理者对工程三项指标控制能力及结果的分析,可以从工程监理和业主管理两个方面进行,同时分析领导部门的职责。

(1) 工程造价控制的分析评价

在分析某一单位工程造价产生偏离预期值的原因时,无须对每个单位工程均作详细的解剖,对占投资偏离值在85%以上的单位工程应作详细的偏离原因分析。工程造价中项目概算执行情况分析是关键的环节,主要包括以下内容。

①评价概算总投资、评价测算总投资与竣工决算总投资进行对比的情况。

a. 计算实际总投资与概算总投资及前评估总投资的超支或节约数,并计算出超支率或节约率。

b. 将各单项工程进行对比。主要生产项目、辅助及附属生产项目、公用设施项目和生活福利设施项目等建设项目的投资重点,应将各单项工程的实际数、概算数及评价数进行对比分析,对超支、节约额较大的要重点分析原因。

c. 将总概算的"其他工程和费用"的各项其他费用以及预备费、投资方向调节税和建设期贷款利息进行对比分析。

d. 按投资构成进行对比。将总投资和各单项工程投资,按建筑工程投资、安装工程投资和设备投资进行对比,进一步明确节约或超支的主要方面,找出节约或超支的原因。

e. 主要技术经济指标的对比。包括单位生产能力投资、主要工业生产项目单位面积造价、主要生活福利设施项目单位面积造价、万元投资消耗三材指标和有关费用标准等的对比,用以反映设计指标的完成情况,反映建设工程质量和投资使用的节约或浪费。与国内外同行业、同规模的竣工项目比较,考虑不同建设条件的因素以后,可据此评价项目建设的管理水平。与不同历史时期的主要技术经济指标比较,在考虑价格因素后可反映建设造价的升降程度。

②分析超支原因。要注意以下几点:

a.有的超支带有普遍性,不能归集在某一个单项工程或工程费用中予以反映,而这些往往是形成超支的主要原因。如为了适应审批权限的需要,上级部门指示压低投资,硬性留下缺口,有意将设计内项目甩在概算以外,压低设备、材料价格,压低费用标准等。

b.对建筑工程、安装工程投资超支,可通过以下几方面进行分析:是否有设计外、计划外工程;是否增大了建筑面积,提高了建筑标准;建筑安装用主要原材料价格上涨范围、上涨幅度的分析;概算编制是否正确;设计质量是否符合标准等。

c.设备超支分析时,应注意是否有计划外、设计外设备购货,是否擅自更改设备型号和规格;是否改变了设备供应厂商;是否将国内设备改用国外设备,增加了投资;设备价格调整范围、调整幅度和设备运杂费率调整幅度亦在注意之列。

d.其他工程制度是否健全;是否存在浪费现象;是否未能按计划建成投产;是否有工期延长、费用增加等方面的因素。

(2)工程质量控制的评价

通过资料可以分析施工中质量管理工作的水平,成功的经验和失败的教训,从而为以后的投资项目质量管理提供有益的参考。项目后评价的工程质量控制评价,应根据国家有关工程建设质量标准,对照工程质检部门的数据和结论,同时听取项目业主反映的意见和实际运转或使用情况进行分析。此外,要对工程质量问题,对项目总体目标可能产生的作用和影响进行研究,并且总结经验教训。

(3)工程进度控制的评价

项目后评价的工程进度评价,就是根据项目实际进展和结果,对照原定的项目进度计划,分析项目进度的快慢及其原因,评价项目进度变化已经或可能对项目投资、整体目标和效益的作用和影响。

5.资金使用的分析评价

项目从决策到实施建成的全部活动,既是耗费大量活劳动和物化劳动的过程,也是资金运动的过程。项目实施阶段,资金能否按预算规定使用,对降低项目建设实施费用关系极大。通过对投资项目前评估,可以分析资金的实际来源与项目预测的资金来源的差异和变化。同时,要分析项目财务制度和财务管理的情况,分析资金支付的规定和程序是否合理并有利于造价的控制,分析建设过程中资金的使用是否合理,是否做到精打细算、加速资金周转、提高资金的使用效率。资金使用权情况分析的主要内容包括以下内容。

1)资金来源的对比和分析

主要是将项目的评估报告中预测的资金来源及数额与建设项目实施或竣工财务决算表所列资金来源及数额进行对比,分析比较其产生差异的原因,尤其是对银行贷款、自有资金、债券、股票等资金来源发生的差异,要着重分析其原因。资金来源预测是否准确是衡量项目前评估质量的主要内容,通过项目前评估可以及时总结经验教训,用以指导今后的项目评估工作。

2)分析评价资金来源是否正当

根据现行的财政信贷制度、审批项目的有关文件等进行分析,如在分析股票、债券发行的数量、期限、利率时,应与人民银行的审批文件进行核对,看其是否相符;在分析利用外资时,应与国家利用外资政策相比较,是否有未纳入国家外汇管理的国外资金流入;在分析银行贷款时,应着重分析是否有计划外贷款,是否挪用了流动资金贷款指标,用作基本建设项目和技术改造项目的固定资产贷款。

3)分析和评价资金供应是否适时适度

资金供应过早过多会增大资金占用,增加利息的支出;但是如果资金供应不及时,或者供应数量不能满足施工进度的要求,又会影响进度,拖长工期,增加投资费用和支出。

4)分析项目所需流动资金的供应及运用状况

了解项目投产后实际所需流动资金数量。分析项目实际流动资金来源与项目前评估时的变化;分析流动资金供应是否能够满足实际生产需要及其对生产的影响等,要分析项目所需流动资金不能满足的原因,并提出解决流动资金不足的建议。

进行资金供应及运用状况的评价,可计算有关实际投资总额和实际投资总额变化率指标。实际投资总额是反映项目竣工投产后重新核定的实际完成额,包括固定资产投资和流动资金准备。实际投资总额变化率是反映实际投资总额与预计、计划投资总额的偏差大小的指标。

$$实际投资总额变化率＝(实际投资总额－预计投资总额)\div 预计投资总额\times 100\% \qquad (7-1)$$

实际投资总额变化率大于零,表明项目实际投资额超过预计或估算的投资额;若小于零,则表明项目实际投资额小于预计或估算的投资额。

6．项目竣工后评价

对项目竣工后的评价应根据项目建设的实绩,对照项目决策所确定的目标、效益和风险等有关指标,分析竣工阶段的工作成果,找出差别和变化的原因。项目竣工后评价包括项目竣工评价和生产运营准备等。

1)项目竣工评价

应根据项目有关文件,对照工程实际,按竣工规定进行分析评价。一是验证竣工验收的各项条件;二是依照项目原定的目标、效益、影响,找出差别和变化,进一步分析原因加以总结。

主要内容有:

(1)是否根据设计要求的劳动定员和招工计划,招收调集企业人员,并按计划进行生产前的岗位培训。

(2)是否组织强有力的生产管理机构,制定必要的生产管理制度,收集生产能力的措施。

(3)是否组织生产物资供应,落实原材料、燃料、协作产品,签订有关水、电、气和其他配套生产条件的协议。

(4)是否组织工具、仪器、仪表、器具、备品备件和生活用具等的设计、制造和采购、加工订货。

(5)是否组织生产前推销准备。投产前应制定具体的产品销售计划,并进行销售市场的准备工作,包括广告、宣传、培训销售和推销人员,与运输、铁道部门签订协议等。

(6)竣工验收和交付使用。竣工验收前,建设单位要组织设计、施工单位进行初步验收,向主管部门提出竣工验收报告,并系统地整理技术资料,绘制竣工图,在竣工验收时作为技术档案移交生产单位保存。建设单位要认真清理所有财产和自物资,编好竣工决算,提交上级主管部门或投资者批准或认可。建设项目按验收标准确定工程全部完工后,施工、设计和建设单位应在主管部门任命的验收委员会领导下,根据设计文件、工程质量标准等进行验收,经负荷联合试运转、试生产合格后即可交付使用。

2)建设项目投产运营前准备工作的评价

(1)评价生产经营组织

生产经营组织是确定完成投产运营前准备的工作中心,对以后的投产运营系统顺利进行有重要的作用。对生产经营组织的评价,主要看其是否高效统一,是否具有创新性和开拓精神,是否具有组织全面生产经营的综合能力。

(2)评价经营战略

应具体分析企业的经营意思,是否树立经济效益、市场经济、竞争观念等;经营目标是否体现贡献目标、市场目标、发展目标以及利益目标;经营战略的制定是否体现优良品质、周到服务、持续发展、合理价格、交货信誉、协作与联合、不断提高素质等。

(3)评价产品市场开发

包括开发的目标、依据、措施、开发方式、进度、费用等。

(4)评价员工招聘与培训

是否符合现代管理、现代技术和市场经济的要求;设计方案的定员和实有职工数情况;生产与管理人员的熟练程度和考核上岗情况。

(5)评价技术生产管理

即实际的技术管理系统、实际技术操作能力和引进、吸收、创新能力。

(6)评价生产管理

即评价生产工艺过程管理系统的完善程度;为保证产品质量和提高经济效益的生产技术和经营管理系统的完善程度;交通运输、邮电通信、输油、输电等运行管理系统以及公用事业和科教文体卫生等管理系统的完善程度。

总之,在项目实施阶段,后评价应抓住项目周期关键时点主要指标的变化,找出差异或偏差,即可以比较顺利地进行分析和评价。

7. 投资项目管理后评价

投资项目是一个综合性系统工程,同时又是在多层次、多交叉、多(技术)标准和要求(质量、工期、资金等)的时间和空间里组织实施。项目建设过程中,多个协作单位的经营管理水平与相互协作能力,成为制约投资决策后项目建设全过程整体效益的关键。项目竣工交付生产后,经营管理水平直接影响项目的特殊性发展。

1)管理后评价的内涵

管理后评价的内容与工程过程评价相应。和金生提出的过程与过程网络概念可以描述复杂的管理系统,由此建立管理后评价体系。每一个过程都有输入,输出是过程的结果。过程本身是一种增值转换,以某种方式包含着人和其他资源,如图7-2所示。每一个组织的存在都是为了实现价值增值,通过一个过程网络来实现。过程网络包括许多职能过程,有着错综复杂的接口关系,接口越多,管理复杂性就越大。因此,能否识别、组织和管理待定组织的过程网络接口,是组织管理成败的关键。为使整个系统有效运转,组织应以协调一致的方法,确定、展开这些过程及相应职责、权限、程序、资源,使各个过程及接口相容、协调。

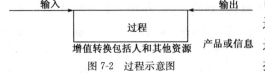

图7-2 过程示意图

项目管理的主要问题来自于如何控制和协调项目建设参加者各方的有关工作,以便实现项目目标。从横向和项目管理过程系统来看,投资项目系统是一个过程网络。从计划系统来看,计划信息作为实施的组织前提。同样,实施系统的输出是实施情况与计划的对比,这些输出又是控制系统的输入。控制系统所取得的目标情况信息又作为输出反馈给计划系统,在此过程中反馈循环不断进行,直到项目完成为止。

投资、质量、工期是投资项目管理追求的三个目标。在保证工程质量的前提下,努力降低工程造价,力争缩短工期。投资项目是一个复杂的过程网络,识别出过程网络的主要过程,就可以抓住其主干,建立简化模型。图7-3为投资项目管理后评价提供了一个系统的分析框架。鉴于过程网络的复杂性,在对投资项目过程网络进行管理后评价时,应从两方面进行:一是对整体组织管理体系进行评价;二是在识别网络过程中的基础上,对每个过程的管理体系、物流信息过程及过程间接口关系进行评价。

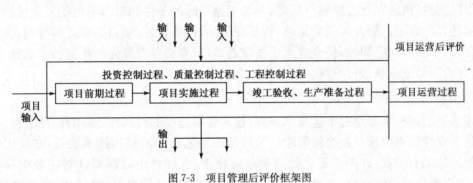

图7-3 项目管理后评价框架图

2)管理水平后评价体系

(1)前后连续的3个系统组成

①前评价系统,包括评价项目主体的经营方案和管理制度,在项目招标中审查其投标的措施;

②中间评价,包括项目实施和营运过程中项目主体的实际管理水平和协作能力;

③后评价系统,主要是项目建成后项目主体的经营管理水平,着重总结经验教训,为全面提高项目主体的经营管理水平和项目管理水平服务。

(2)设计原则

项目主体的经营管理水平是一个动态过程,具有时效性,优化的程度是相对的,是不断完善和发展的过程,即通过各阶段优化协调配合,逐步发展到更高的优化层次。因此,需要设计指标体系来反映项目主体的经营管理达到的程度,起到事先诊断、事后判断的作用。应考虑以下原则:

①各项指标能够反映对项目主体的经营管理水平全面评价的目的要求;

②易于操作原则;

③规范性和特殊性组合原则。一些主要指标要统一,同时要反映是非曲直项目主体的特性;

④定量指标与定性指标相结合,并以定量指标为主的原则。要充分考虑经济管理体制改革的渐进日程与建立现代企业制度的结合,从经济效益综合评价指标和管理水平综合评价指

标两个方面研究。

(3) 管理水平综合评价指标

①根据提高质量、降低消耗、提高效率、搞好生产安全和环境保护的要求，设置的质量、消耗、效率、安全与环保指标；

②政策性指标。考虑到市场经济体制下项目的实际，对反映投资项目主体管理水平不易量化的指标，可以给出不同等级的鉴定指标，如优良、合格、不合格等，以反映投资项目主体管理基础工作等方面。确定管理水平综合评价指标体系，应能较全面地反映项目主体管理职能发挥的状况，对外部经济环境变化的适应能力，以及能解决系统运行中出现各种问题的能力。

7.3.2 工程项目效益后评估

在投资决策前的技术经济评估阶段所作出的技术方案、工艺流程、设备选型、财务分析、经济评价、环境保护措施和社会影响分析等，都是根据当时的条件和对以后可能发生的情况进行的预测和计算的结果。随着时间的推移，科技在进步，市场条件、项目建设外部环境、竞争对手都在变化，为了做到知己知彼，使企业立于不败之地，就有必要对原先所作的技术选择、财务分析、经济评价的结论重新进行审视。

1. 项目技术后评价

技术水平后评价主要是对工艺技术流程、技术装备选择的可靠性、适用性、配套性、先进性以及经济合理性的再分析。在决策阶段认为可行的工艺技术流程和技术装备，在使用中有可能与预想的结果有差别，许多不足之处逐渐暴露出来，在评价中就需要针对实践中存在的问题、产生的原因认真总结经验，在以后的设计或设备更新中选用更好、更适用、更经济的设备，或对原有的工艺技术流程进行适当的调整，发挥设备的潜在效益。

工艺技术评价的主要内容包括：

1) 检验工艺的可靠性

即对新技术、新工艺在生产领域的应用进行经验总结，同时，应对不成熟的工艺进入生产领域，给国家资金造成严重损失的项目认真分析其原因，以便在今后的项目建设过程中吸收经验教训。

2) 检验工艺流程是否合理

工艺流程是否符合生产类型的要求。根据生产产品的品种、产量、工作的专业化程度，通常把企业的生产类型分为大量生产、成批生产、单件生产等，不同生产类型的工艺流程有不同的特点，其采用的工艺方法、加工设备、工艺装备和工艺规程等也都大不相同。

工艺流程是否符合加工对象的特点。不同的产品在原材料规格、型号、质量、几何形状、加工精度、技术条件等方面均有不同的要求，工艺流程应能有针对性地满足这些要求。

原材料加工和形成产品的过程是否顺畅、便捷、具有连续性以及原材料消耗情况等。

3) 检验工艺对产品质量的保证程度

主要通过实际生产情况分析、调查、核实对比，衡量产品质量的各种参数，并分析其对产品质量的影响。

4) 检验工序对原材料的适应性

即考察项目所采用工序是否与原材料相适应，如果原材料来源不稳定或有多种来源渠道时,需考察工艺对原材料的适应性如何。

进行项目设备的评价,应抓住对项目生产影响较大的关键、精密、稀少、大型等设备进行评价,主要应考察各工序、工段设备的生产能力是否符合设计要求;各主要设备与设计文件所选定的是否一致;变化原因及其对企业的实际影响;前后工序、工段设备能力是否配套;从不同地区、不同国家引进的设备是否配套;设备的主要性能参数是否满足工艺要求;设备的寿命是否符合经济性要求等。

2. 项目财务后评价

项目的财务后评价与前评估中的财务分析在内容上基本是相同的,都要进行项目的盈利性分析、清偿能力分析和外汇平衡分析。但在评价中采用数据不能简单地使用实际数,应将实际数中包含的物价指数扣除,并使之与前评估中的各项评价指标在评价时点和计算效益的范围上都可比。

在盈利性分析中要通过全投资和自有资金现金流量表,计算全投资税前内部收益率、净现值、自有资金税后内部收益率等指标,通过编制损益表,计算资金利润率、资金利税率、资本金利润率等指标,以反映项目和投资者的获利能力。

清偿能力分析主要通过编制资产负债表,借款还本付息计算表,计算资产负债率、流动比率、速动比率、偿债准备率等指标反映项目的清偿能力。

对于有技术、原材料、半成品引进或产品外销、提供对外服务的项目,应分析项目逐年外汇收支的平衡情况以及外汇不足时的补充来源。财务评价指标前后对比如表7-6所示。

财务效益对比表   表7-6

序号	分析内容	名称报表	评估指标名称	指标值		偏离值	偏离原因
				前评估	后评估		
1	盈利性分析	全投资现金流量表	全部投资回收期				
2			财务内部收益率(税前)				
3			财务净现值(税前)				
4		自由资金现金流量表	财务内部收益率(税后)				
5			财务净现值(税后)				
6			资金利润率				
7		损益表	资金利税率				
8			资本金利润率				
9	偿还能力分析	资金来源与运用表	借款偿还期、偿债准备率				
10		资产负债表	资产负债率				
11			流动比率				
12			速动比率				

3. 项目经济后评价

项目经济后评价的内容主要是通过编制全投资和国内投资经济效益和费用流量表、外汇流量表、国内资源流量表等计算国民经济盈利性指标、全投资和国内投资经济内部收益率和经济净现值、经济换汇成本、经济节汇成本等指标,此外还应分析项目的建设对当地经济发展,所在行业和社会经济发展的影响对收益公平分配的影响(提高低收入阶层收入水平的影响),对提高当地人口就业的影响和推动本地区、本行业技术进步的影响等。经济评价结果同样要与前评估指标对比,如表7-7所示。

经 济 效 益 对 比　　　　　　　　　　表7-7

序号	分析内容	名称报表	评估指标名称	指标值		偏离值	偏离原因
				前评估	后评估		
1	经济盈利性分析	全投资社会经济效益费用流量表	经济内部收益率				
2			经济净现值				
3		国内投资社会经济效益费用流量表	经济内部收益率				
4			经济净现值				
5	外汇效果分析	出口产品国内资源流量表及出口产品外汇流量	经济换汇成本				
6		替代进口产品国内资源流量表及替代进口产品外汇流量	节汇成本				

7.3.3 投资项目影响后评价

1. 投资项目社会影响后评价

目前,存在社会影响后评价和社会后评价的混淆。社会影响后评价是对项目在经济、社会和环境方面产生的有形和无形效益与结果进行的一种分析,而社会后评价是评价社会各方,尤其是项目所在地区的各类群体对项目的看法和意见,以此作为评判项目成果的基础。项目影响后评价从项目的角度来分析其影响,社会后评价从社会的角度来评价,这是两者的主要区别,投资项目社会后评价是分析项目建成投入运行后对社会发展多目标影响和贡献的一种评价方法。随着经济发展和技术的进步,环境、资源、人口、贫困、社会不公正等社会问题得到日益关注,社会后评价更成为不容忽视的一个方面,尤其是对于大型投资项目。

对投资项目与社会后评价,目前存在4种不同理解:

第一,以经济学为基础的社会费用—效益分析方法中的社会后评价。社会费用—效益分析通常包括效益分析和公平分配分析两部分,其中效益分析相当于国民经济评价,而公平分配分析则被认为是一种社会后评价。

第二,以社会学、人类学为基础的社会分析。用社会学和人类学的方法,解释社会和文化因素对项目成败的影响程度。

第三,社会影响后评价。包括对个人、组织和社区的影响。对个人的影响主要是对个人生活质量的影响。对组织的影响包括三方面:一是项目带来的变化是否有利于或有碍于组织达到其目标;二是这种变化是否危及组织的生存;三是这种变化是否影响了组织的自主权。而社会影响分析则用两种方式来进行,一种是将社区影响分割为对个人、团体和组织的影响;另一种是将社区作为社会单位对待。因此,社区的社会影响可以依据收入、结构、活动和产出来的检验。产出是指对个人和家庭的生活条件质量的影响,如对住宅、健康保护、就业、交通影响等。

第四,在三种方法的基础上,结合国情制定的社会评价方法,包括社会效益与影响评价和项目与社会两相适应的分析。既分析项目对社会的贡献与影响,又分析项目对社会政策贯彻的效用,研究项目与社会的相互适应性,揭示防止社会风险,从项目的社会可行性方面为项目决策提供科学分析依据。

1) 社会影响后评价的内容及指标体系

(1) 社会影响后评价的内容

①就业影响:可用一个类别相同而又采用影子价格的已评项目进行对比,单位投资就业人数=新增就业人数/项目总投资。

②地区收入分配影响:即项目对公平分配和扶贫政策的影响。对于相对富裕地区和贫困地区收入分配上的差别,宜建立一个指标体系用以计算项目对贫困地区收入的作用,体现国家的扶贫政策,促进贫困地区的发展。该方法可用于评价项目对当地实际的收入分配影响,用以下两个公式计算:

贫困地区收益分配系数

$$D_i = \left(\frac{G}{G_1}\right)^m \tag{7-2}$$

式中:D_i——地区收益分配率;

G_1——特定项目地区在评价时的人均国民收入;

G——同一时间全国的人均国民收入;

m——国家规定的贫困地区的收入分配参数,该参数宜由国家定期颁布,以体现国家对贫困地区的投资扶持政策。

贫困地区收入分配效益

$$IDR = ENPV \times D_i = \sum_{j=1}^{n}(C_j - C_o) \times D_j(1-j) \tag{7-3}$$

式中:IDR——重新计算经济净现值,是 $ENPV$ 和 D_i 的乘积。

③居民的生活条件和生活质量影响:包括收入的变化、人口和计划生育、住房条件和服务设施、教育和卫生、营养和体育活动、文化、历史和娱乐等。

④受益者范围及其反映:包括对照原定的受益者,分析项目真正的受益者;投入和服务是否到达了原定的对象;实际项目受益者的人数占原定目标的比例;受益者人群的受益程度如何;受益者范围是否合理等。

⑤各方面的参与状况:重点是当地政府和居民对项目的态度;他们对项目计划、建设和运行的参与程度;项目参与机制是否建立等。

⑥地方社区的发展:项目对当地城镇和社区投资建设和未来发展的影响,社会的安定,社区的福利、组织机构和管理机制等。

⑦妇女、民族和宗教信仰:包括妇女的社会地位,少数民族和民族团结,当地人民的风俗习惯和宗教信仰等。

(2) 功能、原则及指标体系

①功能:反映功能、监测功能、预测功能、比较功能。

②原则:兼顾综合评价原则、长期利益和可持续发展,以人为本,分阶段分析。

③指标体系：社会影响后评价是一种价值判断，反映了社会能力与愿望的平衡，属于描述性范畴。依照这种思想，则不存在完全统一的、测试社会影响的指标系统。经过比较研究和筛选，有些专家认为社会影响后评价一般应包括以下4个层次的基本内容：①项目层面；②社会层面；③发展层面；④环境层面。投资项目社会影响后评价指标体系及各层面、各指标间的关系如图7-4所示。

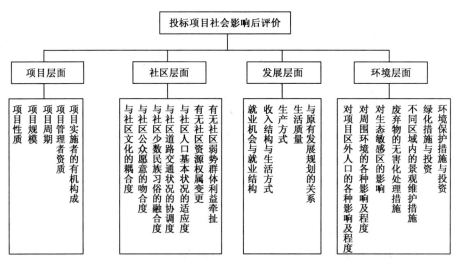

图 7-4 项目社会影响后评估指标体系

2) 方法的应用

定性和定量相结合，以定性为主。调查提纲和分析方法的选择十分重要。评价指标涉及环境、国家产业结构与政策、就业、人民生活等，评价过程涉及多个专家评价意见的综合。在诸要素评价的分析基础上，社会影响后评价要做综合评价。可以采用多目标评价法和矩阵分析法，也可以采用权重总结法和 Bernardo 法。建立初步指标体系，选择评价专家过行讨论，并对指标进行选择。项目与到会专家没有利害关系，采购"资格认定"投票方式，以过半数为准则来集结个体意见，得到层次结构的评价指标体系。在建立评价指标体系的层次结构的评价指标体系。在建立评价指标体系的层次结构后，选定专家对上述指标进行评分。

(1) 权重总结法

①单指标评价：专家根据自身对项目的认识，对相关各指标进行评分，5、4、3、2、1分别为优、良、中、差、劣。第 i 位专家得到的判断为矩阵 A_i：

$$A_i = \begin{bmatrix} a_{1j} \\ \vdots \\ a_{nj} \end{bmatrix} \tag{7-4}$$

式中：A——专家；
　　　i——专家数；
　　　j——第 j 个专家；
　　　n——指标数；
　　　a_n——第 n 个指标的评价结果。

②指标权重的确定：针对各项目，各位专家对上述指标进行重要性排序，最重要的排在首

位,依此类推。N 个指标最高分为 n 分,排第一位的为 n 分,第二位为 $n-1$ 分,依此类推就有各专家的权重向量,经归一化处理得到 w_i。

③综合:计算各专家的评价,$A_i = w_i A_i$(A_i 为第 i 专家对项目的评分加权平均之和),计算平均值。

(2)Bernardo 法

①多准则矩阵:在专家会议上,不需要对各项目的各指标效果进行评价,只需在各指标下对各项目进行比较得到优劣排序。

②协商矩阵:从上面 i 位专家的 i 个多准则矩阵中,数出每个项目分别得第一、第二、第三的次数并填表。

③分派问题:将有关表数值转化为最小后悔值再求解,采用分配问题的匈牙利法得到结果优劣排序。优点是巧妙运用运筹学的知识,有效解决具有模糊性质的问题且计算简便。

3)社会资本核算的评价

社会资本是指社会赖以正常运转的制度、组织、文化凝聚力、人际关系和共有信息等,由世界银行提出。1995 年 9 月 17 日,世界银行向全世界公布了衡量可持续发展的指标体系,该指标体系综合了自然资本、生产资本、人力资本和社会资本等 4 个要素,判断各国或地区的实际财富以及可持续发展能力的动态变化。社会资本是财富计算的内容之一,主要涉及上层建筑和生产关系等方面。国家的法律体系、道德水准、民主制度、先进文化、民族凝聚力等都属于社会资本的范畴。因此,一国拥有高质量的社会资本,是国家经济繁荣、社会长治久安和可持续发展的保障。投资项目后评价中可以考虑项目系统的社会资本核算。

由于社会资本的复杂性,世界银行于 1995 年 9 月公布的世界各国财富总量仅考虑了前三个要素,而将社会资本避而不谈。近年来,为了全面评估可持续发展和福利水平,制定科学的可持续发展战略,人们认识到必须研究社会资本问题。因为社会资本的内涵丰富,外延广泛,所以研究进展缓慢。目前,社会资本核算研究仍然处于起步阶段。根据我国国情,有关专家提出社会资本核算理论研究和制度建设,主要包括:

(1)社会资本与社会资本的理论体系。根据现代经济学理论,研究新形势下资本的理论体系,研究资本的内涵和外延,科学地构建社会资本体系,揭示社会资本与其他资本之间的区别和联系,系统分析社会资本在社会经济发展的地位和作用。

(2)与可持续发展的关系分析。可持续发展必须保障自然资本、人造资本、人力资本和社会资本之间的辩证协调发展,必须研究社会资本与其他资本之间的辩证关系,探讨社会资本的运行如何影响其他资本的总量与结构,以及社会资本与小康水平、可持续发展之间的关系。

(3)估价理论与方法。社会资本种类较多,内容广泛,而大多数社会资本价值又难以量化。要综合各种社会资本就必须对它们进行量化估价,这是社会资本核算的关键所在。

(4)中国特殊社会资本指标体系的建立。设立政府文明行政和管理、国民参政议政、国民社会满意度、文化实力、民族精神、思想道德水平、社会诚信度、人际关系和谐度和国民娱乐休闲时间等指标,设计中国社会资本监测预警系统。

(5)核算账户设计理论与方法。根据国民经济核算理论与方法,研究社会资本核算账户设计的原则、理论和方法,建立社会资本核算"卫星账户",并探索社会资本核算"卫星账户"与国民经济核算账户体系之间衔接、整合的理论与方法。

(6)核算账户的编制。基于我国国民经济核算体系的理论与实际,应用抽样调查、典型调查、重点调查等方法和计算机网络技术,收集整理社会资本数据资料,编制我国的社会资本核算账户体系,主要包括社会资本生产核算账户、流量核算账户、存量核算账户以及投入产出核算账户等。

(7)评估体系的理论与方法。在社会资本核算账户体系的基础上,系统研究社会资本评估的理论与方法,如社会诚信、文化实力、思想道德水平、机构运作有效性评估等。

(8)计量模型与分析。作为社会经济发展重要要素,社会财富和社会资本在社会经济运行过程中存在着生产、分配、流通和消费的关系。要应用计量经济学、统计学科的理论与方法,根据社会资本与社会经济产出、消耗和积累等变量之间的关系,建立社会资本的计量模型,分析社会资本与社会经济主要变量之间的因果关系,确定社会资本的总供给与总需求之间的数量关系。

(9)中国社会资本的总量与结构研究及其效应分析。根据核算账户和社会资本的评估的理论与方法,测算中国社会资本的总量及其地区结构、部门结构等。应用社会资本核算与评估的理论方法和实际数据,系统分析研究中国社会资本对政治、经济、文化、教育和制度的影响,寻求与中国社会、经济、文化相适应的社会资本数量和结构。

(10)中国社会资本发展战略研究。社会资本不仅是国民经济协调、稳定和快速发展的基本条件,而且也是其重要保障。其发展不仅总体上要适应社会经济的发展,而且有些发展要超前。因此,必须根据我国社会资本的实际情况,全面、动态地制定社会资本发展战略,从政治、法律、经济、文化、教育等方面建立社会资本的增值和结构优化的保障体系。

2. 投资项目环境影响评价

环境影响评价是指对照项目前评估时批准的《环境影响报告书》,重新审查项目环境影响的实际结果,同时要对未来进行预测;对有可能产生突发性事故的项目,要有环境影响的风险分析;若项目生产或使用对人类和生态危害极大的剧毒物品,或项目位于环境高度污染的地区,或项目可能引发严重的污染事件,还需要提交一份单独的项目环境影响评价报告。审核项目环境管理的决策、规定、规范、参数的可靠性和实际效果,实施环境影响评价应当遵照国家环保法的规定,根据国家和地方环境质量标准、污染物排放标准以及相关产业部门的环保规定。

按照时间域的不同,环境影响后评价可分为环境回顾评价、环境现状评价、环境影响评价和环境影响后评价。环境影响后评价包括项目的污染控制、区域的环境质量、自然资源的利用、区域的生态平衡和环境管理能力。环境质量指数的计算公式为

$$I_{EQ} = \sum_{j=1}^{n} \frac{Q_j}{Q_{jo}} \tag{7-5}$$

式中:n——项目排放污染物的种类;

Q_j——j 种污染物的排放数量;

Q_{jo}——j 种污染物政府允许的最大排放量。

1)环境效益后评价计算

环境效益是指经济活动所引起的环境变化,有利的环境变化称为环境收益,不利的环境变化称为环境损失,为消除不良环境影响所必需的消耗称为环境费用。环境净效益是指环境效益扣除环境损失和环境费用后的净值。

环境净效益=环境收益−环境损失−环境费用

(1) 实施步骤

①分析环境因素。从以下各环境因素进行分析：地质、水文（包括地表水、水域和地下水）、土壤（土质、水土流失、植被等）、气象、自然资源（动植物、矿产等）、人口（人群健康、居民迁徙等）、自然景观和古迹、工农业生产（农作物、渔业、牧业、工农业产值等）和生活设施等。

②计算环境净效益。可以分解为环境保护工程效益和其他环境影响效益，前者主要为有利的影响，即环境收益，后者主要为不利的影响，即环境损失。环境费用包括环保工程投资、环保工程运行费用以及其他的环境保护费用。

③进行环境效益评价。

(2) 计算方法

①环境净效益计算。其计算公式为

$$NB = NB_1 + NB_2 \tag{7-6}$$

$$NB_1 = \sum_{j=1}^{n} R_{1t}(1+i)^{-t} - \sum_{j=1}^{n} L_{1t}(1+i)^{-t} - \left[\sum_{j=1}^{n} I_{1t}(1+i)^{-t} - \sum_{j=1}^{n} C_{1t}(1+i)^{-t}\right] \tag{7-7}$$

$$NB_2 = \sum_{j=1}^{n} R_{2t}(1+i)^{-t} - \sum_{j=1}^{n} L_{2t}(1+i)^{-t} - \sum_{j=1}^{n} C_{2t}(1+i)^{-t} \tag{7-8}$$

式中：NB——项目环境净收效益；

NB_1——项目环境保护工程净效益；

NB_2——项目其他环境影响净效益；

R_{1t}——环保工程第 t 年的环境收益；

L_{1t}——环保工程第 t 年的环境损失；

I_{1t}——环保工程第 t 年投资；

C_{1t}——环保工程第 t 年运行费用；

R_{2t}——其他环境影响第 t 年的环境收益；

L_{2t}——其他环境影响第 t 年的环境损失；

C_{2t}——其他环境影响第 t 年的费用；

N——建设项目寿命期；

i——项目基准收益率。

项目的环境效益评价一般采用动态方法，考虑项目的时间价值。当 $i=0$ 时为静态方法。通常情况下，环保工程投资只在第一年发生，或在项目寿命期内相隔数年发生一次。因此，I_t 只有一年或几年不为零，其他环境影响主要为环境损失，即 $L_{1t}=0, R_{2t}=0$。实际计算时往往比较简单。而 R_{1t}、R_{2t}、L_{1t}、L_{2t}、C_{1t}、C_{2t} 则需要视不同情况，采用不同的方法进行估计。

②环境收益、环境损失和环境计算。计算环境收益（损失）时，一般分别计算工程环境收益（损失）与其他环境影响的环境收益（损失）。

a. 环境收益。有两种表现形式，一种是项目的实施直接环境质量提高而引发的收益，用市场价值法计算项目实施前后各环境因素质量提高的市场价值。其计算公式为

$$R = \sum_{j=1}^{n} P_i(Q_{oi} - Q_i) \tag{7-9}$$

式中：R——环境收益；

P_i——价格因子，第 i 个环境因素的市场价值（具体表现为土地价值、作物价值、生活设施

价格等);

Q_{ai}、Q_i——数量因子,分别为项目实施前与实施后第 i 个环境因素的数量(具体表现为土地面积、作物产量价格、生活设施数量等);

n——环境因素的个数。

另一种是由于项目的实施使环境损失减少,项目实施前后环境损失的差值为该项目环境收益。其计算公式为

$$R = \sum_{j=1}^{n} P_i (L_{ai} - L_i) \quad (7-10)$$

式中:L_{ai}、L_i——项目实施与实施后第 i 个环境因素的环境损失。

b. 环境损失。有三种计算方法。

市场价值法:直接计算项目实施前后使环境因素质量下降的价值,与市场价值法计算环境收益的原理相同。

治理成本法:当环境损害的市场价值不易直接确定时,可用治理损害所需的成本作为该项环境损失的价值。如水污染的损失价值不易确定,可以用消除污染的净化成本作为该项损失的价值。其计算公式为:

$$L = \sum_{j=1}^{n} C_i \quad (7-11)$$

替代价值法:当环境损失的价值不易直接取得时,还可以用与该项损失有同等功能的替代品的价值作为该项目损失的价值。其计算公式为:

$$L = \sum_{j=1}^{n} V_{i替} \quad (7-12)$$

式中:$V_{i替}$——替代品的价值。

c. 环境费用。包括环保工程投资 I_t、环保工程运行费用 C_{1t} 及其他环境保护费用 C_{2t}。其中,环保工程投资是指环保工程的基本建设投资,环保工程运行费用是指保证环保设施正常运行所需的各项费用(如能源消耗、设备维修、保养、人工等)。其他环境保护费用是指环保工程以外与环境影响有关的各项费用(如不计入环境损失的零散建筑拆迁费用(如不计入环境损失的零散建筑拆迁费用、少数居民的迁徙费用等,注意该项费用不要与环境损失造成重复计算)。

③环境效益后评价。环境净效益(NB)为后评价指标,$NB \geq 0$ 时环境评价可行,$NB < 0$ 时环境评价不可行。由于环境效益评价不同于经济评价,有些项目尤其是污染型项目必然也允许存在一定的环境负效益,只是需要限制在一定范围内。因此,不能简单以环境净效益的正负来决定环境评价的可行。可用环境净效益率 NBR,即环境效益与建设项目总投资的比率进行评价。

$NBR = NB/I_总$,$NBR > k$ 时,项目环境评价可行;$NBR < k$ 时,环境评价不可行。其中,k 为行业标准环境净效益率(k 值依据行业标准而定)。

(3)有待研究之处

环境效益后评价时存在环境影响难以定量化、不确定性较大以及估计方法的优化等问题。以下问题仍有待研究:

①环境收益与环境损失的估计。上述估计方法只是概括各种环境因素的总体方法,针对不同环境因素,环境收益与环境损失的估计不可以更加细化。

②评价标准的制定。以行业标准环境净效益为评价标准,在实施过程中如何制定该项目标准是一个很实际的问题,且较难确定。

2)污染因子的识别

评价环境质量时,由于影响环境的因素很多且各不相同,显然对因素不能同等看待。此时,找出产生主要影响及可以引起环境突变的因素,并针对能快速改变环境质量的关键因子,进行预警和治理,可起到事半功倍的作用。污染因子可能是在研究对象中占比例最大的因子,也可能是所占比例不大却能引起环境质量突变的污染物。污染因子的识别有以下方法。

(1)主观认定法

主要依赖分析者的主观认识,德尔菲法即属此类。

(2)间接推断法

借助技术经济或环境经济分析以及经济决策或管理工作中常用的"灵敏度"分析方法,可以间接找出对结果起关键作用的因子。

(3)直接寻找法

有两两比较法、AHP法、主因素分析法、污染物排放量对比法和等污染负荷法。该法比较客观,有一定的程序,但涉及较繁琐的数字演算,所用参数的物理意义也不易理解,并且多掺入了一定的主观标准,适于静态地处理问题。

(4)增量趋势判别法

可以利用环境监测数据C_i与标准值C_i,计算出各因子的相对超标量$y_{i1}=[C_i(i)-c_{is}]/c_{is}$及相对变化量$y_{i2}=[C_i(i)-C_i(i-1)]/c_i(i-1)$;根据相对超标量$y_{11}$和相对变化量$y_{12}$的符号($>0$或$\leq 0$)的不同组合方式,将各因子分成4种状态;再在各种状态中依y_{11}和y_{12}的数值大小进行子排序;最后由各因子所处的状态与位次进行总排序,找出关键因子。

增量趋势判别法具有如下特点:

①意义明确,分析方法简明,适宜于用计算机和环境住处数据库进行自动分析;

②能客观地判别各污染因子所起的作用,揭示污染治理的效果,找出污染加剧的原因,增加评价的准确性,减少治理时的盲目性;

③同时考虑了污染因子的动态演变过程,分析随时间的推移各因子趋于好转或恶化的变化趋势,可对各因子的未来发展趋势作出更准确的预测。

(5)动态污染指数判别法

引入污染指数P_i和趋势因子a两个参数。其中,$P_i=C_i/C_o$表示环境受第i种污染因子污染的程度,C_i是实测值,C_o是评价的标准值。趋势因子a是灰色模型中的一个参数,反映污染物的变化趋势。

根据污染指数P_i和趋势因子a的值,将环境对象分为4种状态:

①$P_i>1,a<0$,表示此种污染因子浓度较高,已发生环境污染,且污染呈不断加重趋势,即为关键因子,有必要对其进行重点整治;

②$P_i>1,a\geq 0$,表示此种污染因子浓度较高,已发生环境污染,但污染有减缓趋势,也可作为关键因子;

③$P_i\leq 1,a<0$,表示此种污染因子浓度在不断增加,虽未超标,但却是使环境质量不断变差的因子,也应作为关键因子;

④ $P_i \leqslant 1, a \geqslant 0$，表示不仅此种污染因子浓度未超标，而且污染程度趋于减轻，不能作为关键因子。

3）公众参与问题

环境影响评价制度作为环境保护法中一项重要的法律制度，是将环境影响评价及其程序、审批、法律责任进行制度化、法律化。从 1964 年在加拿大召开的国际环境质量评价会议至今，对美国的环境一直发挥着重要作用。它规定的环境影响评价制度迫使行政机关将对环境价值的考虑纳入决策过程，使行政机关必须正确对待经济发展和环境保护两方面的利益和目标，改变过去重经济轻环保的行政决策方式，公众参与整个环境影响评价报告的制定与实施的全过程。

公众参与公共事务是人类社会文明的标志，其价值不仅仅限于政治领域之中，而且有着广泛的社会意义。公众参与环境影响评价制度有着现实基础。首先，环境问题作为一个社会问题与其他社会政治问题不同，有着广泛的公众参与空间。只要公众参与的方式和方法规范就必然合理，不会遇到过多的不可预测的障碍。其次，环境又是与每一个社会成员的切身利益和自我生存质量联系在一起。公众出于对自身利益的权衡和对自我生存质量的关注，必须会积极地、主动地参与一切与保护环境相关的活动，尤其是在环境影响评价这一公众不需要对切身利益作出直接抉择的问题上，公众的广泛参与完全可能。再者，环境问题极其复杂，渗透到社会生活的方方面面，试图只依赖少数人和政府来防治环境问题，不可能也不现实，接受公众的广泛参与是必要的。

当前，世界各国都极力推行环境影响评价的公众参与。《加拿大环境评价法》、日本《环境影响评价法》、《俄罗斯联邦环境影响评价条例》、欧盟理事会《关于公共和私人项目环境影响评价指令 85/337/EEC 修正案》，将公众参与环境影响评价作为其重要内容。一些国际性宣言、公约也对公众参与环境影响评价作了规定。

在我国关于环境保护、环境影响评价的公众参与问题早已成为热门话题。与国际相比，在环境影响评价的制度建设上还存在着很大的并距。20 世纪 90 年代前一些重大的环境立法中一直没有体现公众参与的精神。环境影响评价制度在理论及操作层面上都存在不完善的地方。首先，立法缺乏。我国法律、法规中缺乏对政策、立法活动等宏观活动的环境影响评价规定。其次，执法与监督不力。再次，公众参与不够。我国在拟制定的环境影响评价法时，应立足本国实际，积极借鉴国外环境影响评价制度的进步因素，健全环境影响评价制度。确立环境影响评价理念，完善立法，建立独立的环境评价管理机构，建立公众参与保障机制。

4）EIA 有效性评估

环境影响评价（Environmental Impact Assessment，EIA）有效性是当前 EIA 研究的热点问题之一。研究的主题和宗旨是评价实践，改进绩效，其实质是对 EIA 政策及其实践的评估，即对评价的评估。EIA 有效性研究不仅是推动战略环境评价、累积影响评价、持续性评价等 EIA 新领域、新技术发展的重要动力，同时也是环境政策评估、可持续发展政策评估研究的重要前沿。

EIA 的有效性概念，目前尚无明确和一致的意见。有必要对 EIA 有效和 EIA 有效性这两个概念加以区别。EIA 有效是指完备的 EIA 制度体系、技术方法、管理协调机制及三者的有效执行；EIA 有效性则是指 EIA 有效的程度。EIA 有效性评估不同于 EIA 效果评估。由于

EIA总是在一定的社会经济环境中执行,效果必然要受外界诸多因素的影响,甚至是决定性的影响。EIA政策本身及其执行的好坏,与实际的EIA效果之间,并非存在必然的逻辑因果关系。两者各有其研究对象和特点,不能相互代替。从EIA政策评估的角度看,EIA有效性评估和EIA效果评估都是必要的,是不可分割的两个方面。EIA有效性评估是沟通EIA实践与EIA政策及其执行的桥梁和纽带,是EIA有效性研究的核心内容。目前EIA有效性评估的研究大致沿着3个方向进行研究:①个案研究。通过全面深入的调查研究,评估典型项目EIA的有效性;②EIA制度体系评估。通过横向比较、纵向历史演变分析,研究国家或地区的EIA制度体系的有效性和完备性;③综合评估。以大量案例调查为基础,设计评估体系,综合评估某个国家或地区的EIA有效性。前两种方向的研究已取得一定成果,而第三种方向研究则相对较少。国内外对于EIA有效性的研究,大多集中在EIA有效性概念、单个要素对有效性的影响、EIA实施效益等方面,且侧重于EIA个案和国家EIA制度体系的有效性问题,而在大量案例调查基础上进行的国家或地区EIA有效性的综合评估研究则相对较少。

张勇根据当前EIA理论和实践的最新进展,从环境政策评估角度,从发现问题、有利改进的角度,设计严格而高标准的批标体系:EIA启动时间、替代方案分析、累积影响分析、公众参与、后期环境监测管理计划、清洁生产分析,评估了近10年上海市EIA有效性,以促进EIA有效性研究深入,并为其他省市的相近研究提供借鉴。这种以现在的标准去衡量和要求过去10年完成的EIA工作,正是EIA有效性研究"评估实践、改进绩效"主旨的核心思想所在,是一种十分必要的反思行为,是EIA理论和实践得以不断完善的要求。以大量EIA实践案例为基础、从长时间段的角度开展国家或地区EIA的有效性研究,是今后EIA发展的重要推动力的前进方向。

7.3.4 项目可持续性后评估

作为发展中国家,我国经济建设一直处于高投入、高消耗、低产出、低效益状态,伴随着经济总量的急剧扩张,带来自然资源的过度消耗,承载力下降,环境污染加剧,自然生态退化严重,对经济和社会的未来发展构成重大障碍。1992年联合国环境与发展大会上,确定人类社会发展的新战略——可持续发展战略,并一致通过了具体体现贯彻这一战略的《21世纪议程》。世界银行将项目的可持续性视为其援助项目成败的关键之一,要求对其单独进行分析和评价。1994年,我国政府正式制定并通过《中国21世纪议程》,可持续发展战略成为指导我国社会发展的一条重要战略方针。"九五"计划和2010年远景目标,充分体现了可持续发展战略的根本要求。《科学》杂志(Science,2001,292:641~642)刊登由23位世界著名可持续发展研究者联名发表的"可持续能力的本质是如何维系地球生存支持系统去满足人类基本需求的能力"。运用可持续发展理论,对项目持续性评价进行分析以及生态文明建设的构建,是目前经济发展的重要关注点。

1. 投资项目持续性分析

1)投资项目持续性内涵

投资项目持续性分析有两层含义,一是对项目对企业或地方持续发展的影响;二是项目对国家持续发展的影响。基于项目自身,持续性是指项目的建设资金投入完成之后,既定目标是否还能持续地发展,接受投资的项目业主是否愿意并可能依靠自己的力量去实现既定目标,项目是否具有可重复性,是否可在未来以同样的方式建设同类项目。基于项目后评价的角度,持续性分析是从财务、技术、环境和管理等方面,分析项目生存和发展的可能性,研究项目目标和效益能否实现,实现指标的必要条件和风险。持续性包括环境功能的持续性、经济增长的持续性、项目效果的持续性和管理机构的持续性。

2)投资项目持续性因素分析

一般分为内在持续发展因素和外部持续发展因素。

(1)内在持续发展因素

①规模因素。项目是否有经济规划,经济效益和竞争力如何。如果没有经济规模,是否易于扩展到经济规模。

②技术因素。项目所选用的技术的成长性和竞争性。首先,技术的先进性、可靠性和适用性是项目得以正常经营的根本所在;其次,对该技术所处地位加以分析,主要指其成长性,是否有发展潜力;另外,要对该技术在市场和获利能力方面的竞争力进行分析。

③市场竞争力因素。项目产品的竞争力以及对市场变化的适应能力。

④环境因素。项目本身的"三废"污染及治理情况,能否满足国家和地方环保的当前要求,尤其是能否满足在不久的将来拟改变的环保政策。

⑤机制因素。即项目以及企业的体制和管理水平,能否适应和促进项目及企业的发展,能否善于协调项目不同利益群体的关系。

⑥人才因素。即人员结构、人力资源开发和利用方面是否得当,是否有利于人才施展自己的才能,促进企业发展。

(2)外部持续发展因素

指项目外部的、可能影响项目持续发展的因素,尤其是对项目的持续发展可能形成制约的因素。

①资源因素。对于资源开发项目和大量利用不可再生自然资源的项目,资源的储量和持续可行性是影响项目持续发展的重要因素。资源开发的持续时间是资源开发项目寿命的制约因素;不可再生自然资源的持续可得性会严重影响项目的发展和经济效益。

②自然环境因素。外部环境对项目"三废"排放的要求,对项目运输设施和方式的制约都可能影响项目的生存和发展。

③社会环境因素。项目所在的社会环境可能对项目发展形成制约,也可能促进项目的发展。

④经济环境因素。项目是否符合国家当时的产业政策,国家的产业政策在可预见的未来是否有调整的可能,以及该调整对项目的影响程度,其他经济政策,如投融资、金融、税收、财会制度改革对项目的影响等。

⑤资金因素。所需资金是否有可靠来源,是否能按时到位,都会对项目的发展产生至关重要的影响。

通过对项目持续性发展因素的分析和评价,找出关键性因素,并就项目的持续发展作出评价结论,且提出相应建议,最后进行总结归纳。

2. 项目可持续性评价方程

1)基本思路

牛文元等研究了中国可持续发展能力并建立了方程。其基本思想可以应用到项目持续评价中。项目的可持续发展能力可以表示为：
$$C = f(F_i, F_e) \tag{7-13}$$
式中：C——项目的可持续发展能力；
　　F_i——项目的内在持续发展因素；
　　F_e——项目外部持续发展因素。

假设影响项目的持续性因子有 n 个，构成结合 N。从全集 N 中选择出 m 个因子构成持续性发展能力指标体系（ID_s）：
$$ID_s = \{\delta_1, \delta_2, \cdots, \delta_m\}(ID_s \in N) \tag{7-14}$$
在选定的指标体系 ID_s 中，各指标反映了项目自身及外部自然、社会、经济、环境等方面的情况，存在以下问题：

①指标的量化问题。可以收集同类项目的有关数据，确定出一个标准值。根据本项目在其中所处的位置，给出相应的指标数值；或将项目的实际值与标准值相除，得到该指标的实现度。

②数据的规范化问题。将项目的可持续发展能力分为发展度、协调度和持续度三个类型。将不同的数据统一到相同的空间坐标参照中，使之具有相同的样本空间。

2）模型的构建

将外在因素、外部因素作为项目持续性的两个因子，综合成项目可持续发展综合指数 CI，计算方法如下：
$$W_i = E_i / \sum_2 E_i \tag{7-15}$$
式中：W_i——第 i 个因子的权重系数；
　　E_i——第 i 个因子的生成值。

设有 N 个样本，观测到 M 个变量的值，第 i 个因子得分系数为
$$\hat{F} = \begin{bmatrix} \hat{F}_1 \\ \hat{F}_k \end{bmatrix} = \Psi K^{-1} T \tag{7-16}$$
式中：Ψ——原始数据库；
　　K——相关系数阵；
　　T——因子正交时因子载荷阵。

则
$$CI = \sum_{i=1}^{k} w_i r_i \tag{7-17}$$
式中：r_i——第 i 个因子的得分。

3. 基于可持续发展战略的效益后评价体系

经济效益作为各级部门用来评价经济活动的有效尺度和客观标准，其内涵应当随着社会经济的发展而不断充实与更新，从而引导投资项目概念注意的是纯经济利益，忽视项目在生产过程中对环境产生的负面影响。原有的经济效益不能全面反映项目的生产活动，难以适应可持续发展战略的要求。

1）可持续发展战略的内在需求

可持续发展包括两个关键的概念：一是人类的基本需求，应被置于压倒一切的优先地位；

二是环境限度,如果被突破必将影响自然界支持当代和后代人生存的能力。关于环境能力有限性思想、技术的状况及社会组织状况,决定了环境满足现在和未来各种需要的能力是有限的。衡量可持续发展主要有三方面的指标:经济、环境和社会,三者缺一不可。可持续发展并不否定经济增长,但需要重新审视如何实现经济增长。要达到具有可持续意义的经济增长,必须审计使用能源和原材料的方式,力求减少损失、杜绝浪费并尽量不让废物进入环境,从而减少每单位经济活动造成的环境压力,使传统的经济增长模式逐步向可持续发展模式过渡。可持续发展要求在进行经济决策时,将经济、环境、社会作为一个大系统。在进行经济评估时,不仅要看经济活动本身,还应考虑到与经济活动密切相关的环境问题和社会问题。

近年来,经济界从宏观角度对传统的经济活动评价模式作了反思。国内生产总值(GDP)作为衡量生产活动的常用指标,缺陷之一就是不能体现环境退化情况。要在宏观经济分析中准确认识和体现环境问题,现有的国民收入核算方法必须作相应调整,并建立一种新的国民账户体系,使之成为经过环境调整的国内生产总值的净国内收入(EDI)。国民经济决策者和规划者依据国民账户体系和相应的指标进行决策,因此,将在经济管理、宏观经济政策评价中考虑环境因素和资源问题。目前,这方面研究与应用已取得较好的进展,如关于绿色国民经济评价的研究。然而,如何将环境因素纳入微观经济活动的分析与评价之中,尚未引起广泛关注。西方的企业绩效评价法,我国的经济效益指标法,在考察企业时注重的都是纯经济利益,忽视了企业在生产过程中对环境产生的负面影响。许多项目主体受自身利益驱使,未从根本上对持续发展问题给予应有的重视,在生产与生态保持方面,明显倾向于生产,忽视或忽略了生态环境的保护。因此,必须在经济效益要领中融入可持续发展思想,建立新的投资项目经济效益评价指标体系,强化可持续发展意识,规范项目主体行为,通过各种途径加速可持续发展战略的实施。

2)传统效益概念及现行效益评价指标体系的局限性

在我国经济学著作中,一般均将经济效益概念表述为"投入"与"产出"的比较。其中"产出"是指符合社会需要的"有效成果"。讲求经济效益,就是要在特定的条件下,用同样多的投入获得最大的产出。或者说,用最少的投入获得同样多的产出。只要"产出"与"投入"的比值大,经济效益就好。至于在生产过程中排入的污染物将对环境产生什么影响则未加考虑。受此影响,各部门在制定经济效益评价指标体系时,着重考察企业直接生产过程的纯经济利益。

1995年财政部颁布的《工业企业经济效益的评价指标体系》中,诸如销售利润率、总资产报酬率、资本收益率、资本保值增值率、社会贡献率和社会积累率,这套指标反映了企业的获利能力、偿债能力、资金营运能力及对社会的贡献能力。1997年10月,国家统计局、原国家计委和国家经贸委与其他部门提出了新的《工业经济效益评价考核指标体系》,包括总资产贡献率、资产保值增值率、资产负债率、产品销售率等7项指标,反映了企业的盈利能力、发展能力、偿债能力、营运能力、产出效率和产销衔接状况,但均未反映企业在生产过程中对环境产生的影响。其结果是,从微观和企业管理者的角度看,认为是高效益的经济活动,但从宏观和经济与社会的可持续发展来看,却可能是最低效益甚至是破坏资源与环境的活动。该评价指标体系可以应用到项目后评价中。

3)基于可持续发展战略的效益概念新内涵

全面评价项目的经济活动,应将项目放入社会、经济与环境这个大系统中,以可持续发展思想为指导,对生产过程中投入与产出的内容全面考察。项目的生产无不与资源和环境发生密切的关系,每个项目必须不断地在环境中"取出"原料、材料、燃料、水、空气等物质资源,同时又把大量的"三废"排入到环境中,对资源不合理开发利用,对"三废"的随意排放,均将造成环境结构和功能上的改变,导致环境破坏和污染。显然,评价项目的生产经营状况,在投入上不仅要看劳动消耗和劳动占用的情况,而且要考虑自然资源消耗和自然资源占用的情况。在产出上不仅要看生产的有效成果,而且要考虑产出对环境和生态平衡的影响,要对产出与控制环境污染所需的投资进行比较等。

考虑到环境因素后,经济效益"产出"的概念,应由传统的有效成果扩大为包括有效成果及污染物在内的全部产出。在有效成果扣除生产过程中对环境破坏造成损失后称为"净产出"。从而经济效益应看作是项目在生产过程中"投入"与"净产出"的比较。这里"投入"的含义一致,指劳动和自然资源的利用和消耗。根据上述分析,经济效益指标可以用下式表示

$$E = \frac{Y-C}{M} = \frac{Y}{M} - \frac{C}{M} \tag{7-18}$$

式中:M——投入;

　　　Y——有效成果;

　　　C——生产过程中对环境破坏造成的损失;

　　　Y/M——传统的经济效益指标,其值越大越好;

　　　C/M——导出指标,该指标越小越好。

由于生产过程中所排入的污染物对环境的破坏具有积累性、渐进性、区域性与滞后性,生产过程所排放的污染物对环境产生的负面影响、破坏作用及治理代价,目前尚难以量化。因此,C值难以确定。要减小C值,项目必须减少污染物的排放,提高资源的利用率与"三废"的处理率。资源利用率越高,生产中资源的浪费越少,从而产生的"三废"越少。"三废"处理率越高,则"三废"的直接排放量越少。因此,考察C/M可以转为考察资源利用率与"三废"处理率。

根据以上分析,经济效益好,应当在合理利用自然资源和保护生态环境的条件下,能够以尽量少的投入生产出更多的符合社会需要的产品,整个生产过程污染少,环境好。即在"投入"一定时,"净产出"最大。经济效益涉及项目生产的全过程,对资源利用、环境保护、生态平衡及社会发展均产生影响。与传统经济效益概念化,在时间上更注重长远的目标,在空间上更着眼于全人类的整体利益,在追求经济利益上强调限制,即限制在自然资源的再生能力与环境自净能力的基础上,不造成生态环境的损害,这与可持续发展战略的要求在本质上一致的。

4)基于可持续发展战略的效益指标体系

根据经济效益的内涵,全面考察项目的生产经营活动,必须从项目的经营状况、资源利用率与"三废"处理率三个方面进行分析,并设立相应的指标。

(1)反映项目经营状况的指标

由盈利能力、发展能力、偿债能力、营运能力、产出效率和产销状况几项指标来反映。为了与现行的经济效益评价指标体系保持连续性,直接采用由国家统计局等部门1997年颁布的《工业企业经济效益评价考核指标体系》中的7项指标。

(2)反映资源利用率的指标

可持续发展以自然资源为基础,同环境承载能力相协调。"可持续性"可通过适当的经济

手段、技术措施和政府干预得以实现,目的是养活自然资源的耗竭速率,使之低于资源再生速率。这对于正处于工业化发展阶段的中国尤为重要。我国从资源绝对数量上讲是资源大国,但从人均占有资源上讲是一个资源贫国。这就要求每个项目应合理地开发利用资源,加倍地珍惜资源。长期以来,由于片面地追求眼前的经济利益,发展生产建立在大量消耗自然资源,强度索取自然资源上,使自然资源长期处于被掠夺开采的超负荷状态。同时,由于资源利用效果差,造成了资源的巨大浪费,并由此带来了严重的环境污染。因此,应设立资源利用率指标,提高保护资源的意识。资源利用率具体可由原材料利用率、能源利用率、水的利用率三项指标来反映。

(3)反映"三废"处理率的指标

发展工业生产,不可避免地会导致"三废"排放量的逐年增加,环境污染程度趋向严重,但绝不能走"先污染,后治理"的老路。如果经济决策中能够将环境影响全面、系统地考虑进去,可持续发展是可以实现的。相反,如果处理不当,环境退化的成本非常巨大,甚至抵消经济增长的成果。因此,对于项目生产中产生的"三废",必须通过各种办法逐步削弱其危害性,从而减少每单位经济活动造成的环境压力。"三废"处理率具体可由废水处理率、废渣处理率和废气处理率来反映。

根据上述分析,新的经济效益评价指标体系可由下面 13 项指标组成:总资产贡献率、资本保值增值率、资产负债率、流动资金周转率、成本费用利润率、劳动生产率、产品销售率、水的利用率、原材料利用率、能源利用率、废水处理率、废渣处理率和废气处理率。指标体系中前 7 项指标的资料可由项目的会计、统计报表提供,后 6 项指标所需的数据必须从项目的会计资料、统计资料及环保部门的有关资料中取得。因此,要进行新的经济效益经济统计,应首先会同环保部门建立相应的报表。

7.3.5 公路建设项目交通流量后评价分析

交通需求预测与分析是公路建设项目可行性研究或后评价的重要组成部分,它是进行交通量现状评价、综合分析建设项目的必要性和可行性的基础;是确定公路建设项目的技术等级、工程规模、经济评价及实施交通管理和控制的主要依据。随着我国加入 WTO、公路建设已成为招商引资的一个重要投资方向,而公路项目一旦引入商业投资,其作为市场经济中的一种特殊商品,在产生巨大社会效益的同时,投资者更加关注的是项目的直接经济效益。交通量预测的准确与否,是一个公路项目能否运作成功,能否为投资者带来利润的重要前提;交通需求预测与分析的水平高低,将直接影响到项目决策的科学性。

交通需求预测与分析是在项目所在区域社会经济及交通调查的基础上,依据项目所在区域的社会经济和交通特征及社会经济和交通发展规划,通过该项目对未来经济发展和道路影响分析和预测,给出拟建项目在不同设计线位方案下未来特征需求量或已运营项目未来特征需求量,从而对该建设项目的必要性、可行性、建设目标持续性、经济评价、服务水平等提供定量分析依据。

公路建设项目交通流量的后评价就是衡量和分析实际交通量与预测情况的差距,确定公路项目前期工作中交通流量的预测、判断、结论是否正确,并分析原因,吸取教训,总结经验,为今后改进公路项目前期工作以及同类项目立项决策和建设提供依据,是提高公路项目投资决策和管理水平,提高公路项目评估和可行性研究工作质量的有效手段。

1. 前期交通量预测存在问题的分析

前期的交通量预测在历史资料的基础上建立适当的模型,通过定量计算完成的,所得预测值与实际运营交通量的值往往存在着偏差,通过对比分析近几年一些高速公路实际运营交通量与前期可研阶段预测交通量值(如表7-8所示),发现它们存在一些普遍规律,即:①交通预测值基本上都大于实际运营交通量,两者误差相对较大;②运营初始年交通量预测值与实际运营交通量误差最大。

主要高速公路实际运营交通量与前期可研阶段预测交通量对比表　　表7-8

路段年份	长春—四平			哈尔滨—大庆			西安—宝鸡			宜昌—黄石		
	实际	可研预测	误差(%)	实际	可研预测	误差(%)	实际	可研预测	误差(%)	实际	可研预测	误差(%)
1996	10 416	15 578	+49.6				7 494	12 148	+62.2	8 363	8 524	+1.9
1997	13 152	16 990	+29.2	8 190	13 300	+62.4	8 763	13 100	+49.5	9 719	9 173	−5.6
1998	15 016	18 294	+21.8	7 783	15 227	95.6	7 592	14 127	+86.1	9 676	9 931	+2.6
1999	16 180	19 698	+21.7	8 711	17 434	+100.1	11 546	15 235	+32.0			
2000	15 588	21 212	+36.1	9 524	19 960	+109.6	12 638	16 431	+30.0			
2001	15 967	22 358	+40.0									
平均误差	+33.1%			+91.9%			+52.0%			−5.6%～+2.3%		
路段年份	杭州—宁波			沪宁高速(上海段)(绝对量)			沪宁高速(江苏段)(绝对量)			济南—青岛(绝对量)		
	实际	可研预测	误差(%)	实际	可研预测	误差(%)	实际	可研预测	误差(%)	实际	可研预测	误差(%)
1994										8 789	8 428	−4.1
1995										9 617	9 291	−3.4
1996				10 525	19 148	+81.9	10 402			10 279	10 242	−0.4
1997	14 764	19 348	+31.0	12 559	20 680	+64.7	12 121			10 848	11 291	+4.1
1998	17 796	20 845	+17.1	13 845	22 335	+61.3	13 964			10 814	12 447	+15.1
1999	22 724	22 458	−1.2	17 695	24 120	+36.3	16 235			8 089	13 722	+69.6
2000	26 179	22 458	−7.6	20 325	26.51	+28.2	18 087	22 900	+26.6			
2001				24 431	27 427	+12.3	21 013					
平均误差	−4.4%～+24.1%			+47.5%			+26.6%			−2.6%～9.6%		

2. 交通量预测中值得注意的问题

(1)交通量预测不借助于现代化的技术手段是很难达到准确预测的。随着计算机和相应预测软件的发展,交通量预测应尽可能采用段来完成。交通网络图的抽象及简化即现状路网及规划路网电子地图的制作、OD矩阵的生成与运用、预测模型及参数的选用、OD调查点的优选等要尽可能反映先进的技术,避免人为因素的影响。

(2)在进行基础资料的调查和收集过程中,要尽可能做比较细致的调查和收集,这些基础资料的完善与否对后续的交通预测有很大的影响。

(3)不同区域由于经济发展水平不一,单纯用统一的远景适应交通量来确定建设规模存在一些缺陷。公路建设项目交通量预测,一方面要考虑不同区域经济发展要求,即根据区域经济发展水平确定不同区域的适应远景交通量;另一方面还要考虑拟建公路在整个运输网特别是公路网中所处的地位,从完善运输网特别是公路网的作用上分析拟建公路的可行性。

(4)在与前期工作的预测交通量进行对比分析寻找差异原因时,应该是前期工作各路段的预测交通量与后评价项目各路段运营的实际交通量进行对比,而不应该进一步把前期工作各路段的预测交通量与后评价项目各路段预测交通量进行对比(这样对比没有意义)。在进行各路段对比分析时,还应该把通道及通道内各条线路放在一起进行分析,通过分析通道交通量增长率及后评价项目的交通量增长率,进一步分析后评价项目的交通量状况。通道交通量分析如表 7-9 所示。

通道交通量分析表(标准中型车或小型车,单位:辆/日) 表 7-9

年 份	时期	其他并行路交通量	后评价项目交通量	通道交通量	后评价项目交通量增长率	通道交通量增长率	后评价项目交通量占通道交通量比例
修建前年份	修建前						
建设期年份	建设期						
运营期年份	到目前运营期						
运营期年份	预测期						

本 章 要 点

工程项目后评估是在项目建成使用后对项目进行的综合分析评价。项目后评估与前评估存在一定的区别,二者的评估主体、评估性质、评估内容、评估依据和评估阶段都不同。

项目后评估的实施程序主要包括对项目实施情况的调查和编制项目后评估报告。

常用的项目后评估方法有:逻辑框架法、对比分析法、项目成功度评价法和决策树法等。

项目后评估的主要内容包括项目过程后评价、项目效益后评价、项目影响后评价和项目可持续性后评价。

本章思考题

1. 何谓项目后评估?它与项目前评估的区别是什么?
2. 项目后评估的原则和作用是什么?
3. 项目后评估的方法有哪些?
4. 项目后评估包括哪些内容?